高职高专"十三五"规划教材

物流成本管理

WULIU CHENGBEN GUANLI

（第二版）

曹 云 牛红霞 主编
袁 森 李红梅 副主编

化学工业出版社
·北京·

"物流成本管理"是现代物流学的核心内容之一。本书从物流成本的概念入手，以物流成本管理的基本过程为主线，介绍了物流成本核算、物流成本预测、物流成本分析、物流成本控制等内容，从物流活动涉及的主要功能出发，介绍了运输成本管理、与仓储有关的物流成本管理、包装成本管理、客户服务成本管理和物流信息成本管理等内容。

本书适用于应用型本科或高职高专物流管理专业及相关专业的教学用书，也可作为物流企业管理和培训人员的参考用书。

图书在版编目（CIP）数据

物流成本管理/曹云，牛红霞主编．—2版．—北京：化学工业出版社，2018.2（2024.2重印）
ISBN 978-7-122-30955-6

Ⅰ.①物… Ⅱ.①曹…②牛… Ⅲ.①物流管理-成本管理 Ⅳ.①F253.7

中国版本图书馆 CIP 数据核字（2017）第 274248 号

责任编辑：蔡洪伟	文字编辑：李 曦
责任校对：王素芹	装帧设计：张 辉

出版发行：化学工业出版社（北京市东城区青年湖南街13号　邮政编码100011）
印　　装：北京科印技术咨询服务有限公司数码印刷分部
787mm×1092mm　1/16　印张 13¼　字数 344 千字　2024 年 2 月北京第 2 版第 2 次印刷

购书咨询：010-64518888　　　　　　　　售后服务：010-64518899
网　　址：http://www.cip.com.cn
凡购买本书，如有缺损质量问题，本社销售中心负责调换。

定　价：36.00元　　　　　　　　　　　　　　　　　　版权所有　违者必究

物流成本管理
编写人员名单

主　编　曹　云　牛红霞
副主编　袁　森　李红梅
编写人员（按姓名汉语拼音排序）
　　　　曹　云　李红梅　牛红霞
　　　　孙仕明　孙淑娟　伍　枚
　　　　袁　森　杨海明　张大勇

前　言

近年来，随着世界经济的快速发展和经济全球化趋势的不断增强，现代物流理论和技术已在全世界得到了广泛的应用和发展，产生了很大的经济效益和社会效益。越来越多的国家将物流发展视为其国民经济发展的一个重要原动力。物流产业的技术与管理水平对该国的国际地位有着十分重要的影响，因此，物流业在世界范围内已得到普遍重视。

效益和效率永远是企业追求的目标。与发达国家相比，美国物流成本占 GDP 的比率为 9%，而我国物流成本占 GDP 的比率为 18.1%，每降低一个百分点，将带来 3 000 亿元的效益。我国的物流成本比发达国家高出一倍，物流管理粗放落后，已成为制约我国制造业发展的重大瓶颈，因此降低物流成本已经成为物流管理的首要任务。物流管理的最终目的就是要通过物流系统的整体优化，在保证一定物流服务水平的前提下实现物流成本的降低。"物流成本管理"是现代物流学的核心内容之一。它是从"通过成本来管理物流"的角度，阐述物流成本的分析、预测、计算、优化、管理与控制方法。

本书的编者有长期从事物流成本管理教学、研究及实际工作的专家，还有既担任物流成本教学工作又在专业市场研究公司兼职的双师型人员，在教学及实践的基础上，通过反复研讨，从物流学和会计学相结合的角度，对物流成本的管理与控制体系进行了比较全面的阐述，具有以下特点。

① 前沿性。本书充分吸收了当前物流理论和实践中的最新成果和技术。

② 务实性。适应职业教育的需要，传播实用操作模式，掌握物流应用方法。

③ 强化案例教学。本书每章都结合教学需要，加入了比较典型的案例。结合个案分析，通过实战演练，提升创新思维能力、沟通能力和分析判断决策能力。

④ 加强复习指导。每章后配有大量的习题，包括选择题、填空题、判断题、简答题等，供读者复习所学内容，便于知识的巩固。

全书从物流成本的概念入手，以物流成本管理的基本过程为主线，介绍了物流成本核算、物流成本预测、物流成本分析、物流成本控制等内容，从物流活动涉及的主要功能出发，介绍了运输成本管理、与仓储有关的物流成本管理、包装成本管理、客户服务成本管理和物流信息成本管理等内容。

本书由曹云、牛红霞担任主编，袁森、李红梅担任副主编。全书共分八章，由新疆教育学院曹云、邢台学院李红梅、新疆商贸经济学校袁森、郑州铁路职业技术学院张大勇、伍枚、牛红霞、孙仕明、杨海明和河南交通职业技术学院孙淑娟共同编写。其中第一、二、三章由曹云、牛红霞、李红梅编写，第四章由伍枚、袁森编写，第五章由张大勇、曹云、袁森编写，第六章由孙淑娟、曹云、袁森编写，第七章由孙仕明、袁森编写，第八章由曹云、杨海明、袁森编写，全书由曹云统稿。在本书的编写过程中，参阅了大量的国内外教材、专著、期刊和有关网站的相关资料，并在参考文献中逐一列出，在此，特向这些作者表示深深的感谢。

由于水平所限，不当之处在所难免，敬请读者不吝赐教。

编者
2017 年 6 月

目 录

第一章 绪论 1
第一节 物流成本管理概述 1
一、物流成本的概念 1
二、物流成本管理的概念 1
三、物流成本管理的意义 2
四、物流成本管理的研究内容 4
五、物流成本管理的方法 5
第二节 相关的物流成本理论 6
一、"黑大陆"学说 6
二、物流成本冰山理论 7
三、"第三利润源"学说 8
四、"效益悖反"理论 8
五、其他物流成本学说 9
本章小结 10
案例 10
习题 11

第二章 物流成本的构成和特点 13
第一节 物流成本的构成与分类 13
一、物流成本的构成 13
二、物流成本的分类 14
第二节 物流成本的特点与影响因素 19
一、物流成本的特点 19
二、影响物流成本的因素 20
三、降低物流成本的方法 21
本章小结 23
案例 23
习题 24

第三章 物流成本的计算 26
第一节 物流成本计算的特点和程序 26
一、物流成本计算的特点 26
二、物流成本计算的程序 27
三、物流成本计算的方法 31

  第二节 产品成本法 ··· 32
   一、产品成本法概述 ··· 32
   二、产品成本法的种类 ··· 33
  第三节 作业成本法 ··· 34
   一、作业成本法概述 ··· 34
   二、作业成本法的相关概念 ··· 35
   三、作业成本法的原理 ··· 36
   四、作业成本法的计算 ··· 37
   五、作业成本法的优缺点 ··· 39
   六、作业成本法计算举例 ··· 40
 本章小结 ··· 43
 案例 ·· 43
 习题 ·· 44

第四章 运输成本管理 ··· 47
  第一节 运输成本及其特点 ··· 47
   一、运输成本的概念与意义 ··· 47
   二、运输成本的特点 ··· 47
  第二节 汽车运输成本 ··· 48
   一、汽车运输成本及其构成 ··· 48
   二、汽车运输成本计算对象、计算单位和计算期 ································· 49
   三、汽车运输成本的核算 ··· 49
   四、汽车运输成本项目 ··· 50
   五、汽车运输成本的计算 ··· 50
  第三节 水路运输成本 ··· 53
   一、水路运输业务概述 ··· 53
   二、海运成本的计算对象、计算期与计算单位 ·································· 53
   三、海运成本项目 ··· 54
   四、船舶费用的归集、计算与分配 ·· 57
   五、营运间接费的归集与分配 ··· 59
   六、海运成本的计算 ··· 59
  第四节 铁路运输成本 ··· 61
   一、铁路运输成本及其构成 ··· 61
   二、铁路运输成本的计算对象、计算单位与计算期 ······························· 62
   三、铁路运输成本项目 ··· 63
   四、铁路运输成本的归集、核算和分配 ·· 63
   五、营运间接费的归集与分配 ··· 64
   六、铁路运输成本的计算 ··· 65
  第五节 航空运输成本 ··· 66
   一、航空运输成本及其构成 ··· 66
   二、航空运输成本计算对象、计算单位、计算期 ································· 67
   三、航空运输成本项目 ··· 67
   四、航空运输成本的归集与分配 ··· 68

五、航空运输成本的计算 ·············· 68
　第六节　降低运输成本的措施 ················ 68
　　一、运输成本的影响因素 ·············· 68
　　二、降低运输成本的措施 ·············· 70
　本章小结 ································ 73
　案例 ···································· 73
　习题 ···································· 74

第五章　仓储及相关成本管理 ············ 77
　第一节　仓储活动概述 ···················· 77
　　一、仓储的概念 ······················ 77
　　二、仓储的作用及其对物流成本的影响 ······ 77
　　三、仓储作业 ························ 79
　第二节　仓储及相关成本的构成与计算 ········ 81
　　一、按与仓储活动量的关系分类 ·········· 81
　　二、按仓储物流成本的形成分类 ·········· 86
　　三、仓储成本的计算 ·················· 87
　第三节　降低仓储成本的方法与手段 ·········· 88
　　一、合理确定仓库的取得方式 ············ 88
　　二、合理选择仓储类型与作业模式 ········ 91
　　三、降低装卸搬运成本的方法 ············ 92
　　四、降低备货作业成本的方法 ············ 92
　　五、降低验货与出入库作业成本的方法 ······ 93
　　六、降低流通加工成本的方法 ············ 94
　第四节　库存持有成本 ···················· 94
　　一、库存持有成本的构成和计算 ·········· 94
　　二、降低库存持有成本的方法 ············ 100
　　三、仓储物流成本管理方法 ·············· 101
　本章小结 ································ 108
　案例 ···································· 109
　习题 ···································· 110

第六章　其他物流成本 ·················· 113
　第一节　包装成本 ························ 113
　　一、包装概述 ························ 113
　　二、包装的主要功能 ·················· 121
　　三、包装成本的构成与计算 ·············· 122
　　四、降低包装成本的手段与方法 ·········· 126
　第二节　客户服务成本 ···················· 129
　　一、客户服务的概念和组成要素 ·········· 129
　　二、客户服务成本的概念和构成 ·········· 131
　　三、物流客户服务成本管理 ·············· 132
　第三节　理赔成本 ························ 135

一、理赔的概念与产生原因 ……………………………………………………… 135
　　二、理赔处理 ……………………………………………………………………… 135
第四节　物流信息系统成本 …………………………………………………………… 137
　　一、物流信息系统 ………………………………………………………………… 137
　　二、物流信息系统成本分析 ……………………………………………………… 139
本章小结 ………………………………………………………………………………… 141
案例 ……………………………………………………………………………………… 141
习题 ……………………………………………………………………………………… 142

第七章　物流成本分析、预测与决策 …………………………………………………… 144
第一节　物流成本分析 ………………………………………………………………… 144
　　一、物流成本分析 ………………………………………………………………… 144
　　二、物流成本效益分析 …………………………………………………………… 147
　　三、物流效率分析 ………………………………………………………………… 151
第二节　物流成本预测 ………………………………………………………………… 160
　　一、物流成本预测的含义及作用 ………………………………………………… 160
　　二、物流成本预测的分类和步骤 ………………………………………………… 161
　　三、物流成本预测的方法 ………………………………………………………… 161
第三节　物流成本决策 ………………………………………………………………… 166
　　一、以物流总成本最低为依据的决策方法 ……………………………………… 166
　　二、利用量本利分析进行物流成本决策 ………………………………………… 171
本章小结 ………………………………………………………………………………… 172
案例 ……………………………………………………………………………………… 173
习题 ……………………………………………………………………………………… 173

第八章　物流成本控制 …………………………………………………………………… 176
第一节　物流成本控制概述 …………………………………………………………… 176
　　一、物流成本控制及分类 ………………………………………………………… 176
　　二、物流成本控制的基本程序 …………………………………………………… 180
　　三、物流成本控制遵循的原则 …………………………………………………… 181
　　四、物流成本控制的方法 ………………………………………………………… 182
第二节　标准成本控制法 ……………………………………………………………… 184
　　一、物流标准成本的设定 ………………………………………………………… 184
　　二、物流成本的种类 ……………………………………………………………… 184
　　三、物流标准成本的制定 ………………………………………………………… 185
第三节　目标成本控制法 ……………………………………………………………… 188
　　一、目标成本的作用 ……………………………………………………………… 188
　　二、目标成本确定的方法 ………………………………………………………… 188
第四节　责任成本控制法 ……………………………………………………………… 192
　　一、责任成本控制法的意义 ……………………………………………………… 192
　　二、成本责任单位的划分 ………………………………………………………… 192
　　三、责任成本的计算与考核 ……………………………………………………… 193
　　四、纵向责任单位责任成本的计算与考核 ……………………………………… 194

五、横向责任单位责任成本的计算与考核 …………………………………… 195
　　六、企业部门责任成本的计算与考核 ……………………………………… 195
本章小结 ……………………………………………………………………………… 196
案例 …………………………………………………………………………………… 196
习题 …………………………………………………………………………………… 198

参考文献 …………………………………………………………………………… 200

第一章 绪 论

【学习目标】
　　通过本章的学习,掌握物流成本和物流成本管理的概念,了解物流成本管理的意义,掌握物流成本的研究内容和方法,了解相关的物流成本理论。

第一节 物流成本管理概述

一、物流成本的概念

　　物流是供应链运作中,以满足客户要求为目的,对货物、服务和相关信息在产出地和销售地之间实现高效率和低成本的正向和反向的流动和储存所进行的计划、执行和控制的过程。它包括运输、仓储、包装、装卸、配送、信息等诸种活动,涉及企业经济活动的每一个领域。

　　在物流活动中,为了提供有关的物流服务,所消耗的一切活劳动和物化劳动的货币表现,即为物流成本。也就是物流活动中耗费的原材料、燃料、动力、固定资产等生产资料的价值,支付劳动者劳动报酬以及管理费用的货币表现,是企业维持简单再生产的补偿尺度。在产品销售量和销售价格一定的条件下,产品成本水平的高低,不但制约着企业的生存,而且决定着利润的多少,从而制约着企业扩大再生产的可能性,这迫使生产者不得不重视成本,努力加强管理,力求以较少的耗费来寻求补偿,并获取最大限度的利润。

　　由于物流有狭义和广义之分,物流成本也有狭义和广义之别。狭义的物流成本仅指商品被生产出来以后,经过销售进入最终消费的过程中,商品在空间的移动而产生的运输、包装、装卸等费用。广义的物流成本是指生产、流通、消费全过程的物品实体与价值变化而发生的全部费用,即物品从供应商到生产商再到最终消费者全过程物流活动所发生的费用。它具体包括从原材料的采购、供应开始,经过生产制造中的半成品、产成品的仓储、搬运、装卸、包装、运输以及在消费领域发生的验收、分类、仓储、保管、配送、废品回收等发生的所有费用。广义的物流成本是从物流管理一体化的角度,来衡量整个供应链上所有物流活动所发生的费用的。它包括了物流各项活动的成本,如采购成本、仓储成本、运输成本、装卸成本、流通加工成本、包装成本、配送成本、信息系统成本、物流行政管理成本等。

二、物流成本管理的概念

　　成本管理是企业管理的一个重要组成部分,它是根据会计及其他有关资料,采用会计的、数学的和统计的方法,对企业成本进行预测、决策、预算、核算以及控制分析,以达到成本最低的一项综合性的管理活动。物流管理对于降低资源消耗,提高生产效率,降低总体费用的作用已经引起了企业的普遍关注,物流管理正成为企业的经营职能之一。由于在很多企业中,物流成本占很大比重,物流成本的高低在很大程度上影响着企业利润水平和企业的竞争力，因此，加强对物流成本管理对降低物流成本、提高物流活动的经济效益具有非常重要的作用。

由于物流管理还是一个新兴的事物，对物流成本管理的研究还处于起步的初级阶段，因此物流成本管理至今没有一个确切的定义。从物流成本管理的内容来看，物流成本管理是以物流成本信息的产生和利用为基础，按照物流成本最优化的要求有组织地进行预测、决策、计划、控制、分析和考核等一系列的科学管理活动。它是一种价值管理，涉及企业物流价值活动的各个方面。但是这种说法并没有真正揭示物流成本管理的内涵。因为许多人一提到物流成本管理，就认为是"管理物流成本"。人们把注意力单纯地集中在掌控物流成本上，所要达到的目的是物流成本计算本身，实际上，常听到"虽然计算了物流成本，但不知道怎样利用"的反映。这类情况，是把物流成本管理误解为管理物流成本的典型例子。在大多数情况下，一味地注意"怎样计算"，却忘了"为什么计算"，完全是本末倒置。

因此，物流成本管理不单是一项具体的可操作的任务，不仅仅是管理物流成本，而且是通过成本去管理物流，可以说是以成本为手段的物流管理方法，通过对物流活动的管理，从而在既定的服务水平下，达到降低物流成本的目的。

三、物流成本管理的意义

物流管理对于降低资源消耗、提高生产效率、增进企业经营效果、降低总体费用的作用已经引起了企业的普遍关注，物流管理正在成为企业的经营职能之一。物流成本管理是企业物流管理的核心，为此，所有企业都在谋求降低物流成本的途径。同样，我国也开始致力于这方面的研究。实行物流成本管理，降低物流成本，提高效益，对国家与企业都具有非常重要的现实与长远意义。

1. 物流成本管理的微观作用

从微观的角度看，进行物流成本管理给企业带来的经济效益主要体现在以下两个方面。

（1）降低成本，提高利润 据资料显示，在我国工业企业生产中，直接劳动成本占总成本的比重不到10%，而物流成本占总成本的比重约为40%。由于物流成本在产品成本中占有很大的比例，在其他条件不变的情况下，降低物流成本就意味着扩大了企业的利润空间，提高了利润水平。例如当企业的销售额为1 000万元，物流成本占销售额的20%时，物流成本为200万元；如果通过物流成本管理降低了20%的物流成本，就相当于增加了40万元的利润。换个角度，如果销售利润率是10%，那么增加40万元的利润需要增加400万元的销售额，所以物流成本降低20%，就相当于增加40%的销售额。因此，物流被称为企业的"第三利润源泉"，降低物流成本对企业利润的增加具有重要意义。

（2）增强竞争力 物流成本的降低，首先意味着增强企业在产品价格方面的竞争优势，企业可以利用相对低廉的价格在市场上出售自己的产品，扩大销售，并以此为企业带来更多的利润。在市场竞争中，价格竞争是市场竞争的主要手段。在进货价格、销售价格不变的情况下，降低物流成本就可增加企业盈利；若进货价格和盈利保持不变，降低物流成本就可降低商品的销售价格，从而就可以提高企业的竞争力。同时企业通过成本效益分析，会逐渐将产品生产过程中的物流业务给专门从事物流业务的专业经营公司，并与专业的物流公司建立长期的合作伙伴关系，企业就可以将资金和精力集中于核心业务的研发上，从而提高企业核心竞争力。

其次，加强物流成本管理，可以提高物流各活动环节的运作效率，降低库存，减少库存资金的占用，加速企业资金周转。我国企业库存量大、库存占用资金已超过20%，资金周转速度低，据有关统计分析，我国工业企业资金周转速度为1.2~1.3次；商业流动资金年平均周转2.3~2.4次，与国外企业资金周转速度相差甚远。一些跨国连锁企业如沃尔玛、麦德龙、家乐福等公司，流动资金年周转速度都在20~30次。海尔由于实行了物流管理，优化了作业流程，做到了零库存，使企业的资金周转速度提高到一年15次。企业资金周转速度越快，赢利的空间就越大，如果300万元的流动资金，一年周转20次，就相当于6 000万元的资金拥有量，假设资金周转一次获利10%，300万元的资金周转20次就获利600万元。

第三，通过物流成本管理可以改善物流流程，要求企业各物流活动环节（如运输、仓储、搬运装卸、包装、配送、信息处理等）实现作业的无缝连接，减少各种物流活动环节的一切浪费，避免待工、待料、设备闲置，尽量减少库存和运输浪费，要求对客户的需求实施快速反应等。为了有效地降低物流成本，企业纷纷寻求降低成本的各种途径，如整合企业内部资源，优化作业流程等，从而全面提高了服务质量。

因此，物流成本管理无论是从降低商品价格，加速资金周转，还是提高服务质量等方面无疑都增强了企业的竞争力。

2. 物流成本管理的宏观意义

从宏观的角度讲，进行物流成本管理，给行业和社会带来的经济效益体现在以下几个方面。

(1) 提高经济运行质量和总体竞争力　随着经济全球化和信息技术的迅速发展，企业生产资料的获取与产品营销范围日益扩大，社会生产、物资流通、商品交易及其管理正在不断发生深刻的变革。物流成本管理水平的高低，将直接影响物流成本水平，进而影响产品成本。对于我国工商企业而言，在各国企业都追求客户服务的差异化或成本最小化战略之时，可以利用高质量的现代物流系统，降低物流成本，改进物流管理，提高企业及其产品参与国际市场活动的竞争力。如果全行业的物流效率普遍提高，物流成本平均水平降低到一个新的水平，那么，该行业在国际上的竞争力将会得到增强。对于一个地区的行业来说，可以提高其在全国市场的竞争力。

由于物流成本是社会财富的一个扣减项，无论是从物流成本占销售收入的比重，还是物流成本占GDP的比例来看，我国都比发达国家高出10%，每降低1%，就会节约百亿元的社会财富。加强物流成本管理，可以使社会物流活动趋于合理化，有效降低物品在采购、运输、仓储、装卸、包装、配送、废品回收等物流环节的损失，节约社会财富，增加国家税收积累。

因此，从物流系统管理入手，加强物流成本管理，将有利于提高我国社会资源的利用效率和经济运行质量，提高我国在世界经济中的竞争实力。

(2) 促进国民经济产业结构的调整，促进第三产业的发展　现代物流产业本质上是第三产业，是现代经济分工和专业化高度发展的产物，其发展将对第三产业的发展起到积极的促进作用。目前我国的经济结构还不尽合理，据国际统计数据显示，2003年发达国家第一二产业占GDP总值的30.5%，第三产业占69.5%；欧洲货币联盟第一二产业占GDP总值的30%，第三产业占70%。而我国2003年第一二产业占GDP总值的66.6%，第三产业占33.4%。与发达国家相比，第三产业的发展水平还比较低，在我国，加快第三产业的发展是调整和优化经济结构的一个重点。实践表明，现代物流的发展，推动、促进了当地的经济发展，既解决了当地的就业问题，又增加了税收，促进了其他行业的发展。此外，现代物流的发展还能进一步带来商流、资金流、信息流、技术流的集聚，以及交通运输业、商贸业、金融业、信息业和旅游业等多种产业的发展，这些产业都是第三产业发展的新的增长点，是第三产业重要的组成部分。我国政府在2005年10月《中共中央关于制定国民经济和社会发展第十一个五年规划的建议》文件中，首次将"物流"作为产业提出，并将其纳入产业发展规划。物流产业从本质上讲，是第三产业。加强物流成本管理，不仅可以促进第三产业内部分工和专业化的发展，而且还可提高第一二产业生产的社会化和专业化程度，这也是发展第三产业，特别是生产服务业的重要前提。二十一世纪，物流产业将成为中国经济发展的重要产业，是第三产业的重要组成部分和新的经济增长点，对我国经济结构的调整和优化起到一定的促进作用。

（3）促进区域经济的发展　区域经济是一种聚集经济，是人流、商流、资金流等各种生产要素聚集在一起的规模化生产，以生产的批量化和连续性为特征。在区域经济的发展进程中，合理的物流系统起着基础性的作用。

加强物流成本管理可以促进以城市为中心的区域市场的形成和发展。目前，我国区域经济的发展尚不平衡，城市经济向周边区域辐射不够，一般来说，城市是商品加工和集散的中心，物流设施设备较为完善。随着物流管理的发展，很多城市都选择交通便利、具有经济辐射潜力的区域建设物流园区，由于物流园区集市场信息、现代仓储、专业配送、多式联运和市场展示及交易于一体，面对的客户更广泛、服务辐射半径更大，实施规模化、集约化经营，配套服务的综合性强，物流服务成本更加低廉，为此，散落在城市各个角落的运输公司、仓库、集散中心、货运站等，就开始集结于物流园区，加强了各个公司、企业的专业化的分工协作，从而避免了重复投资，提高了物流行业的资源利用率，提高了专业化服务水平。因此，现代物流可以促进以城市为中心的区域经济形成，促进以城市为中心的区域经济结构的合理布局和协调发展，有利于以城市为中心的经济区吸引外资，有利于以城市为中心的网络化的大区域市场体系的建立。

四、物流成本管理的研究内容

物流成本管理是以把握物流成本、分析物流成本为手段进行的物流管理。从本质上讲，物流成本管理仍然是一个成本管理体系，但同时又兼有物流管理的特性。物流成本管理的具体研究内容可以分为以下六部分。

1. 物流成本核算

成本核算是指计划执行后，根据企业确定的成本计算对象，对产生的生产耗费进行归纳，采用相适应的成本计算方法，按规定的成本项目，通过一系列的物流成本汇集与分配，从而计算出各物流活动成本计算对象的实际总成本和单位成本。通过物流成本核算，可以如实地反映生产经营过程中的实际耗费。

2. 物流成本分析

物流成本分析是在成本核算及其他有关资料的基础上，运用一定的方法，揭示物流成本水平的变动，进一步查明影响物流成本变动的各种因素。通过物流成本分析，检查和考核成本计划的完成情况，总结经验，找出实际与计划差异的原因，及时发现问题，查明原因，揭露物流环节中的主要矛盾，物流成本分析过程同时也是对前一阶段物流成本管理业绩的评估过程。

3. 物流成本预测

物流成本预测是根据有关物流成本数据和企业具体发展情况，运用一定的技术方法，对未来的物流成本水平及其变动趋势作出科学的估计。预测是决策、计划和控制的基础工作，物流成本预测可以提高物流成本管理的科学性和预见性。在物流成本管理的许多环节都存在成本预测问题。如仓储环节的库存预测；流通环节的加工预测；运输环节的货物周转量预测等。

4. 物流成本决策

成本决策是在成本分析与预测的基础上，结合其他技术、经济因素等有关资料，运用一定的科学方法进行研究、分析，决定采取的行动方针，并进行可行性分析，然后从若干个方案中选择一个满意的方案的过程。从物流整个流程来说，有配送中心新建、改建、扩建的决策；装卸搬运设备、设施的决策，流通加工合理下料的决策等等。进行成本决策是编制成本计划的前提。

5. 物流成本计划

物流成本计划是根据成本决策所确定的方案、计划期的生产任务、降低成本的要求以及有关资料,通过一定的程序,运用一定的方法,以货币形式规定计划期物流各环节耗费水平和成本水平,并提出保证成本计划顺利实现所采取的措施。通过成本计划管理,可以在降低物流各环节成本方面给企业提出明确的目标,推动企业加强成本管理责任制,增强企业的成本意识,控制物流环节成本,挖掘降低成本的潜力,保证企业降低物流成本目标的实现。

6. 物流成本控制

成本控制是根据计划目标,对成本发生和形成过程以及影响成本的各种因素和条件施加主动的影响,以保证实现物流成本计划的一种行为。从企业生产经营过程来看,成本控制包括成本的事前控制、事中控制和事后控制。成本事前控制是整个成本控制活动中最重要的环节,它直接影响以后各作业流程成本的高低。物流事前成本控制活动主要有物流配送中心的建设控制,物流设施、设备的配备控制,物流作业过程改进控制等。物流成本的事中控制是对物流作业过程实际劳动耗费的控制,包括设备耗费的控制、人工耗费的控制、劳动工具耗费和其他费用支出的控制等方面。成本的事后控制是通过定期对过去某一段时间成本控制的总结、反馈来控制成本。通过成本控制,可以及时发现存在的问题,采取纠偏措施,保证成本目标的实现。

上述六部分和各项成本管理活动的内容是互相配合、相互依存的一个有机整体:成本分析与预测是成本决策的前提;成本计划是成本决策所确定目标的具体化;成本控制是对成本计划的实施进行监督,以保证目标的实现;成本核算与分析是对目标是否实现的检验和评估。其中成本决策和成本控制是建立物流成本管理战略所必需实施的两个关键程序。

五、物流成本管理的方法

物流成本管理是通过成本去管理物流,即管理的对象是物流而不是成本,物流成本管理可以说是以成本为手段的物流管理方法。这是因为:一是成本能真实地反映物流活动的实态;二是成本可以成为评价所有活动的共同尺度。就第一点而言,一旦用成本去掌握物流活动,物流活动方法上的差别就会以成本差别而明显地表现出来。就第二点而言,用成本这个统一的尺度来评价各种活动,可以把性质不同的活动放到同一场合进行比较、分析,评价优劣。因此,把物流活动换成物流成本来管理,是有效管理物流的一种新思路。

物流成本管理的方法由以下几部分组成。

1. 物流成本横向管理法

物流成本横向管理即通过制定标准成本、目标成本、进行预测和编制计划等方法进行控制,并通过成本差异分析,充分挖掘降低物流成本的潜力,寻求降低物流成本的有关技术、经济措施,以保证物流成本计划的先进性和可靠性。

2. 物流成本纵向管理法

物流成本纵向管理即对物流过程的优化管理。物流过程是一个创造时间性和空间性价值的经济活动过程,为使其能提供最佳的价值效能,就必须保证物流各个环节的合理化和物流过程的迅速、通畅。物流系统是一个庞大而复杂的系统,要对它进行优化,需要借助于先进的管理方法和管理手段。

(1) 用线性规划、非线性规划制订最优运输计划,实现运输合理化 物流过程中遇到最多的是运输问题,而运输成本几乎要占到物流成本的 50% 左右,因此,优化运输方案,降低运输成本至关重要。运输方案的优化可采用运筹学线性规划、非线性规划方法来实现。例如某产品现由若干个企业生产,又需供应若干个客户,怎样才能实现企业生产的产品运到客户所在地时达到总运费最小的目标。假定这种产品在企业中的生产成本为已知,从某企业到消费地的单位运费和运输距离,以及各企业的生产能力和消费量都已确定,则可用线性规划来解决。如企业的生产量发生变化,生产费用函数是非线性的,就应使用非线性规划来解决。属于线性规划类型的运输问题,常用的方法有单纯型法和表上作业法。

(2) 运用网络分析法,确定最佳配比和配送路线,实现配送合理化 配送线路是指各送货车辆向各个客户送货时所要经过的路线,它的合理与否,对配送速度、车辆的利用效率和配送费用都有直接影响。例如,P地是配送中心,A~F是P的6个配送点,P到各配送点的距离已知,现在可以利用的配送车辆是转载量为2t和4t的厢式货车,从P点出发,如何最大限度地利用车辆的载重,以最短的距离将货物送到各配送点?目前较成熟的优化配送线路的方法是节约法,也称节约里程法。

(3) 运用存储论,确定经济合理的库存量,实现配送合理化 存储是物流系统的中心环节,物资从生产到客户之间需要经过几个阶段,几乎在每一个阶段都需要存储,究竟在每个阶段库存量保持多少为合理?为了保证供给,需隔多长时间补充库存?一次进货多少才能达到费用最省的目的?这些都是确定库存量的问题,也都可以在存储论中找到解决的方法,其中应用较广泛的方法是经济订购批量模型,即 EOQ 模型。

(4) 运用价值分析管理法,优化采购工作 价值分析管理法又称价值工程分析法,是将功能与成本联系起来,谋求功能与成本的最佳的综合分析方法。如在原材料采购中,利用价值分析管理法,就避免产生"让买什么,就买什么"的传统思想,优化采购工作,力求花费最少的采购费用,购买到材料必须具备的功能,适合生产的需要,做到物美价廉。

(5) 运用模拟技术,对整个物流系统进行研究,实现物流系统的最优化 克莱顿·希尔模型就是一种采用逐次逼近法的模拟模型。这种方法提出了物流系统的三项目标:即最高的服务水平、最小的物流费用、最快的信息反馈。在模拟过程中采用逐次逼近的方法来求解下列决策变量:流通中心的数目、对客户的服务水平、流通中心收发货时间的长短、库存分布、系统整体的优化。

3. 物流作业成本法

物流作业成本法以成本动因作为成本分配的标准,将间接成本更准确地分配到产品和服务中的一种成本计算方法,它克服了传统成本计算方法的缺陷,避免成本扭曲,为企业管理提供了更准确的成本信息,为物流决策提供了可靠的依据。

4. 计算机管理系统

计算机管理系统将物流成本的横向与纵向连接,形成一个不断优化的物流系统的循环。通过一次次循环、计算、评价,使整个物流系统不断优化,最终找出总成本最低的最佳方案。

总之,物流成本管理方法彼此不是孤立的,而是相互联系、相互配合形成了一套完整的方法体系。

第二节 相关的物流成本理论

一、"黑大陆"学说

著名的管理学权威彼得·德鲁克将流通比作"一块未开垦的处女地",强调应高度重视流通以及流通过程的物流管理,他曾经指出:"流通是经济领域里的黑暗大陆。"德鲁克虽然泛指的是流通,但是由于流通领域中物流活动的模糊性特别突出,是流通领域中人们认识不清的领域,所以,"黑大陆"学说主要针对物流而言。"黑大陆"说法主要是指人们对物流的真实面貌尚未认识、尚未了解,在"黑大陆"中,如果理论研究和实践探索照亮了这块黑大陆，那么摆在人们面前的可能是一片不毛之地，也可能是一片宝藏之地。"黑大陆"学说是对物流本身的正确评价：这个领域未知的东西还很多，理论与实践皆不成熟。这一学说对于研究这一领域起到了启迪和动员作用。

二、物流成本冰山理论

"物流冰山"学说是日本早稻田大学西泽修教授提出来的，他在研究物流成本时发现，现行的财务会计制度和会计核算方法都不能掌握物流费用的实际情况，因而人们对物流费用的了解是一片空白，甚至有很大的虚假性，他把这种情况比做"物流冰山"。冰山的特点是大部分沉在水面之下，而露出水面的仅仅是冰山的一角。物流便是一座冰山，其中沉在水面以下的是看不到的黑色区域，而看到的不过是物流成本的一部分，如图1-1所示。

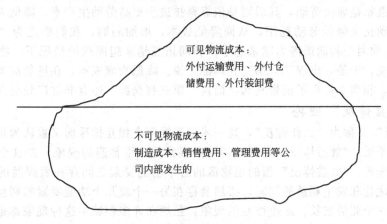

图1-1 物流成本冰山理论

西泽修教授用物流成本具体分析了德鲁克的"黑大陆"学说，事实证明，物流领域的方方面面对我们而言还是不清楚的，在"黑大陆"中和"冰山"的水下部分正是物流尚待开发的领域，也正是物流的潜力所在。

在实际工作中，向企业外部支付的物流成本在财务决算表中能体现出来，而企业内部消耗的物流成本一般是体现不出来的。在财务决算表中，物流费用表现为公司外部支付的运输费、保管费等，而这只是露出水面"冰山"的一部分，不是物流成本的全部，还有许多企业内部与物流中心相关的人员费、设备折旧费等未计入物流成本，是水下的"冰山"部分，而这部分有可能到达水面"冰山"部分的3倍。只有对物流成本进行全面计算，才能够解释清楚混在有关费用中的物流部分成本。具体来讲，工厂生产的产品从工厂运到商业部门的物流成本，是计算在成本中的，购买原材料所支付的物流费用是计算在原材料成本中的，自运运输费和自用保管费是计入营业费用中的，另外与物流有关的利息和其他利息一起计入财务费用之中。如果把这些来自生产成本、原材料、营业费用和财务费用之中的有关物流部分费用划分出来，并单独加以汇总计算，就会对物流费用的全部有进一步的了解，并会为其巨大的金额而感到惊讶。

实际上，在物流成本中，有不少是承担物流的部门无法控制的。如保管费中就包括了由于过多进货或过多生产而造成积压的库存费用以及紧急运输等例外发货的费用。从销售方面看，物流成本没有对额外的服务和标准服务加以区别，比如物流成本中往往包含促销费用。根据物流成本冰山理论，要把隐藏在水面下的物流成本全部核算出来是不可能的，传统的会计体系不仅不能提供足够的物流成本分摊数据，而且也没有这个必要。

理论研究与实际管理毕竟是有所区别的，在企业物流管理中，不可能为了建立物流独立核算体系，而破坏其他若干成熟的财务会计核算体系，实际上真正需要纳入管理的是有影响的物流数据。

三、"第三利润源"学说

"第三利润源"的说法是日本早稻田大学教授、日本物流成本学说的权威学者西泽修先生在1970年提出的。

从历史发展来看,人类历史上曾经有过两个大量提供利润的领域。在生产力相对落后、社会产品处于供不应求的历史阶段,由于市场商品匮乏,制造企业无论生产多少产品都能销售出去,于是就大力进行设备更新改造、扩大生产能力、增加产品数量、降低生产成本,以此来创造企业剩余价值,即第一利润源。当产品充斥市场,转为供大于求,销售产生困难时,也就是第一利润达到一定极限很难持续发展时,便采取扩大销售的办法寻求新的利润源。人力领域最初是廉价劳动,其后则是依靠科技进步提高劳动生产率,降低人力消耗或采用机械化、自动化来降低劳动耗用,从而降低成本,增加利润,我们称之为"第二个利润源"。然而,在前两个利润源潜力越来越小,利润拓展越来越困难的情况下,物流领域的潜力被人们所重视,于是,出现了"第三利润源"说。降低物流成本,在进货成本和销售价格不变的情况下,相当于提高了销售利润,而这"第三利润源"还有非常广阔的开发空间。

四、"效益悖反"理论

"效益悖反"又称为"二律悖反",这一术语表明两个相互排斥而又被认为是都同样正确的命题之间的矛盾。"效益悖反"是物流领域中很常见、很普遍的现象,是这个领域中内部矛盾的反映和表现。"效益悖反"指的是物流的若干功能要素之间存在着损益的矛盾,即某一功能要素的优化和发生利益的同时,必然会存在另一个或几个功能要素的利益损失,反之也如此。这是一个此消彼长、此盈彼亏的现象,虽然在许多领域中这种现象都是存在的,但在物流领域中,这个问题似乎尤其严重。

物流系统的效益悖反包括物流成本与服务水平的效益悖反和物流各功能活动之间的效益悖反。

1. 物流成本与服务水平的效益悖反

高水平的物流服务是由高水平的物流成本作保证的。在没有较大的技术进步情况下,企业很难做到既提高物流服务水平,同时也降低物流成本。一般来讲,提高物流服务水平,物流成本就会上升,两者之间存在着效益悖反。而且,物流服务水平与物流成本间并非呈现线性关系,即投入相同的物流成本并非可以得到相同的物流服务增长,如图1-2所示。物流服务如处于低水平阶段,追加成本X,物流服务水平可以得到大幅度的提升,如提升了Y;如

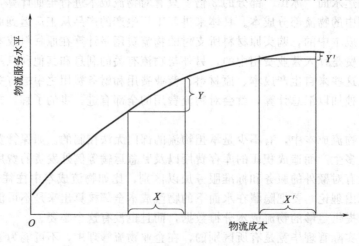

图1-2 物流服务水平与物流成本之间的关系

果处于高水平阶段，同样追加 X，则服务水平却增加得很少，如提升了 Y'，此时，$Y'<Y$。因此，处于竞争状态的物流企业，在处于较高的服务水平下，要想超过竞争对手，维持更高的服务水平就需要更高的投入。

  2. 物流各功能活动的效益悖反

  现代物流是由运输、包装、仓储、装卸及配送等物流活动组成的集合。在构成物流系统的各个环节之间存在着"效益悖反"状态，要想较多地达到某个方面的目的，必然会使另一方面的目的受到一定的损失，也就是一方成本降低，而另一方成本增加，这便是物流活动的效益悖反。如减少物流网络中仓库的数目并减少库存，必然会使库存补充变得频繁而增加运输次数，这样库存成本的降低，使得运输成本增加；在产品销售市场和销售价格不变的前提下，假定其他成本要素也不变，包装费用越省，利润越高。但是，如果包装降低了产品的防护功能，就会造成存储、装卸、运输功能要素的工作损失和效益减少，这样，包装活动的效益是以其他功能要素的损失为代价。

  由此，物流系统是以成本为核心，按最低成本的要求，使整个物流系统化。它强调的是调整各要素之间的矛盾，强调要素之间的有机结合，要求物流系统总成本的最优，而不是物流系统各功能成本的最优，若只是把注意力集中于尽可能使每个物流功能达到最低的成本，而很少或没有注意到总成本，就割裂了系统各环节的相互关联，难以实现整个物流系统的管理目标。这就要求必须从总成本的角度出发，以系统的角度看问题，追求整个物流系统总成本的最低。

  在认识物流效益悖反的规律之后，物流学科也就不断地寻求解决和克服各功能要素效益悖反现象的方法。当然，或许也曾有过追求各个功能要素全面优化的企图，但在系统科学已在其他领域形成和普及的时代，科学的思维必将导致人们寻求物流的总体最优化。不但将物流这一块"黑大陆"细分成若干功能要素来认识，而且将包装、运输、仓储等功能要素有机地结合起来，连成一个整体来认识物流，进而有效解决"效益悖反"规律，追求整体的效益，这是物流学科的一大发展。这种思想在不同国家、不同学科的表述方法是不同的。如美国学者用"物流森林"的结构概念来表述物流的整体观念，指出物流是一种结构，对物流不能只见功能要素而不见结构，即不能只见树木不见森林。物流的总体效果是森林的效果，这可以归纳成一句话："物流是一片森林而非一棵棵树木。"

五、其他物流成本学说

  除了上述较有影响的物流理论学说之外，还有一些物流成本学说在物流学界广为流传。

  1. 成本中心说

  成本中心说的含义是：物流在整个企业战略中，只对企业营销活动的成本发生影响。物流成本是企业成本的重要组成部分，因而解决物流的问题，并不只搞合理化、现代化，不只是为了支持保障其他活动，重要的是通过物流管理降低成本。所以，成本中心既是指物流是主要成本的产生点，又是指物流是降低成本的关注点，物流是"降低成本的宝库"等说法正是这种认识的形象表述。

  2. 利润中心说

  利润中心说的含义是：物流可以为企业提供大量直接和间接的利润，是形成企业经营利润的主要活动。非但如此，对国民经济而言，物流也是国民经济中创造利润的主要活动。物流的这一作用，被表述为"第三利润源"。

  3. 服务中心说

  服务中心说代表了美国和欧洲等一些国家学者对物流的认识。这种认识认为，物流活动最大的作用，并不在于为企业节约了消耗，降低了成本或增加了利润，而是在于提高企业对用户的服务水平进而提高了企业的竞争能力。因此，他们特别强调其服务保障的职能。通过物流的服务保障，企业以其整体能力来压缩成本，增加利润。

4. 战略说

随着物流的发展，学术界和产业界越来越多的人已逐渐认识到，物流更具有战略性，是企业发展的战略而不是一项具体操作性任务。应该说这种看法把物流放在了很高的位置，企业战略是生存和发展，而不是在哪个环节搞得合理一些，节省一些费用，不应该把物流只看作是需要支付的费用，而应把它当作资源，看作是一种生产要素加以有效利用。因此，物流管理日益受到企业的重视，被纳入企业战略管理的范围。

本章小结

本章介绍了物流成本和物流成本管理的概念，物流成本管理的研究内容和方法，相关的物流成本理论。

物流成本是在物流活动中，为了提供有关的物流服务，所消耗的一切活劳动和物化劳动的货币表现，物流成本管理不单单是核算物流成本而是通过成本去管理物流，是以成本为手段的物流管理方法，通过对物流活动的管理，从而在既定的服务水平下，达到降低物流成本的目的。

物流成本管理的研究内容包括：成本核算、成本分析、成本预测、成本决策、成本计划、成本控制，各部分内容是互相配合、相互依存的一个有机整体。成本管理的方法有横向和纵向管理法。

物流成本理论包括"黑大陆"学说、物流成本冰山理论、"第三利润源"学说、"效益悖反"理论。另外还有成本中心说、利润中心说、服务中心说、战略说等。

中国雅芳的商流物流分离

雅芳是全美500强企业之一，已有110多年历史，已发展成为世界上最大的美容化妆品公司之一。雅芳（中国）有限公司1990年成立，总部在广州，经营护肤品、化妆品、个人护理品、香品、流行饰品、内衣、健康食品等。目前雅芳（中国）有限公司在大中城市设有75个分公司，拥有5 000家雅芳产品专卖店，开设在各大商场的近2 000个雅芳专柜，100多个仓储式的雅芳专柜，并已开通网上购物服务。

雅芳（中国）有限公司在经历了10年的以分公司仓库为中心的物流运作模式后，于2001年初开始了物流系统的重新整合，将商流物流分离，并进行配套变革。2003年雅芳（中国）有限公司的营运成本比2002年初降低了2个百分点，库存水平下降，供货周期由原来的5～10天降低为2～3天。这个简单的数字，对于竞争白热化、利润微薄而制造成本和销售成本又难以压缩的日化行业来说并不简单。

1. 商流物流分离前的运作方式

2001年之前，雅芳（中国）有限公司的物流运作是商流物流合一的。除总部工厂仓库外，75个分公司各有一个仓库，物流运作是由工厂仓库——分公司仓库——经销商自提，即雅芳（中国）有限公司通过长途陆运或空运的方式，将货物从广州工厂仓库运到全国75个分公司的仓库，然后由经销商到所属区域的各个分公司提取货物，并在专卖店或专柜向顾客出售。然而，随着销售额的增长，这种方式的弊端也日益显现出来。一方面，随着销售品种、销售额的增加，库存额居高不下，库存周转天数越来越高，而分散在各地的75个仓库需要投入大量的人力来从事仓储、打单等工作；另一方面，物流不畅导致经销商满意度低，流失率高。从1999～2002年初，雅芳（中国）有限公司的经销商流失率高达20%。在十字路口的雅芳（中国）有限公司感到必须要对物流进行重新整合，构建高效的供应链体系才能有效支撑业务，达到提高满意度、降低成本的目标。

2. 商流物流分离后的运作方式

经过近一年的考察和研究，雅芳（中国）有限公司拿出了一套叫作"直达配送"的物流解决方案。其实质是商流物流的分离,即取消75个大大小小的分公司仓库,成立区域物流中心,经销商的订货直接由总部安排区域物流中心向其配送。雅芳(中国)有限公司重新进行了物流网络规划,并借助IT来支撑。

(1) 物流网络重新规划　雅芳(中国)有限公司从其战略角度考虑,取消了分公司仓库,在广州、北京、上海、重庆、武汉、郑州、沈阳、西安、乌鲁木齐建立九大物流中心,并将仓储、运输(配送)等物流服务外包,通过第三方物流服务商(中国邮政物流、大通国际运输有限公司、共速达和心盟物流运输)将雅芳产品直接配送至专卖店。物流运作方式改变为"总部工厂——区域物流中心——经销商"。雅芳(中国)有限公司生产出的货物由工厂运送到各物流中心,订货方式转变为经销商在网上向总部订货,总部将订货信息处理后传给区域物流中心,区域物流中心根据订货信息拣货、包装,并由第三方物流在48小时内进行"门到门"的送货服务。

在将物流外包到物流公司以后,雅芳(中国)有限公司开始专注于企业产品的生产和销售方面的业务,各分公司也从过去的烦琐事务当中摆脱了出来,专注于市场开拓,一年间产品销售量平均提高了45%,北京地区达到70%,市场份额不断扩大。

(2) IT系统支撑　雅芳(中国)有限公司自行开发了CIA(综合信息系统)和DRM(经销商关系管理系统)等系统来支撑业务管理和"直达配送"物流模式。其中DRM作为雅芳(中国)有限公司业务支持的核心系统是基于互联网运作的,它作为一个公用的平台,将雅芳(中国)有限公司总部、厂部、分公司、销售网点和顾客服务中心及3PL(第三方物流)企业有效地整合在了一起。

有了基于Web的DRM系统,经销商只需要在网上下订单,在线通过银联、招商银行或者邮政付款,就可以坐等3PL公司将货物送到店里,最后在网上签收就可以了。更为重要的是雅芳(中国)有限公司总部可以通过信息系统及时了解市场信息,掌握客户库存,做出及时的预测和执行指令,保证物流服务的时效、准确性,也有效控制库存成本、运输成本。

(3) 组织结构变化　物流模式转变后,以前75个分公司共有600个员工负责收费、仓库、管理、打单等营运工作,现在分公司只专注于市场开发和销售业务,营运工作由八个区域服务中心负责,原有负责物流工作的员工组织结构发生变化,不再属于分公司,而是划归区域服务中心管理,员工数量也锐减至182个人。

(4) 流程再造　雅芳(中国)有限公司对物流运营流程进行了再造,客户订货流程、内部管理流程、运输配送流程等均发生了很大的变化。在客户订货上,由原来的分公司处理转为总部统一处理,下订单的方式转为网上订货;仓储运输被剥离出来由第三方物流来做,自己则专注于研发和销售。

雅芳通过以上几项变革的配套进行,顺利完成了商流物流的分离,成功地实现了其物流重构。

(资料来源: http://www.foodmate.net/lesson/190/index.php)

习　题

一、判断题

1. 广义的物流成本是指生产、流通、消费全过程的物品实体与价值变化而发生的全部费用。(　　)
2. 物流成本管理就是管理物流成本。(　　)
3. 降低物流成本可降低商品价格,增加企业在价格方面的竞争优势。(　　)
4. "第三利润源"学说是指物流是经济领域里未开垦的处女地。(　　)
5. 物流服务水平的提高不一定会导致物流总成本的上升。(　　)

二、多项选择题

1. 下列说法正确的是(　　)。
   A. 广义的物流成本涵盖了生产、流通、消费三个领域的费用
   B. 物流总成本中不包含物流服务成本
   C. 物流成本是物流活动中所消耗的一切物化劳动和活劳动的货币表现
   D. 物流成本管理是通过成本去管理物流活动,而不仅仅是管理物流成本
2. 下列哪些是物流成本管理的研究内容?(　　)
   A. 成本核算　　B. 成本分析　　C. 成本预测　　D. 成本决策

3. 下列哪些是物流成本纵向管理法（　　）。
   A. 制订标准成本、目标成本进行预测和编制成本计划，进行成本控制
   B. 用线性规划和非线性规划法，实现运输合理化
   C. 运用网络分析法，实现配送合理化
   D. 运用价值分析法，优化采购工作
4. 物流成本的研究内容包括成本核算、分析、预测、决策、计划、控制六个方面，下列说法正确的是（　　）。
   A. 上述六个方面在具体工作中是有顺序的，依次进行的，相互间没有交叉
   B. 经过成本分析与预测再进行成本决策，再制订成本计划
   C. 成本控制贯穿于成本管理的始终
   D. 上述各项内容是互相配合、相互依存的有机整体
5. 进行物流成本管理，可以（　　）。
   A. 降低成本，提高利润　　B. 增强企业竞争力
   C. 促进第三产业的发展　　D. 促进区域经济的发展

三、填空题

1. 物流成本管理方法有横向管理法、_____、_____、_____。
2. 运用线性规划、非线性规划法可实现_____的合理化，运用网络分析法，可实现_____的合理化，运用存储理论，可确定_____。
3. 物流成本中的"效益悖反"包括_____和_____的悖反。
4. 其他物流学说包括成本中心说、_____、_____、_____。
5. 在物流成本的研究内容中，_____和_____是成本决策的前提，_____是成本决策所确定目标的具体化，_____是对成本计划实施进行监督。

四、简答题

1. 什么是物流成本？狭义物流成本与广义物流成本的区别是什么？
2. 如何理解物流成本管理？
3. 简述物流成本管理的研究内容。
4. 物流成本管理的方法有哪些？
5. 如何理解物流成本效益悖反理论？

第二章　物流成本的构成和特点

【学习目标】
通过本章的学习，掌握物流成本的构成与分类，物流成本有哪些特点，影响物流成本的因素以及降低物流成本的方法。

第一节　物流成本的构成与分类

一、物流成本的构成

物流是一个贯穿原材料供应、生产、销售等各个环节的一系列活动，是一个跨企业、跨行业、跨地区和国界的复杂系统，物流成本涵盖了生产、流通、消费全过程的物品实体与价值变化而发生的全部费用。它包括了从生产企业内部原材料的采购、供应开始，经过生产制造中的半成品、产成品的仓储、搬运、装卸、包装、运输及在消费领域发生的验收、分类、仓储、保管、配送、废品回收等所有的成本。具体来讲，物流成本由以下几部分构成：

① 物流活动中的物资消耗，主要包括电力、燃料、包装耗材、固定资产的损耗等；
② 物资在物流活动中发生的合理耗损；
③ 企业为了开展物流活动的人力成本，包括职工工资、奖金、津贴及福利费用等；
④ 物流活动中发生的其他费用，包括与物流活动有关的办公、差旅支出；
⑤ 用于保证物流系统运作顺畅的资金成本，包括利息、手续费等；
⑥ 研究设计、重建与优化物流过程的费用。

从我国的财务管理过程看，由于处于社会再生产的不同领域，物流成本在具体核算时是分为流通企业物流成本和生产企业物流成本分别核算的。

作为生产企业，涉及原材料、零部件的供应，加工组装形成产成品，然后向市场销售等环节；而作为批发企业，涉及向供货方供货、保管、根据订单发货等工作，特别是当出现退货的状况时，还有最后的商品处理活动；零售企业，则是先从供货方订货，进行进货检查，再根据顾客的要求，进行个体配送服务。然而在企业的各类财务表中，所表现出来的物流费主要是销售费用，一般管理费用和制造成本明细表中的保管费、运输费等"对外支付的物流费"并没有涵盖物流成本的全部费用。一般情况下，大多数企业发生的全部物流费用往往是表现出来的两倍或更多倍。这些隐藏的部分常称为"第三利润源"，或物流冰山沉在水面以下的部分。

在企业物流活动中，除了前面所说的直接支付的物流成本外，还有因使用本企业资源、人力、设施的物流活动而产生的"企业物流费"，这表现为人员费、车辆费、折旧补偿费等。此外，应对供应要求而产生的费用，还包括销售成本或制造成本及库存资金利息等营业外费用。

二、物流成本的分类

1. 按物流所处的宏观和微观领域不同分类

物流成本按物流所处的宏观和微观领域不同分类,可分为宏观物流成本和微观物流成本。

(1) 宏观物流成本的构成　宏观物流成本是站在国民经济总量的角度,分析国内物流活动的总开支水平,常用的指标是国内物流成本占本国 GDP 的比例,该比例越小,说明其物流业发展水平越高。各国的情况不同,宏观物流成本的构成和核算存在差异。

我国宏观物流成本的构成根据国家发展和改革委员会文件〔发改运行(2006) 625 号〕中的《社会物流统计核算与报表制度》规定,我国社会物流成本包括运输费用、保管费用和管理费用。

① 运输费用。运输费用包括铁路运输费用、公路运输费用、水路运输费用、航空运输费用、管道运输费用、装卸搬运和其他运输费用。

② 保管费用。保管费用包括利息费用、仓储费用、保险费用、损耗费用、信息及相关服务费用、配送费用、流通加工费用、包装费用、其他保管费用。

③ 管理费用。管理费用是指货主方因组织管理各项物流活动所发生的费用。包括管理人员的报酬、职工福利、办公费用、教育培训费用、劳动保险、车船使用费等属于管理科目的费用。

美国的物流成本主要由三部分组成:库存费用、运输费用和管理费用。各部分的计算范围如下:

① 库存费用。是指花费在保存货物上的费用,除了包括仓储、残损、人工费用及保险和税收费用外,还包括库存物资占用资金的利息。其中利息是当年美国商业利率乘以库存总额得到的。把库存占用的资金利息加入物流费用,这是现代物流与传统物流费用计算的最大区别。只有这样,降低物流成本和加速物资及资金的流转速度才能从根本利益上统一起来。

② 运输费用。包括汽车运输与其他运输方式发生的费用。汽车运输费用包括城市内运送与区域间卡车运输发生的费用。其他运输费用包括:铁路运输、航空运输、船舶运输、管道运输发生的运输、搬运及装卸费用。

③ 管理费用。是按照美国的历史情况由专家确定一个固定比例,乘以库存费用和运输费用的总和得出的。美国的物流管理费用在物流总成本中所占比例为 4% 左右。

日本宏观物流成本是由运送费、保管费及物流管理费三部分构成,欧洲宏观物流成本包括运输、仓储、包装及基础设施投资等费用。这里不再详述。

(2) 微观物流成本的构成　微观物流成本主要是站在企业的角度,分析企业各种物流活动的总开支水平。不同的企业物流成本的构成不同。如生产企业物流是由供应物流、销售物流、生产物流等构成,而零售企业、批发企业由于其经营的特点其物流成本又有不同的构成。

2. 按物流所处企业领域不同分类

物流按其所处企业的领域不同分类。可分为流通企业物流和生产企业物流,相应的物流成本可分为流通企业物流成本和生产企业物流成本。

(1) 流通企业物流成本　流通企业物流成本是指在组织物品的购进、运输、保管、销售等一系列活动中所耗费的人力、物力和财力的货币表现,主要包括:

① 人工费用,如企业员工工资、奖金、津贴、福利费等;

② 营运费用,如能源消耗、运杂费、折旧费、办公费、差旅费、保险费等;

③ 财务费用,指经营活动中发生的资金使用成本支出,如利息、手续费等;

④ 管理费用,如物流行政办公费、折旧费、差旅费、税金等;

⑤ 物流信息费，如物流硬件费用、软件费用、维护费等。

（2）生产企业物流成本　生产企业为了进行生产活动，必须同时进行有关生产要素的购进和产品的销售。同时，为保证产品质量，为消费者服务，生产企业还要进行产品的返修和废物的回收。因此，生产企业物流成本是指企业在进行供应、生产、销售、回收等过程中所发生的运输、包装、保管、配送、回收方面的成本。与流通相比，生产企业的物流成本大都体现在所生产的产品成本之中。具有与产品成本的不可分割性。其物流成本主要包括：

① 人工费用，是指企业从事物流工作的员工工资、奖金、津贴、福利费用；
② 采购费用，如运输费、保险费、合理损耗、采购人员的差旅费等；
③ 仓库保管费，如仓库的维护保养费、搬运费等；
④ 营业费用，如能源消耗费、物料消耗费、折旧费、办公费、差旅费、保险费、劳动保护费等；
⑤ 有关设备和仓库的折旧费、维修费、保养费等；
⑥ 产品销售费用，是指在产品销售过程所发生的物流费用。如销售活动中的运输费、保险费、搬运费、装卸费、仓储费、配送费等；
⑦ 物流信息费，如物流硬件费用、软件费用、维护费等；
⑧ 财务费用，如物流活动中的贷款利息、手续费、资金占用费等；
⑨ 回收废弃物发生的物流费用；
⑩ 物流管理费用，如物流行政办公费、折旧费、差旅费、税金等。

3. 按成本的支付形态不同分类

按成本的支付形态分类，分为直接物流成本和间接物流成本。直接物流成本由企业直接支付，间接物流成本是由企业把物流活动委托其他组织或个人而支付的物流费用。主要包括以下几点。

（1）材料费　是指因物料的消耗而发生的费用，由物料材料费、燃料费、消耗性工具、低值易耗品摊销以及其他物料消耗等费用组成。

（2）人工费　是指因人力劳务的消耗而发生的费用，包括工资、奖金、福利费、医药费、劳动保护费，职工培训费和其他一切用于职工的费用。

（3）公益费　是指为公共事业所提供的公共服务的费用，包括水费、电费、燃气费、暖气费等。

（4）经营管理费　是指土地、建筑物、机械设备、车辆、船舶、搬运工具、器具备件等固定资产的使用、运转和维修保养所产生的费用，包括维修保养费、折旧费、房产税、土地车船使用税、租赁费、保险费等。

（5）一般经费　是指差旅费、交际费、会议费、书报资料费、文具费、邮电费、零星购进费、城市维护建设税、能源建设税及其他税款，还包括物资及商品损耗费、物流事故处理及其他杂费等一般支出。

（6）特别经费　是指采用不同于财务会计的计算方法所计算出来的物流费用，包括按实际使用年限计算的折旧费和企业内部物流利息等。企业内部物流利息是物流活动所占用的全部资金的资金成本，它是以企业内部利率计算而来，故称企业内部物流利息。

（7）委托物流费　是指将物流业务委托给第三方物流企业等时向其支付的费用，包括包装费、运费、保管费、出入库费、手续费、特殊服务费等。

（8）其他企业支付的物流费　是指由于企业采购材料、销售产品等业务发生的，由有关供应者和购买者支付的各种包装、发运、运输、验收等物流成本。在此情况下，虽然表面上看本企业并未发生物流费，但物流成本却包含在了购入的材料、销售的产品的价格中，因此，这些费用也应该记入物流成本之内。在计算其他企业支付的物流费时，以本期发生购进对其他企业支付和发生销售对其他企业支付物流成本的商品质量或件数为基础，乘以费用估价来计算。其他企业支付的物流成本的计算，必须依靠估价的费用单价，但当本企业也承担与此相当的物流费时，也可以用本企业相当的物流费来代替。

物流成本按成本支付形态的不同分类，是进行物流成本核算，归集物流费用的基础。

4. 按物流活动的功能分类

按物流活动发生的功能类别分类，可以分为物流环节成本、信息流通成本、物流管理成本等。具体包括以下内容。

（1）物流环节成本　包括运输费、仓储费、包装费、装卸费、流通加工费等。

（2）信息流通成本　信息流通成本是指采集、处理和传送各种物流信息而发生的成本，包括与库存管理、订货处理、为客户服务等有关的成本，如硬件费用、软件费用、维护费用、人工费用等。

（3）物流管理成本　指物流计划、协调、控制等管理活动发生的费用，不仅包括现场物流管理成本，而且包括本部的物流管理成本。具体包括人工费用、办公费用、物料消耗费用、资金使用费用等。现场物流管理成本是指配送中心、仓库、物流网点等物流作业部门的人工费、办公费、物料消耗成本以及维持费等。本部物流管理成本是指企业综合物流管理部门发生的上述费用。

5. 按物流功能要素分类

物流成本按物流功能可分为运输成本、装卸与搬运成本、仓储成本、流通加工成本、包装成本、配送成本、订单处理和信息成本、物流管理费用等。

（1）运输成本　物流企业的运输成本主要包括以下几点：人工费用，如工资、福利费、奖金、津贴和补贴等；营运费用，如营运车辆的燃料费、轮胎费、折旧费、维修费、租赁费、车辆牌照检查费、车辆清理费、养路费、过路过桥费、保险费、公路运输管理费等；其他费用，如差旅费、事故损失、相关税金等。物流运输费用在所有物流成本中所占比率是最高的，据测算，通常运输成本占物流总成本的30％以上，有的甚至达40％以上。由此，物流合理化在很大程度上依赖于运输合理化，而运输合理与否直接影响着物流运输费用的高低，进而影响物流成本的高低。

（2）流通加工成本　流通加工成本构成内容主要有：流通加工设备费用、流通加工材料费、流通加工劳务费用以及流通加工的其他费用。除上述费用外，在流通加工中耗用的电力、燃料、油料以及车间经费等费用，也应加到流通加工费用之中去。

（3）配送成本　配送成本是企业的配送中心在进行分货、配货、送货过程中所发生的各项费用的总和，其成本由以下费用构成：配送运输费用、分拣费用、配装费用。

（4）包装成本　包装成本构成一般包括以下几方面：包装材料费用、包装机械费用、包装技术费用、包装辅助费用、包装的人工费用。

（5）装卸与搬运成本　装卸与搬运成本的构成主要有以下几个方面：人工费用，如员工工资、奖金、津贴、补贴、福利费等；营运费用，如固定资产折旧费、维修费、能源消耗费、材料费等；装卸与搬运合理损耗费用，如装卸与搬运中发生的货物破损、散失、损耗、混合等费用；其他费用，如办公费、差旅费、保险费、相关税金等。

（6）仓储成本　仓储成本主要包括：仓储持有成本、订货生产准备成本、缺货成本和在途库存持有成本。

（7）订单处理和信息成本　订单处理和信息成本包括发出订单和结算订单的成本、相关处理成本、相关信息交流成本等。如硬件费用、软件费用、人工费、维护费等。在订单处理和信息成本中，固定成本所占比重较大，相对于一些先进的信息通信系统而言，人工环节越多，信息传递速度就越慢，也比较缺乏稳定性。

(8) 物流管理费用 物流管理费用包括：物流行政办公费、折旧费、差旅费、税金等。

这种分类方法反映了企业不同职能的费用耗费，有利于成本的计划、控制和考核，便于对费用实行分部门管理和进行监督。

6. 按物流活动发生的范围分类

按物流活动发生的具体范围分类，物流成本可以分为以下几种。

(1) 采购物流费 包括从原材料（包括空容器、包装材料）的采购到送达到购入者为止的物流活动所发生的费用。

(2) 工厂内部物流费 指从产成品包装开始到确定向顾客销售为止的物流活动发生的费用。

(3) 销售物流费 指从确定向顾客销售开始到出库为止发生的物流活动费用。

(4) 退货物流费 指伴随着产品销售的退回等物流活动而发生的费用。

(5) 废弃物流费 主要指为了处理已经成为废弃物的产品而发生的包装费、运输用容器、材料费、运杂费等。

7. 按成本与业务量的关系分类

物流成本按与业务量的关系分类，可分为物流变动成本、物流固定成本和物流混合成本三类。

(1) 物流变动成本 物流变动成本是指随物流业务量的变化而近似成正比例变化的成本，如直接材料、直接人工、包装材料等。这里所需强调的是：变动的对象是成本总额，而非单位成本。就单位成本而言，则恰恰相反，是固定的，因为只有单位成本保持固定，变动成本总额才能与业务量之间保持正比例的变化。

(2) 固定成本 物流固定成本，是指在一定业务量范围内，与业务量的增减变化无关的成本，如物流设备折旧费、管理部门的办公费等。同样应予以注意的是，固定成本是指其发生的总额是固定的，而就单位成本而言却是变动的，因为在成本总额固定的情况下，业务量小，单位产品所负担的固定成本就高；业务量大，单位产品所负担的固定成本就低。

(3) 混合成本 在生产经营活动中，还存在一些既不与产量的变化成正比例变化、也非保持不变，而是随产量的增减变动而适当变动的成本，这种成本被称为半变动成本或半固定成本，如机器设备的日常维修费、辅助生产费用等。其中受变动成本影响较大的称为半变动成本，而受固定成本的特征影响较大的称为半固定成本。由于这类成本同时具有变动成本和固定成本的特征，所以也称为混合成本。物流混合成本管理在其数额较大时，有必要按照一定的方法将其分解为固定成本和变动成本；数额较小时，一般不需要分解，而是作为固定成本看待。通常物流混合成本的分解视管理需要而定。

成本与业务量之间的依存关系，称为成本习性（亦称成本性态）。研究成本与业务量之间的依存性，考察不同类型成本与业务量之间的特定数量关系，把握业务量变动对各类成本变动的影响，有利于进行本量利分析和短期决策，加强成本控制和科学地进行成本分析，可以简化成本的计算，对于正确地进行经营决策，挖掘内部潜力，提高企业经济效益有着重要的意义。

8. 按与成本计算对象的关系分类

物流成本按与成本计算对象的关系分类，可分为直接成本、间接成本和期间成本。成本对象可以是一件产品、一项服务、一项设计、一个客户、一种商标、一项作业或者一个部门等。

(1) 直接成本 是指与成本计算对象直接相关的成本，如直接人工费用、直接材料费、直接搬运费、运输费、仓储空间费用、配送费用、流通加工费用、包装费用等。一种成本是否为直接成本，是看消耗费用与对象之间是否存在明显的因果关系或受益关系，如果为某一特定的成本对象所消耗，便于直接计入则为直接成本。

（2）间接成本　同直接成本相反。间接成本是指与某一特定成本对象没有直接联系的成本，它为几种成本对象所共同消耗，是不能直接计入某一特定成本对象的成本。如部门管理人员工资、福利费、设备折旧费、保险费、相关税金等。间接成本应当先按地点或用途进行归集，然后按照适当合理的标准进行分配，计入各种成本对象。

物流成本按其计入成本对象的方式分为直接成本和间接成本，这种分类的目的是为了经济合理地把成本归属于不同的成本对象。一项成本可能是直接成本，也可能是间接成本，要根据成本对象的选择而定。

（3）期间成本　期间成本又称期间费用，是指不与成本计算对象有关，但又是必需的开支，不能计入成本计算对象的费用，如企业行政管理部门的管理费、财务费等，在计算时直接冲减当期利润。

9. 物流成本的其他分类

物流成本除了以上几种分类外，还可以根据需要进行以下分类。

（1）明显成本与隐含成本　明显成本，又称显成本也称为会计成本，是指会计账目上作为成本项目计入账上的各种支出费用，它包括雇员的薪金、购买原材料及辅助材料支付的费用、借入资本的利息支付等。隐含成本又称隐成本，是指自己提供的生产要素所支付的费用，它包括作为成本项目计入账目的厂房、机器等固定设备的折旧费，以及企业所有者自己投入资金的利息和所有者为该企业所提供劳务而应得的薪金。但企业在计算成本时，隐含成本往往被忽略。

（2）经济成本与机会成本　经济成本，是指厂商生产产品或提供劳务时对使用的生产要素所做的支付，也称为总机会成本。

机会成本是当一种资源具有多种用途，即多种利用机会时，选定其中的一种就必须放弃其余几种，为了保证经济资源得到最佳利用，即选择资源利用的最优方案，在分析所选方案（机会）的收益时，就要求将其余放弃的方案中最高的收益额视作选定该方案所付出的代价，这种被放弃的次优方案最高的收益额即为所选方案的机会成本。机会成本是企业在做出最优决策时必须考虑的一种成本。

机会成本不是实际所需支付的成本，而是一种决策时为选择最优方案而所需考虑的成本。在选择方案时，如果考虑了机会成本，所选方案的收益仍为正数，该方案即为最优方案；如果考虑了机会成本，所选方案的收益为负数，该方案就不是最优方案。引进机会成本这一概念后，就可保证决策的最优化。

（3）增量成本与沉没成本　增量成本，是指随某一特定决策而发生变动的成本。如果成本不因决策而发生变化，则此成本就是沉没成本。如运输公司在新增运输业务后将会引起可变成本（燃料、物料、直接生产工人的工资等）的变化，但却不会引起固定成本（折旧费、企业的管理费、保险费、借贷资本的利息等）的变化。因此，可变成本的增加部分就是增量成本，而固定成本则相当于沉没成本。

（4）平均成本和边际成本　平均成本，是指短期内生产每一单位产品平均所需要的成本，它包括平均固定成本和平均可变成本。平均固定成本是平均每单位产品所消耗的固定成本；平均可变成本是平均每单位产品所消耗的可变成本。

边际成本，是指增加一单位的产量所引起的总成本的增加量。例如，生产企业生产10件货物的总成本是10元，如果生产11件货物的成本是11元，则生产第11件货物的边际成本就是1元。

（5）可控成本和不可控成本　可控成本是指考核对象对成本的发生能够控制的成本，必须对其负责的成本；不可控成本是指考核对象对成本的发生不能予以控制的成本，因而也不予以负责的成本。可控成本与不可控成本都是相对的，而不是绝对的。对于一个部门来说是可控的，而对另一部门来说是不可控的。例如生产部门对产量是可以控制的，所以材料的耗用成本（按标准成本计算）是生产部门的可控成本；而材料的价格，因由供应部门所控制，所以是供应部门的控制成本。又如企业在生产过程中所消耗的由辅助生产部门所提供的水、电、气时，这些水、电、气成本的高低对辅助生产部门来说是可以控制的，因而是可控成本，但对生产部门来说，则是不可控制的，所以必须按标准成本来结转成本。

虽然某项成本对于一个部门来说是可控的，而对另一部门来说是不可控的，但从整个企业来考察，所发生的一切费用都是可控的，只是这种可控性需分解落实到相应的责任部门，所以从整体上看，所有的成本都是可控成本，这样就能同时调动各责任中心的积极性。

第二节　物流成本的特点与影响因素

物流长期以来一直被认为是企业的第三大利润源，在不少企业中，物流成本在企业销售成本中占了很大的比例，因而加强对物流活动的管理关键是控制和降低企业各种物流费用。但是要加强物流成本管理，应先明确在当今企业活动中物流成本的特点与影响因素。

一、物流成本的特点

1. 物流活动不创造新的使用价值

在商品经济中，一方面，物流劳动同其他生产劳动一样创造价值，物流成本增加商品的价值，物流成本也必须在产品销售收入中得到补偿；另一方面，它又不完全等同于其他生产劳动，它并不增加产品的使用价值，相反产品数量和质量往往在物流过程中因丢失、损坏、受潮霉变等而受到负面的影响，甚至有些原材料、产成品等过多滞留在库中，造成资金积压，使资金周转受到影响，造成企业的机会成本增加等。物流成本虽然也是一种必要的耗费，但此种耗费不创造任何新的使用价值，只是利润的一种扣除。

2. 物流成本是以顾客服务需求为基准的

企业要想在市场中赢得竞争地位，就必须尽可能地满足客户服务要求，企业必须在物流服务成本和客户服务要求之间进行技术经济权衡，这也是物流管理的使命。因此，物流成本不是面向企业产出，而是面向客户服务过程，物流成本的大小就具有了以客户服务需求为基准的相对性特点。这是物流成本与企业其他成本在性质上的根本区别。

3. 物流成本是一个总成本的概念，具有效益悖反规律

在第一章已经知道，物流成本中存在着物流成本与服务水平的效益悖反，物流各功能活动的效益悖反，即物流服务水平的提高与物流成本降低的悖反；物流中运输、包装、仓储、装卸及配送等功能要素处在一个相互矛盾的系统中，一两个功能要素的改善，必然会使另外一些要素的实现受损失（如减少仓储必然带来运输费用的增加），存在着各物流活动的各功能要素的效益悖反。因此，在进行物流成本管理时，要求物流系统总成本的最优，而不是物流系统各功能成本的最优。在物流活动过程中，在现行的会计和财务控制的管理方法下，只是把注意力集中于尽可能使每个物流功能达到最低的成本，而很少或没有人注意到总成本，这会割裂系统各环节的相互关联，难以实现整个物流系统的服务目标。由于各种费用互相关联，必须考虑系统整体的最佳成本，这就决定了物流成本是一个总成本的概念，物流的目标就是在尽可能使总成本最低的情况下，实现既定的物流服务水平。

4. 企业物流成本难以正确把握

物流是一个系统工程，具有跨边界和开放性的特点，使得由一系列相互关联的物流活动产生的物流成本，既分布在企业内部的不同职能部门中，又分布在企业外部的不同合作伙伴

那里。从企业产品的价值实现过程来看，物流成本既与企业的生产和营销管理有关，又与客户的物流服务要求直接相关。而在通常的企业财务决算表中，物流成本核算的是企业对外部运输业者所支付的运输费用或向仓库支付的商品保管费等传统的物流成本，对于企业内与物流中心相关的人员费、设备折旧费、固定资产税等各种费用则与企业其他经营费用统一计算，因而，从现代物流管理的角度来看，一是企业难以正确计算实际的企业物流成本；二是物流部门完全无法掌握的成本很多，例如，保管费中过量进货、过量生产、销售残次品的在库维持以及紧急输送等产生的费用都是纳入其中的，从而增加了物流成本管理的难度。先进国家的实践经验表明，实际发生的物流成本往往要超过外部支付额的5倍以上。

综合以上物流成本的特点可以看出，对于企业来讲，要实施现代化的物流管理，首要的是全面、正确地把握包括企业内外发生的所有物流成本在内的企业整体物流成本，也就是说，要削减物流成本必须以企业整体成本为对象。另外，物流成本管理应注意不能因为降低物流成本而影响对用户的物流服务质量，特别是流通业中多频度、定时进货的要求越来越广泛，这就要求物流企业能够应对流通发展的这种新趋向。例如，为了符合顾客的要求，及时、迅速地配送发货，企业需要进行物流中心等设施的投资。显然，如果仅仅为了减少物流成本而放弃这种投资，就会影响企业对顾客的物流服务水平。

二、影响物流成本的因素

1. 竞争性因素

企业所处的市场环境充满了竞争，企业之间的竞争除了产品的价格、性能、质量外，从某种意义上来讲，优质的客户服务是决定竞争成败的关键。而高效物流系统是提高客户服务的重要途径。如果企业能够及时可靠地提供产品和服务，则可以有效地提高客户服务水平，这都依赖于物流系统的合理化。而客户的服务水平又直接决定物流成本的高低，因此物流成本在很大程度上是由于日趋激烈的竞争而不断发生变化的，企业必须对竞争做出反应。影响顾客服务水平主要有以下几个因素。

（1）订货周期　企业物流系统的高效必然可以缩短企业的订货周期，降低货物的库存，从而降低货物的库存成本，提高企业的顾客服务水平，提高企业的竞争力。

（2）库存水平　企业的存货成本提高，可以减少缺货成本，即缺货成本与存货成本成反比。库存水平过低，会导致缺货成本增加；但库存水平过高，虽然会降低缺货成本，但是存货成本会显著增加。因此，合理的库存应保持在使总成本最小的水平上。

（3）运输　运输企业采用更快捷的运输方式，虽然会增加运输成本，却可以缩短运输时间。降低库存成本，提高企业的快速反应能力。

2. 产品因素

产品的特性不同也会影响物流成本，如产品价值、产品密度、易损性和特殊搬运等。

（1）产品价值　产品价值的高低会直接影响物流成本的大小。随着产品价值的增加，每一物流活动的成本都会增加，运费在一定程度上反映货物移动的风险，一般来讲，产品的价值越大，对其所需使用的运输工具要求越高，仓储和库存成本也随着产品的价值的增加而增加。高价值意味着存货中的高成本以及包装成本的增加。

（2）产品密度　产品密度越大，相同运输单位所装的货物越多，运输成本就越低。同理，仓库中一定空间领域存放的货物也越多，库存成本就会降低。

（3）易损性　物品的易损性对物流成本的影响是显而易见的，易损的产品对物流各环节如运输、包装、仓储等都提出了更高的要求。另外，易损产品的货损货差较大，带来更多的赔偿费用。

（4）特殊搬运　有些物品对搬运提出了特殊的要求，如对长、大物品的搬运，需要特殊的装载工具，有些物品在搬运过程中需要加热或制冷等，这些都会增加物流成本。

3. 空间因素

空间因素是指物流系统中企业制造中心或仓库，相对于目标市场或供货点的位置关系。若企业距离目标市场太远，则必然会增加运输及包装等成本。若在目标市场建立或租用仓库，也会增加库存成本。因此空间因素对物流成本的影响是很大的。

4. 管理因素

管理成本与生产和流通没有直接的数量依存关系，但却直接影响着物流成本的大小，节约办公费、水电费、差旅费等管理成本相应可以降低物流成本总水平。另外，企业利用贷款开展物流活动，必然要支付一定的利息（如果是自有资金，则存在机会成本问题），资金利用率的高低，影响着利息支出的大小，从而也影响着物流成本的高低。

三、降低物流成本的方法

影响物流成本的因素是多方面的，人们在不断地寻求降低物流成本的途径。主要有下列方法。

1. 优化物流全过程活动

物流全过程活动优化就是对物流设备的配置和物流活动的组织进行协调、改进，实现物流系统整体优化的过程。它具体表现在兼顾成本与服务上，即以可以接受的物流成本达到尽可能高的服务水平。

一种方案是以改变客户服务水平为前提的物流合理化，另一种是在规定服务水平前提下，改进物流活动效率的合理化。前一种方案效果较好，但服务水平的改变，涉及较多的部门，需要调整的物流环节较多，后一种方案仅在合理化的初期阶段有较大成果，后期成果不明显，且空间较小。从企业合理化的步骤看，可采用后一个方法入手，向前一个方法过渡。具体做法如下。

(1) 实现商物分离，完善物流途径　商物分离是指商流途径和物流途径的分离，是将复杂的、多面的商流途径，通过同一途径从商流途径中分离开，规定一个合理的物流途径。如可新设仓库和物流中心等物流据点，将分店和营业场所处理的物流业务移交配送中心，用一处配送中心来承担基础营业场所和分公司的物流业务，借此实现向配送中心运输的大批量化以及配送中心向外配送的大批量化。

(2) 扩大运输量　实行货物批量化运输可降低运输成本。可采取如下措施：提高每次接受订货的数量，或者减少运输次数，或者与其他公司进行联合运输。如加拿大一家服装公司将上午接受订货，当天下午配送，下午接受订货，第二天配送。现在都改为次日送货，将装载率从过去的40%，提高到60%～80%，这样，几乎节省了25%的运费。

但上述措施都涉及客户服务的水平，不能在物流部门单独进行。如果提高每次接受订货的数量，客户订货就要增大，减少运送次数就意味着延长交货日期，开展联合运输在很多情况下也是把改变交货日期为必要条件，这些都必须征得客户的同意。

扩大运输量还可进行共同配送。共同配送是几个企业联合起来，进行资源共享，共同利用物流设施、信息等的配送方式。企业间建立共同配送，可以扩大配送作业的经济规模，降低企业的营运费用，不需投入大量资金、设备、土地、人力等，可以节省企业资源，使企业集中精力经营核心业务。

(3) 合理的库存　库存具有调节生产和销售之间的时间间隔的职能，合理的库存是生产必需的。库存过少，导致缺货而失掉客户，或库存过多，造成资金占用过多，需要较大的保管场所，都会增加成本。因此必须维持合理的库存。为了维持合理的库存量所进行的管理叫库存管理。库存管理就是合理规定订货量，根据订货量和订货日期来保持合理的库存量。

2. 提高物流速度，加速商品周转

提高物流速度，可以减少物品周转时间，缩短物流周期、减少资金占用，降低存储费用等，从而节约物流成本。美国生产企业的物流周期平均每年16～18次，而我国目前还不到2次，也就是说，生产同样的物品，我们需要的资金是美国的8～9倍。由此可见，在我国通过提高物流周转速度来降低物流成本的空间很大。

3. 削减物流服务成本

提高对顾客的物流服务水平是企业确保利益的最重要手段。从某种意义上讲，提高顾客服务水平是降低物流成本的有效方法之一，但是，超过必要量的物流服务不仅不能带来物流成本的下降，反而有碍于物流效益的实现。例如，虽然多频度、少量化的经营是企业的发展趋势，对配送的要求越来越高，但物流企业如果不充分考虑用户的产业特性和配送商品的特性，一味地开展商品的翌日配送或发货的小单位化，无疑将大大增加供应商的物流成本。所以，在正常情况下，为了既保证提高对顾客的物流服务水平，又防止出现过剩的物流服务，企业应当在考虑用户产业特性和商品特性的基础上，与顾客充分协调，探讨有关配送、降低成本等问题。如果能够实现1周2～3次的配送，可以商讨将由此产生的利润与顾客分享，从而相互促进，在提高物流服务水平的前提下，寻求降低物流成本的有效途径。

4. 构建物流信息系统

构建物流信息系统，是指企业在各项经营活动过程中，对从接受订货到发货的各种物流职能进行控制，使之实现高效率。其目标：一是提高为客户服务的质量，也就是将接受订货的商品迅速、准确地交给客户；二是通过物流信息的构建能够实现商品从客户需求订单下达，到采购材料，到生产，再将商品送达客户手中的信息化，商品的定购需求、数量、规格、价格等信息在网络中传输，可使商品生产、销售链上的企业共享信息资源，合理调整各自企业的经营计划，从供应链上控制物流成本，而不是企业间相互转嫁成本。

5. 通过配送合理化降低物流成本

伴随着多频度、小单位配送的发展，配送成本也在不断提高，这就要求企业采用效率化的配送方法。

企业要实现效率化的配送，要做好配车计划管理。所谓配车计划，是指与用户的订货相吻合，将生产或购入的商品按客户规定的时间进行配送的计划。做好配车计划管理应做到：①生产商的配车计划的制订必须与生产计划相适应，批发商的配车计划与进货计划相适应；②综合考虑为客户的服务条件，如，进货时间、司机在客户作业现场搬运的必要性、用户附近道路的情况等等都需要关注和综合分析，还有用户的货物配送量也对配车计划有影响，货物运送量少，相应的成本就高，配车应当优先倾向于输送量较多的地域；③合理选择配送线路，运用系统分析技术，选择货物最佳的配比和配送线路。

企业要实现效率化的配送还要进行轻重配装，巧装满载，充分利用车辆的载重量和体积，提高车辆装载率。对于需求较集中的地区，可以较容易地实现高装载率运输，而对于需求相对较少的地区，可以通过共同配送来提高装载率。

企业要实现效率化的配送还应进行车辆运行管理。建立有效的货物追踪系统，即在车辆上搭载一个全球定位系统（GPS），通过这种终端与物流中心进行通信。一方面，对货物在途情况进行控制；另一方面，有效利用空车信息，合理配车。

6. 削减退货成本

退货成本也是物流成本中一个重要的组成部分，它往往占有相当大的比例。退货成本之所以成为某些企业主要的物流成本，是因为随着退货会产生一系列的物流费、退货商品损伤或滞销而产生的费用以及处理退货商品所需的人员费等各种事务性费用。特别是出现退货的情况时，一般由商品提供者承担退货所发生的各种费用，而退货方因为不承担商品退货而产生的损失，可能很随意地退回商品，并且这类商品大多数量较小，配送费用有增高的趋势。不仅如此，由于这类商品规模较小，也很分散，商品入库、账单处理等业务也都非常复杂。

例如，销售额 100 万元的企业，退货比例为 3%，即 3 万元的退货，由此而产生的物流费用和企业内处理费用一般占到销售物流的 9%～10%，因此，伴随着退货将会产生 3 000 元物流费。进一步由于退货商品物理性、经济性的损伤，可能的销售价格只为原来的 50%，由于退货而产生的机会成本为 15 000 元。综合上述费用，退货所引起的物流成本为 18 000 元。由此可以看出，削减退货成本十分重要，它是物流成本控制活动中需要特别关注的问题。

7. 在企业中建立物流公司或实行物流外包

在企业中建立物流公司代行母公司物流管理业务，是降低物流成本、提高物流效率的有效措施，它将本来分散于企业中的物流职能分离出来，把本来无论从规模及管理上都不受重视的，但对企业效益有重要影响的物流成本，通过形成专门的经营物流的公司进行管理，从而大量降低物流成本。

物流外包是物流管理社会化的必然产物，企业为了集中精力发展核心业务，在企业物流资源有限，经过物流投资的可行性分析，为节约物流成本，将企业物流全部或部分外包给第三方物流供应商。通过物流外包可以使公司从规模经济、更多地门对门运输等方面实现运输费用的节约；另外，一些突发事件、额外费用如空运和租车等问题的减少增加了工作的有序性和供应链的可预测性。实际上，外包的利益不仅局限于降低物流成本上，企业也能在服务和效率上得到其他改进，如增加战略行动的一致性、提高顾客反应能力、降低投资需要、带来创新的物流管理技术和有效的管理信息系统。

8. 实施供应链管理，降低物流成本

由于物流本身的特性，决定了物流管理实际上是一个系统管理，从原材料采购、产品生产到商品送达最终客户的整个供应链过程中，仅仅某一企业的物流效率的提高，物流成本的降低是有限度的，需要企业协调与其他企业以及顾客之间的关系，实现整个供应链活动的效率化，才能有效降低物流成本。

本章小结

本章介绍了物流成本的构成和分类、影响物流成本的因素以及降低物流成本的方法。

物流成本从不同的角度有不同的分类方法。物流成本可分为宏观物流成本和微观物流成本；按物流所处企业领域不同分为流通企业物流成本、生产企业物流成本；按成本的支付形态不同分类；这种分类是进行物流成本核算，归集物流费用的基础。按物流功能要素分为运输成本、流通加工成本、配送成本、包装成本、装卸与搬运成本、仓储成本、订单处理和信息成本、物流管理费用。还可按物流活动发生的范围、按成本与业务量的关系、按与成本计算对象的关系等分类。

美国、加拿大物流成本开支与构成情况，见表 2-1 至表 2-5 所示。

表 2-1 2000 年美国普通公司物流成本开支

项目	占销售额比例/%	加拿大元/每百磅
运输	3.54	42.91
仓储	2.39	27.80
订单清关/客户服务	0.76	8.44
管理	0.85	4.29
库存搬运	2.03	30.63

表 2-2　2000 年加拿大普通公司物流成本开支

项目	占销售额比例/%	加拿大元/每百磅
运输	3.38	24.17
仓储	2.39	20.03
订单清关/客户服务	0.69	13.94
管理	0.73	7.10
库存搬运	2.09	20.91

表 2-3　美国加拿大公司物流成本构成情况

项目	美国公司/%	加拿大公司/%
运输	37	36
仓储	25	25
订单清关/客户服务	8	8
管理	9	8
库存搬运	21	23

表 2-4　美国小公司物流成本

年销售额/百万美元	小于 200	200～500	500～1 250	大于 1 250
物流成本占销售额的比例/%	10.45	8.73	7.36	3.4

表 2-5　加拿大中等公司物流成本

年销售额/百万美元	小于 200	200～500	500～1 250	大于 1 250
物流成本占销售额的比例/%	10.1	10.97	10.24	3.4

习　题

一、判断题

1. 美国物流成本包括库存费用、运输费、包装和基础设施投资费。（　　）
2. 设备折旧属于可变成本。（　　）
3. 混合成本数额较小时，可当固定成本看待。（　　）
4. 物流管理人员的工资、福利费、保险费等属于间接成本。（　　）
5. 削减物流服务成本是指在保证物流服务水平的基础上削减过渡服务，从而降低物流成本。（　　）

二、单选题

1. 日本宏观物流成本包括（　　）。
   A. 运输费用、仓储费用、包装和基础设施建设费
   B. 库存费用、运输费用、管理费用
   C. 运送费、保管费、物流管理费
   D. 以上答案均不正确

2. 物流成本按功能要素分类包括运输成本、流通加工成本、包装成本等八部分，下列哪个在物流成本中的比重最大（　　）。
   A. 运输成本　　B. 仓储成本　　C. 配送成本　　D. 装卸与搬运成本

3. 下列说法不正确的是（　　）。
   A. 物流活动创造价值
   B. 物流成本应以客户服务为基准，这与"物流服务中心说"相一致
   C. 物流成本只包括企业对外部支付的运输费与保管费
   D. 物流成本是一个总成本的概念，要权衡物流活动各因素的成本
4. 下列说法不正确的是（　　）。
   A. 机会成本是指选择一种方案而放弃另一种方案带来的损失，不是实际需支付的成本，因此在物流决策时不用考虑
   B. 区分可控成本与不可控成本是为了将责任分解落实到各部门，加强责任制
   C. 区分可变成本和固定成本是为了把握业务变动对成本的影响
   D. 直接成本可直接计入成本对象，间接成本不能直接计入成本对象，需归集和分配
5. 按支付形态对物流成本进行分类时，差旅费、会议费、邮电费等应计入（　　）。
   A. 经营管理费　　B. 公益费　　C. 一般经费　　D. 特别经费

三、多选题

1. 我国宏观物流成本中，属于保管费用的有（　　）。
   A. 仓储费用　　B. 配送费用　　C. 流通加工费　　D. 包装费用
2. 物流成本按支付形态分，属于材料费的有（　　）。
   A. 燃料费　　B. 物料材料费　　C. 书报资料费　　D. 低值易耗品摊销
3. 影响物流成本的因素有（　　）。
   A. 竞争性因素　　B. 产品因素　　C. 空间因素　　D. 管理因素
4. 不管生产企业还是流通企业物流成本中都包括（　　）。
   A. 人工费　　B. 物流管理费　　C. 物流信息费　　D. 财务费用
5. 物流管理部门人员的工资属于（　　）。
   A. 固定成本　　B. 变动成本　　C. 直接成本　　D. 间接成本

四、填空题

1. 我国宏观物流成本的构成包括_____、_____、_____。
2. 物流成本按功能要素分类包括_____
_____。
3. 物流成本与业务量之间的关系称为_____。
4. 物流变动成本是指_____，固定成本是指_____
_____。
5. 物流成本按企业所处领域不同分为_____企业物流成本，_____企业物流成本。

五、简答题

1. 物流成本由哪几部分组成？
2. 简述物流成本按支付形态的分类。
3. 简述物流成本的特点。
4. 影响物流成本的因素有哪些？
5. 简述降低物流成本的方法措施。

第三章 物流成本的计算

【学习目标】
物流成本计算是物流成本管理的基础内容。本章对物流成本计算理论和方法进行了介绍。通过学习，了解物流成本计算的特点，掌握物流成本计算的程序，了解产品成本法的概念和种类，掌握作业成本法的计算。

第一节 物流成本计算的特点和程序

前面已经分析了物流成本的特点，由于物流系统具有跨边界和开放性的特点，使得物流成本不但分布在企业内部的不同职能部门中，而且分布在企业外部的不同合作伙伴之中。在通常的企业财务决算表中，物流成本核算的是企业对外部运输者所支付的运输费用或向仓库支付的商品保管费等传统的物流成本，而这些在整个物流费用中确实犹如冰山一角。因为对于企业内与物流中心相关的人员费、设备折旧费、固定资产税等各种费用则与企业其他经营费用统一计算，在损益表中所能看到的物流成本在整个销售额中只占极少的比重。根据著名物流管理家西泽修教授的物流成本冰山理论，如果企业仅把物流成本理解为露在水面上的冰山一角，而忽视全部的冰山，企业就会面临险境。只有对物流成本进行全面的计算，分析出混在有关成本费用中的物流成本，才能对物流成本进行全面、有效的管理。

一、物流成本计算的特点

物流成本的计算与传统的生产成本的计算相比，其特点可以归纳为以下几个方面。

1. 计算要素难以确定

物流成本计算要素难以确定主要有以下三个原因。

（1）物流成本的计算范围太大　从供应链的角度，物流包括原材料的物流、工厂内部的物流、从工厂到仓库和配送中心的物流、从配送中心到商店的物流等，涉及的单位很多，应用范围很广，时间跨度大，在计算物流成本时难免有所遗漏，很难做到准确。

（2）以不同的对象计算物流成本的结果相差很大　物流涉及运输、仓储、装卸、信息等多环节，在以物流的过程为对象计算物流成本时，哪些过程应该作为成本的计算对象，哪些过程不应该作为成本的计算对象，难以确定。如果只将运输和仓储费计入物流成本和将运输、保管、装卸、信息等各个物流过程以及各物流过程间的协调费用全部计入物流成本进行计算，两者的计算结果相差极大。

（3）物流成本的计算内容难以归集　向外部支付的运输费、保管费、装卸费等费用各企业一般都会计入物流成本，而且也比较容易计入物流成本，但是企业内部发生的物流费用，如与物流有关的人工费、设施建设费、设备购置费及折旧费、维修费等是混于企业所发生的所有人工费、设施建设费、设备购置费以及折旧费、维修费中，如何将其归集起来具有一定难度。

2. 存在制度缺陷，实际操作难度很大

由于现行的财务会计制度和会计核算方法对物流成本没有分列记账，物流费用在企业财务会计制度中没有单独的科目，一般采用的方法是将企业所有的物流成本都列在不同的成本费用项目中，如将其分散到"材料采购""管理费用""销售费用"及"财务费用"等账户中进行混合核算，所以不能掌握物流费用的实际情况。按照现行会计核算制度，购买原材料所支付的物流费用是计算在原材料成本中的，工厂生产的产品从工厂运到商业部门的物流成本是计算在主营业务成本中的，自运运输费和自用保管费是计入营业费用中的，另外与物流有关的利息是计入财务费用中的，传统的会计体系不能提供足够的物流成本分摊数据。因此，在实际计算物流成本时，对上述费用的分解存在制度规范的问题，而且，如果要分解这些隐藏的费用，在操作上存在很大的难度，操作成本较高。

3. 核算方法难以统一

我国对物流成本计算的范围和具体计算方法还没有形成统一的规范，各企业根据自己不同的理解和认识计算和控制企业的物流成本，不同企业的物流成本项目不同，在如何统一物流成本计算项目方面尚无统一的标准。

国外一些发达国家物流成本的计算是按照统一标准进行的。

日本物流成本的计算是依据1997年日本运输省制定的《物流成本计算统一标准》，该标准按以下三种不同的方式规定物流成本的计算标准。

（1）按物流范围划分计算物流成本　按物流范围将物流成本划分为：采购物流费、工厂内部物流费、销售物流费、退货物流费和废弃物物流费五种类型。各部分的内容见第二章"物流成本的分类"第六条。

（2）按支付形态划分计算物流成本　按支付形态将物流成本分为材料费、人工费、公益费、经营管理费、一般经费、特别经费和委托物流费。各部分的内容见第二章"物流成本的分类"第三条。

（3）按物流的功能划分计算物流成本　按物流的功能将物流成本分为运输费、保管费、包装费、装卸费、信息费和物流管理费。

美国的物流成本主要由三部分组成：库存费用、运输费用和管理费用。各部分的计算范围见第二章"物流成本的分类"中内容。

二、物流成本计算的程序

成本核算的一般程序是指对企业在生产经营过程中发生的各项物流费用，按照成本核算的要求，逐步进行归集和分配，最后计算出各项期间费用、物流总成本和各种成本对象的物流成本的过程，物流成本计算的一般程序归纳如下。

1. 物流成本计算对象和成本项目的确定

成本计算对象是企业为归集、分配物流费用而确定的、以一定时期和空间范围为条件而存在的成本计算实体，即物流费用的承担者。成本计算对象不是由人们主观随意规定的，不同的生产经营类型从客观上决定了不同的成本计算对象。企业可以根据自己生产经营的特点和管理要求的不同，选择不同的成本计算对象来归集、分配物流费用。如，对于大量生产类型的产品，因连续不断地重复生产种相同的产品，可以按照产品的品种计算其成本，此时成本的计算对象是某种产品；对于少量生产类型的产品，由于批量较小，一批产品往往同时完工，可按产品的批别计算成本，此时成本的计算对象为某批产品；对于多步骤的生产，可按步骤计算成本，成本的计算对象为某个步骤等。确定成本计算对象，是设置成本明细账、分配物流费用和计算物流成本的前提。

为了正确反映成本的构成，必须合理地规定成本项目。成本项目要根据具体情况与需要设置，既要有利于加强成本管理，又要便于正确核算物流成本。企业一般应设置直接材料、燃料及动力、直接人工和间接费用等成本项目。在实际工作中，为了使成本项目更好地适应企业的生产经营特点和管理要求，企业可以对上述成本项目进行适当的调整。

物流成本计算对象和成本项目的确定，主要取决于物流活动范围、物流功能范围的选取以及物流成本控制的重点等。

（1）物流活动范围的选取　物流活动范围的选取，是指对物流的起点与终点以及起点与终点间的物流活动过程的选取。也就是对物流活动空间的选取。物流活动范围可以划分为企业物流与社会物流；也可以从企业角度划分为供应物流、生产物流、销售物流、退货物流、回收物流、废弃物流。物流活动范围的选取不同，其成本计算结果也就不同。对一个物流企业来说，在物流范围确定之后，一般不能任意改变，以满足成本计算的可比性和一贯性要求。

（2）物流功能范围的选取　物流功能范围的选取，是指在运输、搬运、装卸、储存、包装、流通、加工、物流信息处理、物流管理等物流功能中，选取某些功能作为物流成本计算对象。把所有的物流功能作为成本计算对象与只把运输、保管这两种功能作为成本计算对象，所反映的物流功能范围的成本显然是不同的。如美国的物流成本只选取了储存、运输、物流管理三个物流功能，日本物流选取了成本运送费、保管费及物流管理费三部分。

（3）物流成本控制的重点　企业在确定成本计算项目时，如果项目较为繁多时，可将成本控制的重点作为成本计算项目，而对于那些非成本控制重点可以加以归并，因此，物流成本的计算，并非越全越细越好，其成本计算对象和成本项目也并非越全越好；应根据管理的重要性，结合成本效益原则确定；过细过全的成本计算是不必要的，也是不经济的或者不可能的。

物流成本计算的目的是为了更好地进行物流成本管理，因此，企业可以按照物流成本管理的不同要求和目的，对成本计算进行规定，同时企业应当按照相应的成本计算项目设置成本费用科目的明细科目。

为便于核算和实现电算化，应引入核算矩阵这一工具。成本核算矩阵是反映和描述成本项目和计算对象关系的表格，当所计算的物流成本要从企业财务会计核算的全部成本费用科目中抽出时，核算矩阵的水平方向是企业按会计制度设置的成本费用科目，垂直方向是成本计算项目，如表3-1所示。当企业不是从财务会计核算的成本费用科目中抽取物流成本，而是采用其他办法直接计算物流成本的话，成本计算矩阵的水平和垂直方向的项目可选择对企业更为有用的项目，如表3-2所示，水平方向是不同的物流功能，垂直方向是按成本的不同支付形态。

表3-1　按物流功能计算物流成本

项　目	主营业务成本	其他业务成本	营业费用	管理费用	财务费用	合　计
运输费						
仓储费						
包装费						
装卸搬运费						
流通加工费						
其他费用						
合　计						

表 3-2 按支付形态计算物流成本

项目	运输费	仓储费	包装费	装卸搬运费	流通加工费	其他费用	合计
材料费							
人工费							
燃料动力费							
经营管理费							
一般经费							
委托物流费							
其他支出							
合计							

物流成本按支付形态进行计算，可以反映物流成本总额，从中也可以反映企业一定时期内物流活动发生了哪些费用，数额是多少，什么经费项目花费最多，据以分析物流各个时期各种费用的构成和水平，从而考虑在物流成本管理上应以什么为重点。物流成本按功能计算，可以反映企业不同功能的费用耗费，可以看出哪种物流功能更耗费成本，从而进一步找出实现物流合理化的症结，有利于成本的计划、控制和考核，便于对物流费用实行分部门管理和监督。

从理论上讲，物流成本的各种分类，都可以作为物流成本的计算对象，对物流成本系统的核算，我国尚未形成统一的规范，企业可根据自己的实际情况，选取物流成本计算对象，确定成本项目。参照日本的《物流成本计算统一标准》，可以将物流费用的支付形态、物流功能费用，将按物流范围划分的采购物流费、工厂内部物流费、销售物流费、退货物流费、废弃物流费作为物流成本计算对象和成本计算项目。如表 3-3 所示。

2．审核原始记录

成本核算是以有关的原始记录为依据的，如据以计算材料费用的领料单或领料登记表，计算工资费用的考勤记录和业务量记录等。为了保证成本核算的真实、正确和合法，成本核算人员必须严格审核有关的原始记录，审核其内容是否填写齐全，数字计算是否正确，签章是否齐全，费用应不应该开支，所耗费用的种类和用途是否符合规定，用量有无超过定额或计划等。只有经过审核无误后的原始记录才能作为成本计算的依据。

审核原始记录要对企业发生的各项支出进行严格的审核和控制，并按照国家的有关规定确定其应否计入物流成本以及应计入生产成本还是期间费用。也就是说，要在对各项支出的合理性、合法性进行严格审核、控制的基础上，对不符合制度和规定的费用，以及各种浪费、损失等加以制止或追究经济责任。

3．确定物流成本计算期

成本计算期间，是指汇集费用、计算成本的时间范围。可以按年、月、日、周经营周期作为成本计算期。从理论上讲，物流成本计算期应是某项物流经营活动从开始到完成这一周期，但物流经营活动是连续不断进行的，很难对某一项物流经营活动确定经营期和单独计算成本。因此，往往根据权责发生制原则，一般以月份作为物流成本计算期；物流企业成本也可视其物流作业性质确定，如对于远洋货物运输作业来讲，其生产周期较长（以航次为生产周期），所以应以航次周期作为成本计算期。

4．进行成本归集和分配

在物流成本计算对象和成本计算期确定之后，就可根据成本计算期按成本计算对象和成本项目归集计算物流费用。

表 3-3 物流成本计算

支付形态			范围	采购物流费	工厂内部物流费	退货物流费	销售物流费	废弃物流费	合计
企业物流费	本企业支付物流费	企业本身物流费	材料费	材料费					
			燃料费						
			消耗性工具、器具等费用						
			其他						
			合计						
			人工费	薪酬、补贴					
			福利费						
			其他						
			合计						
			公益费	电费					
			燃气费						
			水费						
			其他						
			合计						
			经营管理费	维修费					
			消耗性材料费						
			税金						
			租赁费						
			保险费						
			其他						
			合计						
		特别经费	一般经费						
			折旧费						
			企业内部物流利息						
			合计						
		企业本身物流费合计							
		委托物流费							
	本企业支付物流费								
	外企业支付物流费								
企业物流费总计									

物流成本的归集,是指对企业生产经营过程中所发生的各种物流费用,按一定的对象,如各种产品、作业、各个车间或部门所进行的成本数据的收集或汇总。对直接材料、直接人工,应按成本计算对象,如物流服务的品种、批别、步骤进行归集,而对于间接费用,则应按发生地点或用途进行归集,然后再计入该成本对象的成本。物流成本如何归集与计算,取决于物流管理对所评价和考核的成本计算对象的选取。成本计算对象的确定方法不同,得出的物流成本也就不同,从而导致了不同的成本评价对象与评价结果。因此,正确确定成本计算对象,是进行成本计算的基础。

在有多个计算对象的情况下,为求得各计算对象的成本,对不能直接计入成本计算对象的费用,在费用归集后,应按一定标准进行分配。成本的分配是指将归集的间接成本分配给成本对象的过程,也叫成本的分摊或分派。

5. 设置和登记成本明细账

正确编制各种费用分配表和归集的计算表,登记各类有关的明细账,将各种费用最后分配、归集到成本的明细账中,算出各种对象的成本。

三、物流成本计算的方法

物流成本由于在现行财务会计体系中，尚未进行核算，为了反映物流成本，为物流管理提供成本信息资料，在实践中，可采用以下方法核算物流成本。

1. 会计核算方式

会计核算方式，就是通过凭证、账户、报表对物流费用加以连续、系统、全面地记录、计算和报告的方法。会计方式的物流成本核算，具体包括两种形式：一是双轨制，即在传统成本核算体系不变的情况下，单独建立物流成本核算的凭证、账户、报表体系，这样物流成本的内容在传统成本核算和物流成本核算中得到双重反映，因此，称为双轨制。二是单轨制，即改变传统成本核算体系，建立一套能提供多种成本信息共同的凭证、账户、报表核算体系，使得物流成本得以单独反映，又不重复地在其他成本核算体系中反映。在这种情况下，要对现有的凭证、账户、报表体系进行较大的改革，需要对某些凭证、账户、报表的内容进行调整，同时还需要增加一些凭证、账户和报表。

会计方式提供的成本信息比较系统、全面、连续，且准确、真实。但这种方法比较复杂，要么重新设计新的凭证、账户、报表核算体系，要么对现有体系进行较大的甚至是彻底的调整。企业应根据核算人员业务素质、管理水平、信息技术的现代化程度等具体情况，确定物流成本核算是采用"单轨制"还是采用"双轨制"。

2. 统计核算方式

统计核算方式，是不要求设置完整的凭证、账户和报表体系，而是通过对企业现行成本核算资料的剖析，从中抽出物流活动耗费部分，再加上部分现行成本核算没有包括进去，但要归入物流成本的费用，如物流信息、外企业支付的物流费等。然后再按物流管理的要求对上述费用重新归类、分配、汇总，加工成物流管理所需要的成本信息。

统计核算方式的物流成本核算不需要对物流耗费作全面、系统、连续的反映，所以运用起来比较简单、方便。由于它没有对物流耗费进行连续、全面、系统地跟踪，成本信息的可验证性差，准确性也就不高。但在人员素质较低、物流管理落后、信息技术不高的条件下，或初次进行物流成本核算时，可运用此法，以简化物流成本核算，满足当前物流管理的需要。

3. 混合式核算方式

混合式核算方式即会计核算方式与统计核算方式相结合的方式，也就是物流耗费的一部分内容通过统计方式予以核算，另一部分内容通过会计方式予以核算。一般对于现行成本核算已包括的费用采用会计方式核算，需设置一些物流成本账户，但不像第一种方法那么全面、系统，也不纳入现行成本核算的账户体系，具有辅助账户的性质。如设置物流成本总账，核算企业发生的全部物流成本；同时按物流范围设置供应、生产、销售、退货、废弃物流成本二级账；在各二级账下按物流功能设置运输费、保管费、装卸费、包装费、流通加工费、物流管理费等三级账，并按费用支付形态设置专栏。在核算中是物流费的就以会计方式计入物流成本账户。

需要说明的是，物流成本的计算无论采用哪种方法，都存在有些是直接与物流活动有关的，有些是既与物流活动有关又与其他活动有关的共同费用。对于共同费用，在费用数额较大时，可按一定的标准在物流活动与其他活动中进行合理分摊，在数额较小时，不必分摊，可直接计入物流活动或其他活动成本中。

上面是从会计和统计的角度介绍了物流成本计算的一般方法，根据物流成本计算对象的不同，还可分为产品成本法和作业成本法，下面两节将分别介绍。

第二节 产品成本法

一、产品成本法概述

"产品"在这里是广义的，实际上是指企业的产出物，即最终的成本计算对象，它不仅可指企业生产的产成品，还可指企业提供的劳务，如运输、保管、装卸、包装等。在这里的"产品"是指企业最终完成的各项物流服务。

最基本的成本计算方法有：品种法、分批法、分步法。

按照产品的品种计算产品成本称为品种法；按照产品的批别计算产品成本称为分批法；按照产品的生产步骤计算产品成本称为分步法。

产品成本是在生产经营过程中形成的。计算产品成本是为了加强成本管理，因而还应该根据管理要求的不同，采用不同的产品成本计算方法。因此，企业只有按照企业生产经营的特点和管理要求，选用适当的成本计算方法，才能正确、及时地计算产品成本，为成本管理提供有用的成本信息。

企业生产经营类型不同，对成本进行管理的要求也不一样。而生产经营的特点和管理的要求又必然对产品成本计算产生影响。这一影响主要表现在成本计算对象的确定上，概括起来有以下几点。

（1）根据生产组织形式选取成本计算对象　对于大量生产类型的产品，因连续不断地重复生产产品种相同的产品，因此只要求按照产品的品种计算其成本，品种是成本的计算对象。对于大批生产类型的产品，由于产品批量较大、生产周期较长，所以与大量生产一样，只要求按产品品种计算产品成本。对于小批生产类型的产品，因其批量较小，一批产品往往同时完工，因此，有可能按产品的批别归集费用，计算各批产品的成本，成本的计算对象是某批产品。对于单件生产类型的产品，因生产过程是按件（产品实物单位）进行组织的，所以有必要也有可能按单件计算产品成本。按单件计算产品成本实际上也是批量为一的按产品批别计算产品成本的特例。

（2）根据生产工艺过程不同，选取成本计算对象　在单步骤生产条件下，由于生产工艺过程不可能或不需要划分为几个生产步骤，因此只要求按产品品种计算产品成本。在多步骤生产条件下，由于生产工艺过程是由几个可以间断的或分散到几个不同地点进行生产的生产步骤所组成，为加强对各步骤的成本管理，特别是按成本责任单位进行管理时，在按产品品种计算成本的同时，还要求按生产步骤计算产品成本。

例如，对于物流服务过程不可间断，或不需要划分几个生产步骤，因而，没有必要分生产步骤来计算产品成本，这时就要求按产品，即物流服务的品种来划分成本计算的对象。如运输服务成本、仓储服务成本。而对大批量多步骤的物流活动，产品成本计算不仅要求按照物流服务的品种计算产品成本，而且还要求按照物流活动的步骤计算成本，这时就要求按每种产品及其步骤的成本作为计算对象。在单件、小批量或复杂物流活动中，为了反映和监督各种或各批产品成本计划完成的情况，就要求以每件或每批产品作为产品成本计算的对象。

（3）根据管理的不同要求选取产品成本的计算对象和计算方法　生产组织和生产工艺过程的不同，从客观上决定着成本的计算对象，但是同时还要考虑管理上的要求。例如，对于主要产品，一般应按每一种产品作为成本计算对象，而对于那些生产工艺相同，所耗原料相同的次要产品，可以合并为一类，先按类别划分成本计算对象，分别计算每一类产品的总成本，然后再按一定的标准，分别计算该类产品中的不同产品的总成本以及单位成本。

（4）根据成本控制重要程度选取产品成本的计算对象与计算方法　企业在确定成本计算

对象时，如果可作为成本计算对象者较多时，可仅将成本控制的重点作为成本计算对象，而对于那些非成本控制重点可加以归并或不予考虑。

由于不同的企业的经营特点不同、生产组织方式不同，采用的成本计算方法也不同。应该根据企业的经营特点，确定究竟是采用品种法、分批法还是分步法。

二、产品成本法的种类

1. 品种法

以产品的品种（或劳务作业种类）作为成本计算对象来归集生产经营费用，计算产品成本的一种成本计算方法。这种方法适用于大量大批单步骤经营的企业，也可用于不需要分步骤计算成本的大量大批多步骤经营的企业。在品种单一的情况下，可采用简单法计算产品成本。在生产经营多品种的情况下，就需要按产品的品种分别设置成本明细账。

品种法具有以下特点。

① 以各种产品品种（或劳务作业种类）作为成本计算对象，按产品品种（或劳务作业种类）归集起生产费用并计算其成本。

② 按月定期计算产品（或劳务作业种类）成本。

③ 对于单步骤企业，因其生产品种（或劳务作业种类）单一，且生产周期短，月末一般不会存在在产品，所以一般不需要将生产费用在完工和月末在产品之间分配。

对于物流活动的产品成本计算，常常用到品种法中一种计算工作比较简单的方法。这种方法一般运用于大量大批单步骤的简单生产，例如运输作业等。这类生产往往品种单一，封闭式生产，月末一般没有在产品存在。即使有在产品，数量也很少，所以一般不需要将生产经营费用在完工产品与在产品之间进行划分。当期发生的物流费用总和就是该种完工产品的总物流成本。除以作业量，就可以计算出该产品的单位成本。在简单法下，生产经营中发生的一切费用都属于直接费用，可以直接计入该种产品成本。由于简单法不存在完工产品与在产品成本划分的问题，计算方法比较简单，故称之为简单法。

2. 分批法

产品成本计算的分批法，是按照产品批别（或劳务作业的批次）归集生产经营费用，计算产品成本的一种方法。它主要适用于单件小批，管理上不要求分步骤计算成本的多步骤的作业。

分批法成本计算的主要特点如下。

① 以产品批别作为成本计算对象。如果生产订单上只有一种产品，但数量较大，也可将其划分成若干生产批次，并按批别计算各批产品成本。在小批和单件生产中，产品的种类和每批产品的批量，大多是根据用户的订单确定的，因而按批、按件计算产品成本，往往也就是按照订单计算产品成本，因此，这种方法又称为订单法。

② 产品成本计算是不定期的，在有完工产品（同一批产品全部完工时才算作完工产品）的月份才计算完工产品成本。成本计算期与产品生产周期一致。

③ 在分批法下，由于成本计算期与产品的生产周期基本一致，因而在计算月末产品成本时，一般不存在完工产品与在产品之间分配费用的问题。

3. 分步法

分步法是按照产品的生产步骤归集生产经营费用，计算产品成本的一种方法。它适用于大量、大批的多步骤生产，即适用于多环节、多功能、综合性营运的物流企业。在这类企业中，产品生产可以分为若干个生产步骤的成本管理，往往不仅要求按照产品品种计算成本，而且还要求按照生产步骤计算成本，以便为考核和分析各种产品及各生产步骤的成本计划的执行情况提供资料。

分步法成本计算的主要特点如下。

① 成本计算对象是各生产步骤的半成品和最后一个步骤的产成品。
② 成本计算定期在每月月末进行，与产品的生产周期不需一致。
③ 以生产步骤为成本计算空间，即在各个生产步骤范围内归集生产费用，并按步骤计算产品成本。
④ 由于大量大批多步骤生产的产品往往跨月陆续完工，月末各步骤如有未完工的在产品，为计算完工产品成本，需要采用一定的方法将归集的生产费用在完工产品和在产品之间进行费用分配。

第三节 作业成本法

一、作业成本法概述

1. 产品成本法的弊端

企业的产品成本是由直接材料、直接人工、制造费用三个部分组成的。直接材料、直接人工统称为直接费用。直接费用以外的所有生产成本都称之为制造费用，如折旧费、水电费、物料消耗费用、间接人工费用等。传统成本计算对制造费用的分摊是以部门作为成本库，然后再将它分摊到产品中去。在传统成本计算中，通常暗含一个假定：产量成倍增加，投入的所有资源也随其成倍增加。基于这种假定，成本计算中普遍采用与产量关联的分摊基础——直接工时、机器小时、材料耗用额等。即以数量基础作为成本计算的基础。先进制造环境下，采用传统的以数量为基础的成本计算方法分摊制造费用，将使产品成本严重失真。原因是许多制造费用的产生与产品数量关系不大。例如设备装备费用、物料搬运次数等；制造费用在产品成本中的比重日趋增大，其中最重要的是折旧费用的增加。资料表明：20世纪80年代制造费用在产品成本中占的比重，美国为35%，日本为26%。特别是在电子与机械工业中的比重，日本高达50%～60%，美国更高为70%～75%。

产品品种日趋多样化，多品种、少批量的生产方式使过去费用较少的订货作业、设备调试准备、物料搬运等与产量无关的费用大大增加。这种情况下，把大量的与数量无关的制造费用，用与数量有关的成本动因（如直接人工小时等）去分摊，将使产品成本发生扭曲，其扭曲的严重程度视数量无关的成本占总制造费用的比例而定。因此由传统的以交易或数量为基础的成本计算到现代的以作业为基础的成本计算是成本会计科学发展的必然趋势。

面对新环境的冲击，企业如果继续使用传统的成本会计技术与方法，至少会造成以下两大方面的后果。

(1) 产品成本计算不准 因为在新的生产环境下，机器和电脑辅助生产系统在某些工作上已经取代了人工，人工成本比重从传统制造环境下的20%～40%，降到了现在的不足5%。但同时制造费用剧增并呈多样化，其分摊标准如果只用人工小时已难以正确反映各种产品的成本。

(2) 成本控制可能产生负功能行为 传统成本会计中将预算与实际业绩编成差异报告，即将实际发生的成本与标准成本相比较。但在新的生产环境下，这一控制系统将产生负功能的行为，例如为获得有利的效率差异，可能导致企业片面追求大量生产，造成存货的增加。另外，为获得有利价格差异，采购部门可能购买低质量的原材料，或进行大宗采购，造成质量问题或材料库存积压等。

2. 作业成本法

企业乃至供应链的物流系统是由一系列物流作业组成的，随着物流管理越来越受到重视，物流作业管理也成为现代物流管理的重要组成部分。作业成本管理为物流作业管理提供了有效的成本核算和控制工具，企业可以利用作业成本管理所得到的信息，对物流作业流程进行改善，实行有效的作业管理，从而实现物流成本最低和作业流程最优的目标。

作业成本管理以作业为中心，通过对作业成本的确认和计量，对所有作业活动进行追踪、动态反映，为尽可能消除"不增值作业"，改进"可增值作业"，及时提供有用的信息，促使损失、浪费减少到最低限度，提高决策、计划、控制的科学性和有效性，促进企业管理水平不断提高。作业成本管理通过细化间接费用分配标准，提供了比传统标准更为准确的成本信息。从作业成本管理的适用范围看，主要包括符合以下两个条件的行业：制造费用在产品总成本中的比例较高；个性化生产要求较强。综上所述，物流企业和企业中的物流系统恰恰符合上述条件，因此，在物流管理中运用作业成本管理有着非常广阔的前景。

作业成本法（Activity-Based Costing，ABC）是以作业作为成本计算对象，以成本动因理论为基础，通过对作业进行动态追踪，反映、计量作业和成本，评价作业业绩和资源利用情况的方法。它以作业为中心，根据作业对资源耗费的情况，将资源的成本分配到作业中，然后根据产品和服务所耗用的作业量，最终将成本分配到产品与服务中去。

物流作业成本管理包括物流作业成本计算和物流作业控制两方面内容。它是作业成本管理在物流中的具体应用。物流作业成本计算解决的是将物流成本按其发生的物流作业进一步追溯到产品、服务中，而物流作业成本控制则是以物流作业成本计算为基础，说明物流管理会计系统如何提供改善了的产品或服务和顾客信息，使管理者能更好地制定关于产品定价生产组合、产品设计及建立顾客联系等决策。以下主要介绍作业成本的计算。

二、作业成本法的相关概念

在介绍作业成本法的原理之前，先了解一些作业成本法的相关概念。

1. 作业

所谓作业，就是指企业为提供一定量的产品或劳务所消耗的人力、技术、原材料、方法和环境等的集合体，或者说，作业是企业为提供一定的产品或劳务所发生的、以资源为重要特征的各项业务活动的统称。物流作业包括运输作业、仓储作业、包装作业、装卸搬运作业、流通加工作业、信息处理等，有这些作业构筑物流整体作业，从而实现物流功能。

作业是汇集资源耗费的第一对象，是资源耗费与产品成本之间的连接中介。作业成本法将作业作为成本计算的基本对象，并将作业成本分配给最终产出（如产品、服务或客户），形成产品成本。

作业具有以下特性。

① 作业是以人为主体的。

② 作业消耗一定资源。作业以人为主体，至少要消耗一定的人力资源。作业是人力作用于物的工作，因而也要消耗一定的物力资源。资源消耗包括直接材料、直接人工和各种间接费用。

③ 作业目的是区分不同作业的标志。现代企业中，可把生产经营过程按照每一工作的特定目的区分为若干作业，每项作业负责完成该作业职权范围内的工作，如运输作业，包装作业等。之所以将这些工作确定为每一项作业有其深层次原因，即作业动因。

④ 作业可分为增值作业和非增值作业。增值作业可提高产品的价值，是企业应大力提倡的部分，如合理的运输、包装，这部分的消耗是生产所必需的；非增值作业也消耗资源，但并非合理消耗，它对企业提供最终产品或服务的目的本身并不直接做出贡献，是应被逐步消除的对象，如企业内部物料的不合理搬运，过度库存造成的资金浪费等消耗。以作业为企业管理的核心，应重点分析物流的作业，分析哪些作业能够增加价值，哪些作业不能增加价值，并尽可能消除不能增加价值的作业，即使是能够增加价值的作业，也应尽可能提高其效率，减少其作业消耗。

⑤ 作业的范围可以被限定。从会计角度看，由于作业区分的依据是作业动因，而作业动因对于某一特定企业是客观的，因而作业范围是能够予以限定的。

2. 物流作业链与价值链

现代物流实质上是为满足客户需要而建立的一系列有序的作业集合体。在诸如产品设计、工作准备、市场营销、存货收发等作业之间，形成一个起始于企业供应商、经过企业内部，最后为客户提供产品的作业链，所以现代物流就是一个由此及彼、由内到外的作业链。物流各种作业之间，前一项作业为后一项作业提供服务，后一项作业是前一项作业的客户，彼此形成一个整体，所以现代物流还是一个客户链。

物流企业每进行一项作业，都要消耗一定的资源（如人力、物力和财力），而每完成一项物流作业也必然产生一定价值，并且随作业的转移而转移到下一个作业上去，照此逐步结转下去，最后到最终产品，提供给客户，所以现代企业是一个作业链的形成过程，也就是价值链的形成过程。作业的推移，表现为价值的逐步积累和转移，最后形成提供给外部客户的总价值。从客户那里收到转移给他们的价值，形成企业的收入，收入补偿完成有关作业所消耗的资源的价值之和的余额，就是企业的盈利。所以企业为实现其经营目标，就必须努力提高作业产出，减少作业消耗。

3. 成本动因

物流作业成本管理认为，资源的耗费、成本的发生取决于成本动因，间接费用的分配应以成本动因为衡量尺度。成本动因是决定作业的工作负担和作业所需资源的各种因素，也是成本驱动因素。它是引起成本发生和变动的原因，或者说是决定成本发生额与作业消耗量之间内在数量关系的根本因素，它应该是可以量化的。例如：直接人工小时、机器小时、产品数量、准备次数、材料移动次数、返工数量、订购次数、收取订单数量、检验次数等。

成本动因可分为资源动因和作业动因。

（1）资源动因 资源动因是决定一项作业所耗费资源的种类及数量的因素，它反映作业量与资源耗费间的因果关系，是分配资源消耗给各个作业形成作业成本库的依据。如机器包装作业的资源动因可看作是机器工作小时；搬运设备所消耗的燃料，直接与搬运设备的工作时间、搬运次数或搬运量有关，那么设备的工作时间、搬运次数或搬运量即为该项作业成本的资源动因。通过分析，可以揭示哪些资源需要减少，哪些资源需要重新配置，最终确定如何改进和降低作业成本。

（2）作业动因 作业动因是决定成本对象所需作业的种类和数量的因素，是将物流成本库中的成本分配到产品的依据，它反映成本对象使用作业的频度和强度，如机器包装作业的多少决定于要钻孔的数量，订单处理作业的多少决定于要处理的订单份数，机器调整作业取决于机器调整的次数，因此，钻孔数量、订单份数、机器调整次数就是作业动因，计算成本时就可按这些作业动因（次数）向产品分配成本。通过实际分析，可以揭示哪些作业是多余的，应该减少，整体成本应该如何降低。

4. 作业中心与作业成本库

作业中心是成本归集和分配的基本单位，它由一项作业或一组性质相似的作业所组成。一个作业中心就是生产流程的一个组成部分。根据管理上的要求，企业可以设置若干个不同的作业中心，其设置方式与成本责任单位相似。但作业中心与成本责任单位的不同之处在于：作业中心的设立是以同质作业为原则，是相同的成本动因引起的作业的集合。

由于作业消耗资源，所以伴随作业的发生，作业中心也就成为一个资源成本库，也称为作业成本库。

三、作业成本法的原理

传统的成本理论是以数量为基础分摊间接费用，比如按一定的标准如工时或劳动量等分配到产品或劳务上,并不区分某种产品或劳务所消耗的辅助作业的情况,这势必影响间接费用分配的准确性,当间接费用在产品成本中所占比重较小时,这种影响并不大,但间接费用在产品成本中所占比重较大时,将会产生严重的成本扭曲。而作业成本法是将间接成本和辅助资源更准确地分配到作业、再分配到产品、服务及顾客中的一种成本计算方法。

ABC 理论认为,企业提供产品或劳务的过程是由一系列作业构成的,每完成一项作业要消耗一定的资源,这些作业是资源耗费的原因。作业成本计算法把资源的消耗和作业联系起来,进而把作业和产品或劳务联系起来,反映了资源消耗与成本对象之间的因果关系,体现了成本形成的动态过程。

作业成本法的理论基础是所谓的成本因素理论,即企业间接制造成本的发生是企业产品生产所必需的各种作业所"驱动"的结果,其发生额的多少与产品产量无关,而只与"驱动"其发生的作业数量相关,成本驱动(成本动因)因素是分配成本的标准。例如接收货物的订单驱动收货部门的成本发生;发送货物的订单驱动发货部门的成本发生;采购供应和顾客的订单驱动与原材料库存、在制品和库存成品有关的成本发生等。

作业成本法的基本原理是根据"作业耗用资源,产品耗用作业;生产导致作业的产生,作业导致成本的发生"的指导思想,以作业为成本计算对象,首先依据资源动因将资源的成本追踪到作业,形成作业成本,再依据作业动因将作业的成本追踪到产品,最终形成产品的成本。其原理如图 3-1 所示。

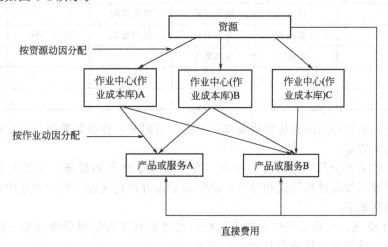

图 3-1 作业成本法基本原理

四、作业成本法的计算

物流作业成本的计算步骤如下。

① 分析和确定资源,将资源消耗归集到各资源库。
② 分析和确定作业。
③ 确定资源动因,建立作业成本库。
④ 确定作业动因,分配成本至成本对象。

1. 分析和确定资源

分析和确定资源是要将物流过程中的资源消耗归集形成资源库。

物流资源是物流作业所消耗的各种劳动耗费。如流通加工是一项作业,从事这项作业的机器、工具、人员等就是这项作业的物流资源。当一项资源只服务于一项作业时,分配该项资源到作业成本库就比较简单。当一项资源服务于多个作业时,就必须通过资源动因来把资源的消耗恰当地分配给相应的作业。表 3-4 示例了某物流作业的资源情况。

在分析和确定资源时，有时候需要把一些账目和预算科目结合起来组成一个资源库，有时候需要把有些不同的作业消耗的账目和科目分解开来。

表 3-4 分析和确定资源

活动＼费用	费用1	费用2	费用3	费用4	费用5	共同费用
采购	差旅费	业务招待费				人工费、办公用品费、水电费等
储运	资金占用费	仓库租赁费	搬运器具折旧费	包装用材料	运输费	
供货	运输费	包装用材料	搬运器具折旧费			
…						

2. 分析和确定作业

在分析和确定作业的过程中，要分清服务和作业的各个环节，作为计算作业成本和评价作业效果的基础，这个过程把组织的活动分解为一个个易理解可操作的基本作业。表 3-5 示例了某物流活动的作业情况。

表 3-5 分析和确定作业

活动＼作业	活动1	活动2	活动3	活动4	活动5
采购	谈判	发出订单	委托采购		
储运	入库检验	仓库租赁	流通加工	报关、运输	装卸搬运
供货	运输	装卸搬运			
…					

作业不一定正好与组织的传统职能部门一致。有时候，作业是跨部门的，有时候一个部门就完成好几项作业。

实际上，如果要全部列出所有的作业，有可能过于烦琐和复杂，并增大信息采集的成本，因此有必要对作业进行筛选和整合，确保最后设计出特定而有效的作业中心。

整合的原则如下：

① 重要性原则。分析每项作业的重要性，来评价其是否值得单独列为一项作业，对于非重要的作业，可与其他作业合并成一个作业。

② 相关性原则。从成本动因角度，分析和确认作业的相关性，以便评价各项作业的成本形态是否同质，从而考虑是否可能被合并为同一个作业。

3. 确定资源动因，建立作业成本库

选择资源动因，将各个资源库汇集的资源成本按资源动因分配到各个作业上形成作业成本库。

4. 确定作业动因，分配成本至成本对象

一旦将资源耗费分配给作业成本库后，就可以开始确定作业动因，作业动因经常就是一个作业的产出。例如材料采购作业的主要产出是订货单，所以订货单数量就是购货作业成本库的作业动因，如果一个有着数百个部件的产品，比一个只有两三个部件的产品需要处理更多的订货单的话，它也就应该分得更多的材料采购成本。如果一个作业有多个产出的话，就应找出其中最主要、最基本的产出作为作业动因，如购货作业的产出有三个：订货单、订货单附件和订货通知单，因为材料采购作业履行的主要职能就是发出订货单，应选择订货单为作业动因。

当成本归集到各作业中心的作业成本库后,应按作业动因及作业成本额计算出作业成本的分配率,并按不同产品所消耗的作业量的多少分配作业成本,最终计算出产品应承担的作业成本。

作业成本分配率的计算公式为:

$$某项作业成本分配率 = \frac{该作业中心作业成本总额}{该中心的成本动因量化总和}$$

某产品应承担的某项作业成本分配额计算公式为:

某产品应承担的作业分配额 = 该产品消耗某作业量总和 × 该项作业成本分配率

所有作业成本库的作业动因和分配率都确定后,便可依据这些作业动因,给各成本对象分配其应得的作业成本。

五、作业成本法的优缺点

1. 作业成本法的优点

(1) 对间接成本的分配更加合理 传统的完全成本计算方法,将费用划分为直接费用、间接费用和期间费用,直接费用和间接费用组成了产品或劳务的成本。间接费用通过机器小时、直接人工工时、直接人工成本等分配给产品或劳务,从而导致了技术含量低、产量大的产品成本偏高;技术含量高,产量小的产品成本偏低。作业成本法充分揭示了成本发生的动因,将间接费用通过作业合理地分配给了产品,克服了传统成本计算法下成本扭曲的缺陷,使提供的成本信息更加准确。

(2) 带来新的企业观 作业成本管理具有成本计算和成本管理两大功能,作业成本管理的目的在于增加客户价值以及从提供价值中获利。它以作业成本计算为主要的信息源,包括动因分析、作业分析,其模型如图 3-2 所示。在成本分配观下(图中的垂直部分),作业成为资源和产品的中介,间接费用通过资源动因和作业动因进行分配,以提高成本信息的准确性。在过程观下(图中的水平部分),着重解决确定引起作业成本发生的因素(解释为什么发生了成本),做了些什么工作(确定作业)和工作完成得怎样(作业效果如何)。

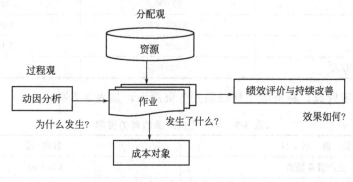

图 3-2 作业成本管理模型

在作业成本法下,企业被看作是为最终满足顾客需求而设计的一系列的作业集合而形成的一个作业链,作业产生价值,因此也是价值链,从而引发了企业管理思想的变革——作业管理。作业成本管理以作业成本为对象,即把成本视为作业的成本,而不仅仅是产品的成本,这样,作业本身就是进行业绩评价的对象,进而利用作业成本提供的信息分析:进行了多少作业,多少人参与了该作业,作业消耗了多少资源,评价作业对企业的价值,分辨哪些是增值作业,哪些是非增值作业,从而确定影响作业的因素,并在此基础上合理地进行资源配置,改进作业,乃至重构作业流程,提高顾客价值。

(3) 有利于加强成本控制 作业成本管理以作业成本为对象,以每一作业的完成及其所耗资源为重点,以成本动因为基础,及时、有效地提供成本控制所需的相关信息,从而可极大地增强管理人员的成本意识。作业成本管理以作业中心为基础,设置成本控制责任中心,将作业员工的奖惩与其作业责任成本控制直接挂钩,充分发挥企业员工的积极性、创造性与合作精神,进而达到有效地控制成本的目的。

2. 作业成本管理的缺点

不可否认,作业成本管理也有局限性。由于作业成本管理提供的仍然是历史成本信息,所以要发挥决策作用必须要有附加条件。作业成本管理虽然大大减少了现行方法在产品成本计算上的主观分配,但并未从根本上消除它们,也就是说,由于作业成本管理的基础资料来自于现行的权责发生制,因此其计算结果必须受诸如折旧和开发等成本期间分配任意性的影响,这样作业成本管理中成本归集库归集成本的正确性和客观性就会受到影响。另外,就作业成本管理最核心内容成本归集库和成本动因选择而言,作业成本管理也无法做到尽善尽美。

尽管作业成本管理还存在以上一些问题,但它的可借鉴之处也是很多的。它不仅是一种先进的成本计算方法,同时也是实现成本计算与控制相结合的全面成本管理制度。由于作业成本管理独具的特点,完全可以在成本控制方面,用作业成本管理来达到控制和节约成本的目的。

六、作业成本法计算举例

某企业生产两种产品,即产品甲和乙。现采用作业成本法对其费用进行核算。对于直接生产费用即直接材料费、直接人工费,不需计入各作业成本库,可直接按产品进行归集,计入产品成本,作业成本法计算的是制造费用。产品甲与产品乙当期(月)产量及各项直接生产费用、共同耗用的制造费用见表3-6所示。

表3-6 甲、乙两产品的费用情况

项　　目	产品甲	产品乙
该月产量/件	50 000	100 000
直接材料费/元	3 000 000	6 000 000
直接人工费/元	1 200 000	2 400 000
共同耗用的制造费用/元	4 820 000	

1. 分析和确定资源,将资源消耗归集到各资源库,如表3-7所示。

表3-7 甲、乙两产品消耗的资源

资　源　项　目	数额/元
生产资源耗费	3 320 000
服务资源耗费	1 500 000

2. 分析和确定作业

根据企业的生产流程,将全部作业分解与合并成7个作业中心,即存储原料、购货(采购)、收货、验货、会计、机制、工作准备,如图3-3所示。

图中"□"表示起点或终点,"○"表示把投入转成产出的作业,"→"表示投入和产出的流向。作业分析描述了企业所做的一切,即时间、资源等是如何被消耗的,作业的投放和产出各是什么。如采购作业的投入是购货请求,产出是购货单、购货单附件和购货通知;收货作业的投入是验货和原料,产出是收货报告和原料;存储作业的投入是收货报告和原料,产出是原料;机制作业的投入使原料、工作准备,产出是产成品等。

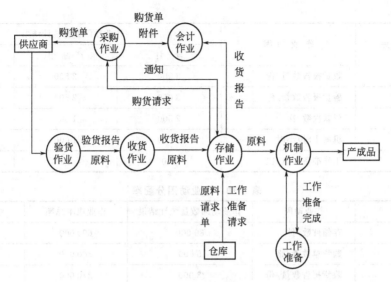

图 3-3 某物流作业流程

3. 确定资源动因，建立作业成本库，如表 3-8 所示。

表 3-8 甲、乙两产品作业成本库

作业成本库	资源动因	资源动因统计结果	分配给作业成本库的资源/元
存储原料	存货体积	3 000×200	600 000
购货	人数	900 000×10/30	300 000
收货	人数	900 000×9/30	270 000
验货	人数	900 000×5/30	150 000
会计	人数	900 000×6/30	180 000
机制	机制时间比例	3 320 000×0.9	2 988 000
工作准备	准备时间比例	3 320 000×0.1	332 000
作业成本库总费用/元		48 200 000	

存储作业的资源动因是存货体积，共有 3 000 m³，每立方米是 200 元，所以存储作业耗费的服务是 600 000 元，剩下 900 000 元的服务资源需分配给购货、收货、验货、会计作业，这几个作业的资源动因是员工人数，总人数为 30。其中购货 10 人，收货 9 人，验货 5 人，会计 6 人。所以每个作业按人头分得各自耗费的服务资源。总数为 3 320 000 元的生产资源耗费需分配机制和工作准备作业。经过大量的分析，决定其中 90% 分给机制作业，10% 分给工作准备作业。

4. 确定各项作业成本动因及作业动因分配率，分配成本至成本对象

各项作业成本动因及作业动因分配率，经分析确定，如表 3-9、表 3-10 所示，计算得的作业成本如表 3-11 所示。

表 3-9 作业成本动因

作业成本库	作业动因	作业动因数量统计结果		
		合计	产品甲	产品乙
存储(原料)	存储件数/件	30 000	20 000	10 000
购货	购货单数量/张	5 000	4 000	1 000

续表

作业成本库	作业动因	作业动因数量统计结果		
		合计	产品甲	产品乙
收货	收货报告数量/份	3 000	2 500	500
验货	验货报告数量/份	3 000	2 500	500
会计	付款次数/次	2 500	1 500	1 000
机制	机器小时/小时	3 000	1 000	2 000
工作准备	工作准备次数/次	100	90	10

表3-10 作业动因分配率

作业成本库	作业动因	作业动因数量统计结果	作业成本总额	作业动因比率
存储(原料)	存储件数/件	30 000	600 000	20
购货	购货单数量/张	5 000	300 000	60
收货	收货报告数量/份	3 000	270 000	90
验货	验货报告数量/份	3 000	150 000	50
会计	付款次数/次	2 500	180 000	72
机制	机器小时/小时	3 000	2 988 000	996
工作准备	工作准备次数/次	100	332 000	3 320

表3-11 作业成本分配结果

作业成本库	作业动因比率	产品甲		产品乙		作业成本合计/元
		动因数量	分配额/元	动因数量	分配额/元	
存储(原料)	20	20 000	400 000	10 000	200 000	600 000
购货	60	4 000	240 000	1 000	60 000	300 000
收货	90	2 500	225 000	500	45 000	270 000
验货	50	2 500	125 000	500	25 000	150 000
会计	72	1 500	108 000	1 000	72 000	180 000
机制	996	1 000	996 000	2 000	1 992 000	2 988 000
工作准备	3 320	90	298 800	10	33 200	332 000
作业成本合计			2 392 800		2 427 200	4 820 000

4. 计算产品成本

将产品甲和产品乙所归集的直接材料费用、直接人工费用和所分配来的制造费用（作业成本）进行汇总，分别计算产品甲与产品乙的总成本与单位成本，如表3-12所示。

表3-12 甲、乙两产品的总成本

成本项目	产品甲(产量50 000件)		产品甲(产量100 000件)	
	总成本	单位成本	总成本	单位成本
直接材料费用	3 000 000	60.00	6 000 000	60.00
直接人工费用	1 200 000	24.00	2 400 000	24.00
制造费用	2 392 800	47.856	2 427 200	24.272
合计	6 592 800	131.856	10 827 200	108.272

本章小结

本章主要介绍了物流成本计算的特点，成本计算程序和方法，产品成本法和作业成本法原理、计算过程。

物流成本计算与工业企业成本计算相比有其特殊的方面，由于物流成本的计算范围太大，物流成本的计算内容难以归集，使得物流成本计算要素难以确定，同时存在制度缺陷，实际操作难度很大，核算方法难以统一等特点。物流成本的计算程序是：确定物流成本计算对象和成本项目，审核原始记录，确定物流成本计算期，进行成本归集和分配，设置和登记成本明细账。

物流成本核算的一般方法包括会计核算方式、统计核算方式、混合式核算方式。物流成本计算的具体方法包括产品成本法和作业成本法。

产品成本法包括品种法、分批法、分步法。由于产品成本法存在成本计算不准，不能正确分配间接费用的缺陷，采用作业成本法可弥补这些缺陷。

作业成本法（Activity-Based Costing，ABC）是以作业作为成本计算对象，以成本动因理论为基础，通过对作业进行动态追踪，反映、计量作业和成本，评价作业业绩和资源利用情况的方法。它以作业为中心，根据作业对资源耗费的情况，将资源的成本分配到作业中，然后根据产品和服务所耗用的作业量，最终将成本分配到产品与服务中去。在作业成本法中，介绍了作业、物流作业链与价值链、成本动因、作用中心与作业成本库等概念以及作业成本法的原理、计算步骤。

一个作业成本法实施案例

为了确保案例的真实性，隐去了公司的真实名称，将其简称为莫科公司。莫科公司位于墨尔本，是工程零件制造商，它是唯一生产这种零件的澳大利亚厂商，近年来与海外制造商的竞争激烈。莫科公司是一个大集团公司的一部分，只有100多人，它的会计部门有6人，包括一名财务控制员，他的职责特定为把作业成本法导入企业。这一家集团公司内部以前从未使用过作业成本法，莫科公司是这个集团内第一家成功应用作业成本法的企业。它以前的成本核算系统是传统成本核算系统，其中制造费用按照人工小时分配。莫科公司的客户广泛，产品系列很多，生产过程既有高度复杂的自动化生产也有部分的手工生产。为了满足客户的特殊需求，订单都非常小，因此市场要求公司具有高度的柔性和快速反应能力。

莫科公司早在五年之前就开始在现代制造技术方面投资，包括自动焊接机器人等，这导致莫科公司产品的成本结构发生了显著的变化。现在的人力资源成本仅仅是以前的人力资源成本的一小部分，但是由新技术带来的成本节约并没有使顾客获得好处，也没有使企业的产品在市场商获得价格优势。许多客户转向从国外供应商进货，虽然他们还是希望能够采用莫科公司的产品。

尽管公司的边际利润在增长，但客户还是慢慢地向海外供应商流失。公司不清楚到底是哪一部分导致了边际利润的增长。只是他们很清楚，目前的会计系统存在不足。因为信息不足，高层无法据此做出诸如价格之类正确的决策。

他们从一个前高层经理那里了解到作业成本法，但是他们自己没有关于作业成本法的任何经验，既不知道这个系统是如何运作的，也不知道该如何来建立一个作业成本法系统，但是他们认为作业成本法是解决莫科公司目前面临问题的一个方案。后来，财务控制员被指定为专门在莫科公司导入作业成本法的负责人。接收到这项任务后，财务控制员建立了一个包括他自己、一个制造部门的工程师和一个成本会计师的项目组，在之后的三个月时间里，作业成本法项目小组与公司内部其他部门的人员进行了大量的非正式交流。工程师和财务控制员都全职参与ABC实施工作，成本会计师大约把2/3的时间投入到这个项目上。

该小组为全企业建立了25个成本库，并用了大量的时间就成本动因达成一致。一些认定的成本动因如下：

43

- 机床调试的频率（这包括编程数控机床）；
- 制造订单数量（这是很多作业的驱动因素：包括从报价到送货的很多作业）；
- 采购订单数量：这是采购部门工作量的主要驱动因素；
- 产品销售的商店数量；
- 检查的次数：很多地方需要抽样检查；
- 工作面积分配给过程和设备；
- 单个服务人员成本。

很多成本动因对于多个成本库是相同的，项目小组在成本分配上没有费多少时间。莫科公司实施作业成本法的软件系统是基于PC的，其中包含大量由财务控制员建立的Excel表。购买软件只需要1 000美元，但是需要做很多的基础工作来使软件适合公司的特殊需要，另外收集和输入数据也很花时间。

作业成本法系统最初计划在40~50个产品上试运行，这些产品覆盖了公司产品的所有系列。当他们分析了产品的同质性后，品种数量降低到25个。老的成本核算系统仍旧在使用，主要是为了存货估价、差异分析、评估劳动生产率。

作业成本法系统能够计算出真实的成本并用于销售定价，自动计算出业绩计量和产品的利润率，能给管理上提供很多决策相关的信息，当前年度的预算也将基于作业成本法提供的信息和建立的作业成本核算模型做出。

实施中的问题如下。

缺少资源是实施过程中的一个持续的问题，尤其是总经理要求尽早拿出结果时。由于缺乏有相关技能和知识的人员，项目实施之初不得不做大量的培训。这主要是由财务控制员以非正式的形式来完成，需要时，也会向管理高层做一些正式的培训，主要讲述作业成本法的基本原理以及如何在企业中实施。

对于成本会计的培训在整个项目计划期间以及实施期间持续进行。作为交流和收集数据的一部分，财务控制员不得不与工会人员打交道。他对工会成员进行了大量的访谈以确定他们一天中是如何支配他们的时间的。在很多情况下，工会人员勉强地回答了问题，并间接地对实施作业成本法表示反对。他们对如何实施作业成本法，尤其是实施后对他们的工作有何影响保持警惕。他们被告知这只是一个简单的成本核算系统，总体上，他们认为实施作业成本法对企业的长期的生存发展并无多大价值。

(1) 作业成本法的实施结果　根据财务控制员的消息，莫科公司实施作业成本法带来了多方面的效益，包括：
① 获得了更准确的成本信息和定价信息，由此改变公司在市场中的地位；
② 建立针对进口的有竞争力的产品的基准；
③ 更好的成本信息使得管理层把一些内部低效率的制造转向外包；
④ 由于针对不同方面有了更好的衡量，公司作出了更好的资本投资决策；
⑤ 一些消耗成本较高的问题区域被明确，其中包括数控加工段，现在它的成本已经降下来了；
⑥ 建立了对改进状况进行评价的业绩评价标准；
⑦ 建立了详细而精确的年度预算。

尽管实施作业成本法需要花费12个月时间，但是公司获得效益明显超过投入。简单地说，作业成本法带来的效益在于管理层可以使用更精确和更具有相关性的信息，作业成本法为管理层的商业决策提供了一个好的工具。

(2) 作业成本法系统目前的状况　缺乏适当的资源来支持作业成本法的运行仍然是莫科公司作业成本法系统面临的问题，这可能会在近期成为一个主要的问题，因为高级管理层发生了变化。在莫科公司推动实施作业成本法的总经理近期离开了，新来的总经理对莫科公司的作业成本法系统不熟悉并且不完全赞同作业成本法的价值。新来的总经理可能不会为ABC系统的进一步开发和运行分配足够的资源，好在集团的高层管理层认识到了作业成本法的潜力，继续推动作业成本法在集团内的应用。财务控制员一直认为作业成本法对集团的进一步发展来说是一个好的工具，应该在集团全面推广。在集团内部又成功实施两个作业成本法系统之后，财务控制员认为作业成本法对于集团来说是一个"必需的系统，它很显然能够解决制造商当前面临的许多问题，系统提供信息的质量是很高的，促进了基于事实的决策。"

（资料来源：http://solution.chinabyte.com，有改编）

习　题

一、判断题

1. 物流成本的计算项目越细越好，越全越好。（　　）

2. 直接费用和间接费用都可直接计入成本对象。（　　）
3. 对大量生产类型的产品，可按品种法计算产品成本。（　　）
4. 成本的计算期一般以月计算，即使对于远洋运输这种生产周期较长的企业也是如此。（　　）
5. 作业成本法与产品成本法的不同点是间接费用的分配方法不同。（　　）

二、单项选择题

1. 物流成本对象和成本项目的选取，取决于（　　）。
   A. 物流活动范围的选取　　B. 物流功能范围的选取
   C. 物流成本控制的重点　　D. 上述三点均需考虑
2. 对于大量大批单步骤的简单生产，如运输作业，采用（　　）计算产品成本。
   A. 品种法　　B. 分批法　　C. 分步法　　D. 上述哪种方法均可
3. 下列关于作业的概念不正确的描述是：（　　）。
   A. 作业是以人为主体　　B. 作业消耗一定的资源
   C. 作业指的是增值作业　　D. 作业的范围可以被限定
4. 单件、小批量的物流活动，应采用（　　）计算成本。
   A. 品种法　　B. 分批法　　C. 分步法　　D. 上述哪种方法均可
5. 下列说法不正确的是（　　）。
   A. 产品成本法和作业成本法均能正确反映成本信息，其结果均不会发生成本扭曲
   B. 制造费用在产品总成本中的比例较高的企业适合用作业成本法
   C. 产品成本法可以某种产品为计算对象，作业成本法以作业为成本计算对象
   D. 作业成本法认为：作业消耗资源，产品消耗作业，生产导致作业的产生，作业导致成本的发生

三、多项选择题

1. 需要在期末将成本在完工产品和在产品之间分配的成本计算法是（　　）。
   A. 品种法　　B. 分批法　　C. 分步法　　D. 上述三种方法都可以
2. 关于分批法正确的描述是（　　）。
   A. 产品以批别为成本计算对象
   B. 产品的成本计算期一定
   C. 在计算期末不存在完工产品与在产品之间的分配
   D. 物流活动中按订单计算的成本实际上就是分批法
3. 在选择成本计算对象时应考虑（　　）。
   A. 生产组织特点　　B. 生产工艺特点　　C. 成本控制重要程度　　D. 管理要求
4. 关于成本计算会计核算方式的描述正确的是（　　）。
   A. 会计核算方式是通过凭证、账户、报表对物流费用加以连续、系统、全面的记录、计算的方法
   B. 双轨制成本的内容在传统成本核算和物流成本核算中得到双重反映
   C. 会计方式要求重新设计新的凭证、账户等
   D. 会计核算方式与统计核算方式具有相同的操作难度

四、填空题

1. 物流成本计算对象是指_____。
2. 物流成本核算的一般方法包括_____、_____和混合核算方式。
3. 产品成本法包括品种法、_____、_____，分批法是指_____。
4. 作业成本法中作业是指_____。

5. 成本动因是指_____，包括_____动因和_____动因。

五、简答题

1. 简述物流成本计算的程序和内容。
2. 简述品种法、分批法和分步法的特点。
3. 简述作业成本管理的基本原理。
4. 作业成本成本管理的优缺点有哪些？
5. 简述物流作业成本法的流程。

第四章　运输成本管理

【学习目标】
　　了解公路、水运、铁路和航空运输成本的构成、核算体制、成本计算对象、费用汇集与分配方法、成本计算单位和计算期，掌握各种运输方式下运输成本的计算方法，并了解各种运输成本的影响因素及降低成本的途径与措施。

第一节　运输成本及其特点

一、运输成本的概念与意义

　　物流成本中的运输成本，是指运用各种交通工具使（人或）货物发生空间移动过程中发生的各项费用。

　　运输成本是物流成本的重要组成部分，约占物流成本的 30% 左右，按照运输方式划分，主要有汽车运输成本、水路运输成本、铁路运输成本、航空运输成本和管道运输成本。

二、运输成本的特点

　　1. 计量单位的特殊性

　　运输生产的结果是劳动对象（所运货物与旅客）空间位置的移动，即位移是运输生产的唯一结果，这就决定了运输生产计量单位的特殊性。运输生产计量单位是货物与旅客的周转量。货物与旅客周转量的计量取决于两个因素：一是数量，即货物的重量和旅客的人次；二是距离，即位移的公里、海里等。因此，运输生产的计量单位为人公里（海里）、吨公里（海里）和换算吨公里（海里）等。

　　2. 成本费用构成的特殊性

　　运输企业为了完成运输生产也需发生各项运营支出，形成营运成本。在运输企业营运成本的构成中，没有像工业产品成本那样具有构成产品实体并占相当高的比重的原材料和主要材料，而多是与运输工具使用有关的费用，如燃料、修理、折旧等支出。所以，在一定时期内的运输生产成本可视为这一期间的产品销售成本。而根据现行会计制度，这些成本在运输企业的"主营业务成本"科目中核算。

　　3. 计算对象的特殊性

　　交通运输企业的劳动对象，不是原材料，而是它所运输的商品。商品在运输后，不是物质形态的变化，而是空间位置的变化。商品经过运输，所追加的交换价值和其他任何商品的交换价值一样，都要由生产过程，也就是由运输过程中所消耗的生产要素的价值所决定的。交通运输企业的材料，基本上是被运输设备在执行职能时所消费，或是在生产过程中起协助作用，或是以维护修理的形式将价值转移到所运输的商品上去。因此，成本和利润的计算不是对原材料加工完成的各批产品，而是对货物、船舶、车辆、航线、航次等不同计算对象所形成的特有的计算方法。

第二节 汽车运输成本

一、汽车运输成本及其构成

1. 汽车运输成本的概念

汽车货物运输生产过程，是实现货物位移的过程。汽车运输企业在实现货物位移过程中的各种人、财、物的耗费，构成汽车运输成本。

汽车运输成本分为运输总成本和单位运输成本两个概念。运输总成本，是汽车运输企业完成一定的运输工作量发生的各种生产费用的总额。单位运输成本，是单位运输产品所负担的运输总成本。

2. 汽车运输成本的构成

汽车运输成本的构成内容，可按不同的需要进行分类。

(1) 按生产要素分类 按生产要素分类，可以反映企业在一定时期同类性质费用的全部支出，便于按费用性质归口管理。可将汽车运输企业营运费用按其费用要素构成分为以下十种：

① 外购材料费；

② 外购燃料费；

③ 外购动力费；

④ 外购低值易耗品；

⑤ 职工工资；

⑥ 职工福利费；

⑦ 固定资产折旧费；

⑧ 固定资产修理费；

⑨ 养路费；

⑩ 其他费用支出。

(2) 按经济用途分类 汽车运输成本构成内容按其经济用途分类，可分为车辆费用和营运间接费用两大类。

① 车辆费用：指企业营运车辆从事运输生产活动所发生的各项费用。车辆费用包括：工资、职工福利费、燃料费、轮胎费、修理费、车辆折旧费、养路费、公路运输管理费、车辆保险费、事故费、税金和其他费用等。

② 营运间接费用：指运输企业以下的基层分公司、车队、车站发生的营运管理费用，但不包括企业行政管理部门（总公司或公司）的管理费用。这种分类方法，便于研究分析成本降低或超支的原因，为降低成本提供具体途径。

(3) 按成本性质分类 汽车运输生产的消耗，主要取决于运输距离的长短，即在汽车运输成本中相当一部分是随运输距离和运量的变动而变动的，这部分成本，称之为相对变动成本。还有一部分成本，在一定的产量和行驶里程内不受其影响，则称为固定成本。所以，汽车运输成本构成内容按汽车运输成本性质分类，可分为以下三类。

① 固定成本，是在一定的产量范围内，与行驶里程和产量基本无关的那一部分相对固定的成本支出。如管理人员的工资及其提取的职工福利费、营运间接费用、管理费用、按规定比例计提的工资附加费和其他费用。

② 车公里变动成本，是在一定程度上随汽车行驶里程而变动的成本。在汽车运输成本

中，随行驶里程变动的成本有：营运车耗用燃料费、营运车装用轮胎费、营运车维修费、按行驶里程计提的营运车辆折旧费等。这些成本费用，无论车辆是空驶或重载均会发生，而且随行驶里程变动而变动。

③ 吨公里变动成本，是随运输周转量变动而变动的成本。如吨公里燃料附加费、按营运收入和规定比例计算交纳的养路费、运输管理费（由于营运收入是周转量的正比函数，所以，养路费与运输管理费是周转量的间接正比函数）以及按周转量计算的行车补贴等。

某项费用属于固定成本还是变动成本，与采用的费用核算方法有关。例如营运车辆按生产法计提折旧时，其折旧费是变动成本，按使用年限法计提折旧时，则属于固定成本。

汽车运输成本构成内容按成本性质进行分类，便于分析汽车运输成本升降的原因，并有助于进行盈亏平衡决策分析。

二、汽车运输成本计算对象、计算单位和计算期

1. 汽车运输成本计算对象

汽车运输成本的计算对象是各项汽车运输业务，也是各项营运费用的承担者。营运费用的归集、分配与成本计算，都要以成本计算对象为依据。

汽车运输企业一般按客车运输和货车运输业务分别汇集和计算成本，对于物流企业，主要是货物运输成本。同时还进一步按各种车型进行成本核算。根据管理需要，为了反映不同车型货车的运输经济效益，还可以同时按不同燃料和不同车型分类，作为成本计算的对象。

对于以特种大型车、集装箱车、零担车、冷藏车、油罐车等从事运输活动的企业，还应以不同类型、不同用途的车辆，分别作为单独的成本计算对象。

2. 汽车运输成本的计算单位

汽车运输成本计算单位是货物周转量，它是运输产品的计量单位，是实际运送的货物吨数与运输距离的乘积，称为"吨公里"。将一吨货物运送一公里，就完成了一吨公里运输周转量。

大型车组的成本计算单位可为"千吨位小时"，即车辆吨位与营运小时数的乘积。

集装箱车辆的成本计算单位为"千标准箱公里"。集装箱以 20 英尺（ft，1ft = 0.3048m）为标准箱，小于 20 英尺箱的，每箱按一标准箱计算；40 英尺箱或其他大于 20 英尺箱的集装箱，每箱按 1.5 标准箱计算。

3. 汽车运输成本的计算期

汽车运输企业可以按月、按季、按年计算运输从年初至各月末止的累计成本。一般不计算"在产品"成本。营运车辆在经营跨月运输业务时，一般以行车路单签发日期所归属的月份计算其运输成本。

三、汽车运输成本的核算

1. 汽车运输成本的汇集

汽车运输企业一般设置"运输支出"科目来汇集和反映运输业务的成本，设置"运营间接费用"科目来汇集和反映运营过程中发生的不能直接计入成本核算对象的各种间接费用。

企业按照不同的成本计算对象归集车辆费用。凡属于与某成本对象的运营生产直接相关的费用，应直接计入"运输支出"科目，并按车型设置明细分类账。

运营中为组织和管理运输生产而发生的运营间接费用，应按车队、车场进行归集计入"运营间接费用"科目，月末按实际发生额，在各成本计算对象之间进行分配，计入相应的"运输支出"明细账。

2. 汽车运输完全成本核算程序

汽车运输企业的完全成本的核算程序，主要是指成本的会计核算程序。

① 根据企业营运管理的要求，确定成本计算对象、成本计算单位、成本项目和成本计

算方法。

② 由车队根据费用支出和生产消耗的原始凭证，按照成本计算对象、费用类别和部门对营运费用进行归集、分配，并编制各种费用汇总表，包括工资及职工福利费分配表，燃料、材料及轮胎消耗汇总表以及低值易耗品摊销表，固定资产折旧及大修理费用提存计算表，轮胎摊销分配表等。

③ 根据各种费用汇总表或原始凭证，登记"辅助营运费用""营运间接费用"以及"运输支出""装卸支出""其他业务支出"的明细分类账，并将辅助营运费用、营运间接费用按成本计算对象分配和结转计入"运输支出""其他业务支出"账户，确定各项业务应负担的费用，计算各种业务成本。

④ 企业根据车队、车站等所属单位上报的成本核算资料，汇总分配企业各项费用，编制企业成本计算表。

四、汽车运输成本项目

汽车运输成本项目分为两部分：车辆直接费用和营运间接费用，各项目具体内容如下。

1. 车辆直接费用

① 工资：是按照有关规定支付给运营车辆司机的基本工资、工资性津贴、奖金等。

② 职工福利费：是按照工资总额的一定比例在成本中计提的用于职工福利的费用。

③ 燃料费：指运营车辆所耗用的汽油、柴油等各种燃油支出。

④ 轮胎费：指运营车辆运行所耗用的汽车外胎、内胎、垫带的费用支出及轮胎翻新费和零星修补费。轮胎领用时按实际发生数计入成本，但如果一次领用较多，则可按受益期限分摊计入运输成本。

⑤ 修理费：指运营车辆进行维修和日常小修所发生的工料费、修复旧件费用和车辆大修费用。日常维修时领用的各种材料、配件和工时费用直接计入运输成本，而车辆大修费用则应按受益期限分摊计入运输成本。

⑥ 折旧费：指运营车辆按规定方法计提的折旧费。车辆折旧一般按车辆使用年限平均计提，或者按车辆行驶里程计提。

⑦ 养路费：指运营车辆按规定向公路管理部门交纳的车辆养路费。

⑧ 税金：指按税法规定的税种和税率向国家税务部门缴纳的税款。

⑨ 运输管理费：指运输企业向运营管理部门缴纳的管理费用。

⑩ 行车事故费：指运营车辆在运行中因肇事而发生的修理费、救援费、赔偿费等事故损失。事故费应在扣除保险公司和其他责任人赔偿后，计入运输成本。

⑪ 其他运营费：指其他不属于上述内容和损失和费用，如随车工具、篷布、绳索费、车辆牌照费、检查费等。按实际领用数和发生数计入运输成本。

2. 营运间接费用

指运输企业以下的基层分公司、车队、车站发生的，不能直接计入成本核算对象的各种费用，具体包括：办公费、水电费、差旅费、劳动保护费、折旧费等。不包括企业管理部门的管理费用。

五、汽车运输成本的计算

汽车运输成本的计算方法，是指营运车辆在生产过程中所发生的费用，按照成本计算对象和成本项目，计算各分类运输成本的步骤、方式和程序要求。汽车运输企业不需要按车型单独设置成本计算单，只需在"运输支出"账户下，按照成本计算对象（如车型）及成本项目设置多栏式明细账，将运输支出的明细分类核算，与运输成本的分类计算结合起来一并进行核算。

1. 工资及职工福利费

根据"工资分配表"和职工福利费计算表中对各个成本计算对象分配的金额计入各项成本。

对可以直接确定为某车辆有关生产人员的工资及相关附加费,按实际发生数直接计入该成本对象的工资和工资附加费项目。不能直接计入的,应按营运车吨位或者营运车日比例分配计入各类运输成本。分配方法如下:

$$每营运车吨日工资分配额 = \frac{应分配的司机工资总额}{营运车吨日总数}(元/车吨日)$$

某车辆应分配的工资 = 该车辆营运车日数(吨位数) × 每车吨日工资分配额

【例 4-1】 工资及工资附加费的分配。

设某运输企业本月各车型营运车日总数为6 000车日,本月无法直接计入各车型成本的司机工资总额526 000元,工资附加费74 000元。则:

$$每营运车日工资分配额 = \frac{526\ 000 + 74\ 000}{6\ 000} = 100(元/车日)$$

若其中5吨车本月营运车日为1 500车日,则其应分配的间接工资及工资附加费:

5吨车应分配司机工资及附加费 = 1 500 × 100 = 150 000(元)

2. 燃料费

营运车辆消耗的燃料,根据行车路单或其他有关燃料消耗报表所列的实际消耗量计算列入成本。燃料消耗计算的范围和期间,应与车辆运行情况一致,以保证燃料实际消耗量与同期车辆行驶总里程和所完成的运输周转量相匹配。

3. 轮胎费

营运车辆领用的汽车内胎、垫胎及轮胎零星修补费和翻新费用,按实际领用数和发生数计入各类成本。外胎可按领用轮胎的实际成本计入当月运输成本,但如果一次领用轮胎较多,则应在一年内分摊计入各月运输成本。分摊标准一般采用千胎公里,分摊方法为:

$$千胎公里摊提额 = \frac{外胎计划价格 - 计划残值}{新胎至报废预计行驶里程数/1\ 000}(元/千胎公里)$$

$$某车型外胎应摊提费用 = 千胎公里摊提额 × \frac{该车型外胎实际使用胎公里数}{1\ 000}$$

外胎报废时,应按实际使用里程与计划里程的差异,调整运输成本:

$$某车型外胎实际里程应调整成本差异 = 千胎公里摊提额 × \frac{该车型报废外胎实际里程与计划里程差异}{1\ 000}$$

4. 修理费

营运车辆因维护和修理而领用的各种材料、配件费,直接计入各分类成本的修理费项目;预提的车辆大修理费用,可根据"预提大修理费用计算表"计入本项目。营运车辆的大修理费用,按实际行驶里程计算预提,特种车、大型车可按使用年限计算预提。其计算公式为:

(1) 按使用年限计提

$$某车型营运车月大修理费用提存额 = \frac{预计大修理次数 × 预计每次大修理费用}{该车型预计使用年限 × 12}$$

(2) 按实际行驶里程计提

$$某车型营运车千车公里大修理费用提存额 = \frac{预计大修理次数 × 预计每次大修理费用}{该车型新车至报废行驶里程定额/1\ 000}$$

$$某车型营运车月大修理费用提存额 = 该车型营运车千车公里大修费用提存额 × \frac{该车型营运车当月实际行驶里程数}{1\ 000}$$

实际大修费用与预提大修理费用的差额,调整大修发生当期的运输成本。

5. 车辆折旧

营运车辆的折旧,按实际行驶里程计算,特种车、大型车按年限法计算列入本项目。不采取预提大修费的企业,可不分大修和小修,所发生的修理费用,直接计入本项目。

（1）按使用年限法计提折旧

$$某车型营运车月折旧额 = \frac{该车型车辆原价 - 预计净残值}{该车型预计使用年限 \times 12}（元）$$

（2）按行驶车公里计提折旧

$$某车型营运车千车公里折旧额 = \frac{车辆原价 - 预计净残值}{该车型折旧里程定额/1\,000}（元/千车公里）$$

$$某车型营运车月折旧费用 = 该车型营运车千公里折旧额 \times \frac{该车型营运车当月实际行驶里程数}{1\,000}$$

月终,根据固定资产折旧计算表,将提取的营运车辆折旧额计入各分类运输成本的本项目内。

6. 养路费及运输管理费

按运输收入的一定比例计算交纳的企业,应按不同车型分别计算应交纳的养路费和运输管理费,计入各分类成本;按车辆吨位于月初或季初预先交纳养路费或运输管理费的企业,应根据实际交纳数分摊计入各分类运输成本的本项目内。

7. 车辆保险费

按实际支付的投保费用和投保期,并按月份分车型分摊计入各分类成本的本项目内。

8. 事故费

营运车辆在运营过程中因碰撞、翻车、碾压、落水、失火、机械故障等原因而造成的人员死亡、牲畜死伤、车辆损失、物资毁损等行车事故所发生的修理费、救援费和赔偿费以及支付给外单位人员的医药费、丧葬费、抚恤费、生活补助费等事故损失,再扣除向保险公司收回的赔偿收入,以及事故对方或过失人的赔偿金额后,计入有关分类成本的本项目内。在事故发生时,可预估事故损失。在预估事故费用时,通过"预计负债"账户进行核算。根据当年结案事故的实际损失与预提数的差额,调整本年度有关业务成本。

但因车站责任发生货损、货差等事故损失,应计入"营运间接费用"账户,不列入本项目。

9. 营运间接费用

企业营运过程中发生的不能直接计入成本核算对象的各种间接费用,但不包括企业管理部门的管理费用。营运间接费用可通过编制"营运间接费用分配表",计入各分类运输成本的本项目内。

10. 其他营运费用

随车工具、篷布绳索、防滑链及司机的劳动保护用品等,应根据"低值易耗品发出汇总表"和"材料发出汇总表",将按各分类成本对象归集的费用数额,计入分类运输成本的本项目内。一次领用量较大时,也可以通过"待摊费用"账户分期摊销。企业发生的行车杂支、车辆牌照费、检验费和过渡费等,可根据付款凭证计入各分类成本项目。

一般地,企业可以通过编制如表 4-1 所示的"汽车运输成本计算表"来进行运输成本的计算。

其中:

$$运输总成本 = 车辆费用 + 营运间接费用（元）$$

$$单位运输成本 = \frac{货物运输总成本}{货运周转量} \quad (元/千吨公里)$$

表 4-1　汽车运输成本计算表

编制单位：××运输公司　　　　　××年×月×日　　　　　　　　单位：万元

项　目	行　次	计划数	本期实际	本年累计
一、车辆费用				
1. 工资				
2. 职工福利费				
……				
二、运营间接费用				
三、运输总成本				
四、货运周转量				
五、单位运输成本				

【例 4-2】 汽车运输总成本和单位成本计算。

设某汽车运输企业本月发生的车辆费用总额为 501 100 元，运营间接费用 93 050 元，本月完成货运周转量 4 900 000 吨公里，则：

运输总成本 = 501 100 + 93 050 = 594 150（元）

$$单位运输成本 = \frac{594\,150}{4\,900\,000/1\,000} = 121.26（元/吨公里）$$

第三节　水路运输成本

一、水路运输业务概述

水路运输按船舶航行水域不同，可分为沿海运输、远洋运输和内河运输。

沿海运输是水运企业在近海航线上航行，往来于国内沿海港口之间进行货物运输。远洋运输是远洋运输企业在国际航线上航行，往来于国内、外港口之间进行货物运输。内河运输，则是指内河运输企业的船舶航行于国内的江河航线上，往来于内陆的江河港口之间进行货物运输。

本章主要介绍较为典型的海运成本的计算。

二、海运成本的计算对象、计算期与计算单位

1. 海运成本的计算对象

海运业务成本的计算对象如下。

① 运输综合业务，以企业的旅客、货物运输业务为成本计算对象。

② 客、货运的运输业务，以客运、货运（包括集装箱、干散货、油运、排运等）业务为成本计算对象。

③ 单船（或船舶类型）成本，以不同的船舶（或船舶类型）的运输业务为成本计算对象。

④ 航次运输业务成本，以经营船舶航次的运输业务为成本计算对象。

⑤ 航线运输业务成本，以经营船舶航行的不同区域、线路的运输业务为成本计算对象。

2. 海运成本的计算期

海洋运输业务应以航次作为成本计算期。

作为成本计算期的航次，是指一个载货（客）单程航次，是指船舶在营运中完成的一个

完整的运输生产过程的周期。一般从船舶在终点港卸货或下客完毕时起,经装货或上客后,驶至新的终点港卸货或下客完毕时止,作为一个航次。

若单程空航,则以一个往返航次为一个成本计算期。航次时间,根据运输生产统计办法的规定进行划分。

企业应按会计期汇总计算运输业务成本。以航次作为成本计算期的,自航次开始日起至结束日止航次期内所发生的全部营运支出,一般计算为各航次结束日所在会计期的成本。

3. 海运成本的计算单位

海运业务成本的计算单位如下。

① 运输综合成本计算单位为"千换算吨公里":换算吨公里是换算周转量的计量单位,是指航运企业在一定期间船舶实际进行旅客运输与货物运输的工作总量,按统一比例换算成同一计量单位后加总求得,以"换算吨公里"为计算单位。换算比例为:货物周转量1吨公里=1换算吨公里;铺位旅客周转量1人公里=1换算吨公里;座位旅客周转量3人公里=1换算吨公里。

② 客运成本计算单位为"千人公里":是指航运企业在一定期间船舶实际运送的每位旅客与该旅客运送距离的乘积之和。

③ 货运成本计算单位为"千吨公里":是指航运企业在一定期间船舶实际运送的每批货物重量与该批货物运送距离乘积之和。

④ 集装箱运输业务的成本计算单位为"千TEU❶公里":是指航运企业在一定期间船舶实际运送的每个集装箱与该集装箱运送距离乘积之和。

三、海运成本项目

海运成本项目包括:航次运行费用、船舶固定费用、船舶租费、舱(箱)位租费和集装箱固定费用四项。

1. 航次运行费用

航次运行费用,是指船舶在运输生产过程中发生的直接归属于航次负担的费用。航次运行费用分设以下明细项目,归集有关营运支出。

① 燃料费,是指船舶在营运期内航行、装卸、停泊等时间内耗用的全部燃料费用。

② 港口费,是指船舶在营运期内进出港口、航道、停泊港内所发生的各项费用,如港务费、船舶吨税、引水费、停泊费、拖轮费、航道养护费、围油栏费、油污水处理费、船舶代理费、运河费、海峡费、灯塔费、海关检验费、检疫费、移民局费用等。

③ 货物费,是指船舶载运货物所发生的应由船方负担的业务费用,如装卸费、使用港口装卸机械费、理货费、开关舱、扫舱、洗舱、验舱、烘舱、平翻舱、货物代理费、货物检验费、货物保险费等。

④ 集装箱货物费,是指船舶载运集装箱所发生的应由船方负担的业务费用,如集装箱装卸费、集装箱站场费用、集装箱货物代理费用等。

⑤ 中转费,是指船舶载运的货物到达中途港口换装其他运输工具运往目的地、在港口中转时发生的应由船方负担的各种费用,如汽车接运费、铁路接运费、水运接运费、驳载费等,但不包括由本企业船舶承运后在境外改由其他运输企业承运所发生的中转费。

⑥ 客运费,是指船舶为运送旅客而发生的业务费用,如旅客生活设备生活用品费、旅客医药支出、客运代理费等。

⑦ 垫隔材料费,是指船舶在同一货舱内装运不同类别货物需要分票、垫隔或装运货物

---

❶ TEU:国际标准箱单位。

需要防止摇动、移位以及货物通风需要等耗用的木材、隔货网、防摇装置、通风筒等材料费用。

⑧ 速遣费，是指有装卸协议的船舶，港口或代理单位提前完成装卸作业，按照协议支付的速遣费用，发生的延滞费收入抵减速遣费。

⑨ 事故损失费，是指船舶在营运生产过程中发生海损、机损、货损、货差、火警、污染、人身伤亡等事故的费用，包括施救、赔偿、修理、诉讼、善后等直接损失费用。

⑩ 其他运行费用，是指不属于以上各项费用但应直接归属于航次负担的其他费用，如淡水费、通讯导航费、交通车船费、邮电费、清洁费、国外港口招待费、领事签证、代理行费、业务杂支、冰区航行破冰费等。

2. 船舶固定费用

船舶固定费用，是指为保持船舶适航状态所发生的费用。船舶固定费用分设以下明细项目，归集有关营运支出。

① 工资，是指在航船员的各类工资、津贴、奖金、补贴、航行津贴等按有关规定由成本列支的工资性费用。

② 职工福利费，是指按在航船员工资总额和规定的比率提取的职工福利费。

③ 润料，是指船舶耗用的各种润滑油剂。

④ 物料，是指船舶在运输生产中耗用的各种物料、低值易耗品。

⑤ 船舶折旧费，是指按确定的折旧方法按月计提的折旧费用。

⑥ 船舶修理费，是指已完工的船舶实际修理费支出、日常维护保养耗用的修理料、备品配件等。

⑦ 保险费，是指向保险公司投保的各种船舶险、运输船员的人身险以及意外伤残险所支付的保险费用。

⑧ 税金，是指按规定交纳的车船使用税。

⑨ 船舶非营运期费用，是指船舶在非营运期（如厂修、停航、自修、事故停航等）内发生燃料费、港口费等有关支出，具体包括以下内容。

a. 燃料，指船舶非营运期内耗用的燃料。

b. 港口费用，是指船舶非营运期内靠泊港口所发生的费用。

c. 其他非营运期费用，是指船舶非营运期内发生的不属于以上各项的费用。

⑩ 船舶共同费用，是指为企业所有运输船舶共同受益，但不能分船直接负担，需经过分配由各船负担的费用，具体包括以下内容。

a. 工资，是指替补公休船员、后备船员、培训船员等按规定支付的工资、津贴、奖金、补贴等工资性费用。

b. 职工福利费，是指按替补、后备、培训等船员工资总额和规定比例提取的职工福利费。

c. 职工教育经费，是指按全部船员工资总额和规定比例提取、用于在册船员技术、业务、文化教育和岗前培训的费用。

d. 养老保险基金，指按全部船员工资总额和规定比例缴纳的养老保险基金。

e. 工会经费，是指按全部船员工资总额和规定比例拨交工会的工会经费。

f. 失业保险基金，指按全部船员工资总额和规定比例缴纳的失业保险基金。

g. 船员服装费，是指按规定向船员发放制服的费用和零星服装补助费。

h. 船员差旅费，是指船员因报到、出差、调动、公休、学习、探亲、国外就医等发生的差旅费。

i. 文体宣传费，是指用于船员文体活动而购置的书报杂志、电影片、录像带、录音带、幻灯片、体育用品等的费用及相应物品的租费。

j. 单证资料费,是指船舶营运中应用的客运票据、货运提单、仓单、海图及航海图书、技术业务资料及各项船用单证等的购置、印刷、寄递等费用。

k. 电信费,是指船舶与管理部门通过电台、卫星、高频电话等通信联络而发生的通信费用。

l. 研究试验费,是指应用于船舶的科学研究、技术开发而发生的、不构成固定资产的费用以及购置样品、样机、测试仪器、制作模型等的费用。

m. 专有技术使用费,是指引进不属于无形资产性质的船舶专有技术所支付的使用费或转让费。

n. 营运间接费用,是指企业营运过程中所发生的不能直接记入运输成本计算对象的各种间接费用。包括企业各个分公司或船队为组织和管理运输生产所发生的运输生产管理人员工资、职工福利费、折旧费、租赁费(不包括融资租赁费)、修理费、材(物)料消耗、低值易耗品、取暖费、水电费、办公费、差旅费、运输费、保险费、设计费、试验检查费、劳动保护费以及其他营运间接费用。

o. 其他船舶共同费用,是指不属于以上各项的其他船舶共同费用,如船员体检费、签证费、考证费、国外医疗费、特殊船员(油轮)疗(休)养费等费用以及船舶技术改进和合理化建议奖、油料化验费、护航武器弹药等。

⑪ 其他船舶固定费用,是指不属于以上各项的其他船舶固定费用。如船舶证书费、船舶检验费、船员劳动保护费等。

3. 船舶租费、舱(箱)位租费

船舶租费、舱(箱)位租费,是指企业租入运输船舶或舱(箱)位营运,按规定应支付给出租人的租费。船舶租费或舱(箱)位租费分设以下明细项目,归集有关营运支出。

① 期租费,是指在期租形式下,企业按租约规定,在租船起讫期限内按期支付的租金。

② 程(航次)租费,是指在程(航次)租形式下,企业按租约规定自接船港口起至还船港口止支付的租费。

③ 光租费,是指在光租形式下,企业按租约规定,在租船起讫期限内按期支付的租金。所谓光租业务,是指船舶所有人将"光船"出租给租船人使用的业务,属于资产租赁性质。

④ 舱(箱)位租费,是指企业按租约规定按期支付约定舱(箱)位数的租费。

4. 集装箱固定费用

集装箱固定费用,是指企业自有或租入的集装箱及其底盘车在营运过程中发生的固定费用。集装箱固定费用按集装箱费用和底盘车费用两部分,分别设置明细项目,归集有关营运支出。

(1) 集装箱费用

① 空箱保管费,是指空箱存放在自有堆场或港口站场而支付的堆存费、检验费、整理起吊费、整理拖运费等。

② 集装箱折旧费,是指自有集装箱根据原值和规定折旧率按月计提的折旧费。

③ 集装箱修理费,是指自有集装箱厂修费用、零配件购置费、站场零星修理费等。

④ 集装箱保险费,是指向保险公司投保自有集装箱财产险而支付的保险费。

⑤ 集装箱租费,是指租入集装箱按租箱合约规定按期支付的租金及其租约规定的还箱时的修复费用、还箱手续费、起吊费等。

⑥ 底盘车费用,是指按规定由使用底盘车的集装箱分摊负担的底盘车费用。

⑦ 其他集装箱固定费用,是指不属于以上各项的其他集装箱固定费用,如滞期费、清洁费、检疫费、熏箱费、铅封及标志费等。

（2）底盘车费用
① 底盘车保管费，是指自有底盘车存放在自有堆场或港口站场而支付的费用。
② 底盘车折旧费，是指自有底盘车根据原值和规定折旧率按月计提的折旧费。
③ 底盘车修理费，是指自有底盘车厂修费用、零配件购置费、站场零星修理费等。
④ 底盘车保险费，是指向保险公司投保自有底盘车财产险而支付的保险费。
⑤ 底盘车租费，是指租入底盘车按租车合约规定按期支付的租金及其租约规定的还车时的修复费用等。
⑥ 其他底盘车固定费用，是指不属于以上各项的其他底盘车固定费用。

四、船舶费用的归集、计算与分配

1. 船舶直接费用的归集

企业应当按照每一运输船舶、每一营运航次，分别设置航次成本明细账或明细卡。企业如租入外单位船舶或舱（箱）位营运，也应同样为在租用期内的每一航次设置成本明细账。

航次成本明细账应详细记载该航次运营资料，包括航次序号、行驶航区（线）、航次起讫时间、挂靠港口名称及到离港时间、航行里程、到目的港及沿途挂靠港口的运量（装卸量）、燃料补给量与耗用量以及其他成本管理需要的航次运营资料。

航次内发生的各项运行费用直接记入该航次成本明细账，各项分配性费用于航次结束时按规定分配记入。办理会计决算时，代理单位尚未将该会计报告期内已完航次的运行费用账单寄达时，可根据代理单位电传或估算单，或根据船舶、航运调度部门提供的资料，按照船舶行驶的航线、运输量、货种、运输条款、所到港口作业情况和费率标准、船舶各类定额、汇率等，计算有关运行费用，由财务会计部门入账。已完航次的航次成本明细账，应及时结算，计算出航次总成本和单位成本。

2. 船舶共同费用

对于船舶共同费用，设置明细账归集和核算有关营运支出，船舶共同费用发生时，应根据有关记账凭证和费用汇总表，按照费用发生的先后记入"船舶共同费用"，并按规定费用项目设立费用明细账进行归集登记。船舶共同费用在月度终了，通常按各船的营运艘天、吨天或其他比例分摊编制"船舶共同费用分配表"，分配记入各船的"船舶固定费用——船舶共同费用"科目。船舶共同费用分配计算的公式为：

$$船舶共同费用分配率 = \frac{当期共同费用总额}{\sum 船舶营运艘天(吨天)}$$

某船舶固定费用应负担船舶共同费用数＝船舶共同费用分配率×该船营运艘天(吨天)

3. 船舶固定费用

对于船舶固定费用，按每一在册船舶设置明细账，归集和核算有关营运支出，按月结算。如果企业租入按合同需要负担固定费用的船舶（如光租），应视同自有船舶，设置明细账，归集有关营运支出并结算。

企业应为每一在册船舶（包括租出船舶）编制年度固定费用预算（包括分配记入固定费用的各项分配性费用），并按该船全年计划营运天数，计算出每营运天固定费用，作为计划分配率。船舶每一航次结束，或出租届临月终，根据该航次实际营运天数、当月出租天数，按照计划分配率计算应列入航次成本或出租成本的固定费用。船舶固定费用的分配计算公式为：

$$某船固定费用计划分配率 = \frac{该船全年固定费用预算数}{该船全年计划营运天数}$$

$$某船某航次应负担固定费用数 = 该船固定费用计划分配率 \times 该船该航次实际营运天数$$

$$\frac{该船某出租月份}{应负担固定费用数} = \frac{该船固定费用}{计划分配率} \times \frac{该船该月实际}{出租天数}$$

如果企业出租部分舱（箱）位，应按出租舱（箱）位占该船舱（箱）位总数的比例，计算舱（箱）位出租成本应负担的固定费用。分配计算公式为：

$$\frac{舱（箱）位出租成本}{应负担的固定费用} = \frac{该船固定费用}{计划分配率} \times \frac{该船该月实际}{出租天数} \times \frac{出租舱（箱）位数}{该船舱（箱）位总数}$$

年终决算时，企业应按各船实际发生的固定费用数和实际营运天数，调整原已列入各船有关航次的计划分配数。

年末未完航次也应按年度内实际营运天数分担当年固定费用。

船舶固定费用经过年终按实际数分配调整后，不保留余额。

4. 船舶租赁费

对于船舶租费，程租费按船舶航次记入航次结束月度的单船成本，期租费按航次日历天数分摊记入有关航次成本。分配计算公式为：

某租入船舶某航次成本应负担租费 = 每天租费 × 该航次实际营运天数

航次跨年度时，按会计核算年度日历天数分配，属于未完航次的租费，记入"未完航次支出"项目。

对于舱（箱）位租费，应按租入的每批同属一船的舱（箱）位设置明细账，核算所支付的租金和记入运输业务成本的租费。分配计算公式为：

$$\frac{某租入舱（箱）位船舶}{某航次成本应负担租费} = \frac{该航次租用}{舱（箱）位数} \times \frac{该航次实际}{营运天数} \times \frac{每舱（箱）位}{每天租费}$$

5. 集装箱船舶的集装箱固定费用

对于集装箱固定费用，企业应按集装箱和底盘车存放的港口、地区或国家分别设置集装箱费用和底盘车费用明细账，归集和核算有关营运支出，按月结算。集装箱的租金、折旧费、修理费等不能直接按港口、地区或国家归集的费用，应作为集装箱共同费用统一核算归集，每月分配记入各港口、地区和国家的集装箱固定费用。

集装箱费用的分摊步骤如下。

① 按全部箱天分摊集装箱折旧费、租费和修理费等共同性费用。分配计算公式为：

$$集装箱共同性费用分摊额 = \frac{集装箱共同性费用实际发生数}{\sum 各港口在岸箱天 + \sum 各航次在船箱天}$$

$$\frac{某港口（地区、国家）分}{摊的集装箱共同性费用} = \frac{该港口（地区、国}{家）在岸箱天} \times \frac{集装箱共同性费用}{分摊额}$$

$$\frac{航次分摊的}{集装箱共同性费用} = \frac{该航次}{在船箱天} \times \frac{集装箱共同性费用}{分摊额}$$

② 将各港口、地区或国家发生的集装箱固定费用，包括①所分摊的共同性费用以及在该港口设账归集的集装箱堆存费、空箱调运费等区域性费用，分配由有关船舶的航次成本和集装箱出租成本负担。分配计算公式为：

$$区域集装箱性费用分摊额 = \frac{该港口发生的区域性费用 + 该港口分摊的共同性费用}{\sum 出租箱量 + \sum 各航次进出箱量}$$

$$\frac{航次分摊的}{区域集装箱费用} = \frac{该航次该港口（地区、}{国家）进出箱量} \times \frac{区域集装箱费用}{分摊额}$$

$$\frac{集装箱出租业务分摊}{的区域性集装箱费用} = \frac{该港口（地区、国家）}{集装箱出租箱量} \times \frac{区域集装箱费用}{分摊额}$$

底盘车一般在航区（线）内使用。月末，将当月发生的底盘车费用结转至所在港口的集装箱费用内,然后随同集装箱费用分配。

若底盘车出租,参照上述集装箱出租的计算办法,先按当月出租车天数,将出租期内由底盘车出租成本负担的底盘车费用,从所在港口当月发生的全部底盘车费用内扣除,余额再转入该港集装箱费用,分配记入运输业务成本。

集装箱固定费用向各船舶年度内已完航次分配后,不保留余额。

五、营运间接费的归集与分配

对于营运间接费用,按照每一船队、自营港埠或船舶基地设置明细账,归集和核算有关营运支出,每月结算后,将当月实际入账数结转"船舶共同费用——营运间接费用"项目。

归集在本科目中的营运间接费与其他的船舶共同费用一起,按船舶实际营运时间分配计入船舶费用。

【例 4-3】 营运间接费的分配。

设某远洋运输企业本月营运间接费用共为 100 万元,本月各船已完航次直接费用合计 1000 万元,营运间接费用按月份已完航次直接费用的比例分配。则:

$$本月营运间接费用分配率 = \frac{本月营运间接费用总额}{本月已完航次运行费用总额}$$

$$= \frac{1\,000\,000}{10\,000\,000} = 0.1$$

设某航次本月直接费用合计为 300 万元,则该航次应摊间接费:

$$该航次应分摊营运间接费 = 3\,000\,000 \times 0.1 = 300\,000(元)$$

六、海运成本的计算

海洋运输业务总成本和单位成本,以会计报告期(年、季、月度)内已完航次成本为计算基础。会计期内全部船舶已完航次成本之和即为该会计期运输业务总成本,并根据相应的已完航次运量计算单位成本。

上年度决算后,上年度已完航次未达支出(指航次已经完成,但费用单据尚未送达的支出)的实际数与入账数的差额,记入本年度的运输业务总成本与单位成本。

1. 航次成本、航次单位成本的计算

航次货运业务成本 = 航次运行费用或船舶舱(箱)位租费 + 船舶固定费用分配数 + 集装箱船舶的集装箱固定费用分配数

有客运业务的船舶,应扣除由客运业务负担的航次运行费用和船舶固定费用(或租费)后,计算航次货运成本。计算公式为:

$$航次货运单位成本 = \frac{航次货运业务成本}{航次货运量}$$

$$航次客运单位成本 = \frac{航次客运业务成本}{航次客运量}$$

客货轮航次客货运综合成本的计算公式为:

$$客货轮航次客货运综合单位成本 = \frac{航次业务总成本}{航次综合运输量}$$

2. 航区(线)货运业务总成本、单位成本和货种总成本、单位成本计算

$$航区(线)货运业务总成本 = \sum 行驶该航区(线)各航次货运业务成本$$

$$航区(线)货运业务单位成本 = \frac{航区(线)业务总成本}{\sum 行驶该航区(线)各航次货运量}$$

$$货种总成本 = \sum 各航区(线)各轮各航次该货种成本$$

散装船载运单一货种,该航次成本即计算入该货种成本;如载运两个货种以上货物,该

航次成本按运量比例分别记入各货种成本。

$$货种单位成本=\frac{货种总成本}{\sum 各航区（线）各轮各航次该货种运量}$$

$$航区（线）货种总成本=\sum 该航区（线）各轮各航次该货种成本$$

$$航区（线）货种单位成本=\frac{航区（线）货种总成本}{\sum 该航区（线）各轮各航次该货种运量}$$

企业还可以比照上述公式计算货种航区（线）总成本、货种航区（线）单位成本、航区（线）客运业务总成本、航区（线）客运业务单位成本等。

3. 单船业务总成本和单位成本、各类型船舶业务总成本和单位成本计算

$$单船业务总成本=\sum 该船各航次成本$$

$$单船单位成本=\frac{单船业务总成本}{\sum 该船各航次运量}$$

$$船舶类型总成本=\sum 该类型船舶单船业务总成本$$

$$船舶类型单位成本=\frac{该船舶类型总成本}{\sum 该类型单船运量}$$

该类型船如为客货轮，可参照以上公式分别计算货运业务成本、货运单位成本、客运业务成本、客运单位成本、客货运综合总成本、客货运综合单位成本。

4. 全部运输业务总成本及全部运输业务单位成本的计算

$$全部货运业务总成本=\sum 货运船舶航次成本+\sum 客货轮航次货运业务成本$$

$$全部货运业务单位成本=\frac{货运业务总成本}{\sum 航次货运量}$$

$$全部客运业务总成本=\sum 客货轮航次客运业务成本$$

$$全部客运业务单位成本=\frac{客运业务总成本}{\sum 航次客运量}$$

$$全部客货运输综合总成本=全部货运业务总成本+全部客运业务总成本$$

$$全部客货运输综合单位成本=\frac{全部客货运输综合总成本}{\sum 航次综合运输量}$$

海运企业月末应编制"海运成本计算表"，以反映运输总成本和单位成本情况。海运成本计算表的格式如表 4-2 所示。

表 4-2 海运成本计算表

×××海运公司　　　　　　　　　　　年　月　　　　　　　　　　单位：元

项目	行次	计划数	本期实际数			本年累计数		
			合计	客运	货运	合计	客运	货运
一、航次运行费用								
1. 燃料费								
2. 港口费								
……								
二、船舶固定费用								
三、集装箱固定费用								
四、船舶租赁费								
五、营运间接费用								
六、运输总成本								

续表

项目	行次	计划数	本期实际数			本年累计数		
			合计	客运	货运	合计	客运	货运
七、运输周转量								
八、运输单位成本								

第四节 铁路运输成本

一、铁路运输成本及其构成

1. 铁路运输成本的概念

铁路运输成本，是指全路、铁路局、铁路分局等铁路运输企业完成特定客货位移而消耗的物化劳动和活劳动的总和，是运输企业在进行运输生产过程中发生的各种消耗的总和，其货币表现就是各种费用的支出。

铁路运输成本又称运输劳务成本，它是反映铁路运输企业生产经营活动的一个综合性指标，是制定铁路运输价格、营销政策和投资决策及财务清算的重要依据。

2. 铁路运输成本的构成

铁路运输生产经营过程中发生的各种耗费，按其经济用途划分为主营业务成本、期间费用和营业外支出，共同构成运输总支出，其中，"期间费用"又包括两个项目：管理费用和财务费用。

（1）主营业务成本是企业运输生产过程中发生的与运输生产直接相关的各项耗费，主要内容包括：

① 工资及工资附加费：指运输生产人员及运输生产单位管理、服务人员的工资、奖金、津贴、补贴，经上级主管部门批准的工效挂钩结算工资收入与实际工资支出的差额以及按规定提取的职工福利费（含基本医疗保险费、补充医疗保险费）；

② 固定资产折旧费：按规定计提的运输生产用及运输生产单位管理用固定资产折旧；

③ 固定资产大修理费：为了恢复固定资产原有性能和生产能力，对固定资产进行周期性大修理的支出，包括成段更换钢轨、轨枕、道岔及成段清筛道床的支出，为消除路基、桥梁、隧道的严重病害进行的局部修理支出，灾害复旧支出，机车车辆和大型养路机构及其大部件的大修支出，其他设备的大修支出；

④ 设备运用、养护修理耗费的材料、燃料、电力、配件、工具备品和其他支出，配件修理支出，生产场所用煤、水、电及生产用杂费；

⑤ 运输生产人员及运输生产单位管理、服务人员的办公费、差旅费、劳动保护费、制服补贴等；

⑥ 运输生产过程中发生的季节性和修理期间的停工损失，事故净损失，灾害预防及抢修支出；

⑦ 办理保险、保价运输业务所发生的支出；

⑧ 按照模拟市场和内部分账核算要求所发生的付费支出；

⑨ 按照国家规定发生的其他支出。

（2）管理费用 是企业管理部门为组织和管理运输生产活动发生的费用以及企业按规定发生的管理费用，主要内容包括：

① 企业管理机关人员的工资、奖金、津贴、补贴；

② 企业管理机关办公费、差旅费、劳动保护费、职工制服补贴、办公设施设备的折旧费、修理费、租用费、低值易耗品及其他管理费用；

③ 按规定计提的机关人员的职工福利费、运输生产单位人员及机关人员的工会经费、职工教育经费、基本养老保险金、职工失业保险金、职工工伤保险金、住房公积金等工资附加费；

④ 土地使用费、土地换证费、土地损失补偿费、技术转让费、业务招待费、咨询费（顾问费）、审计费、诉讼费、排污费、绿化费、广告费、展览费、董事（监事）会经费、防疫经费、客货营销费用、印花税、房产税、车船使用税、土地使用税等；

⑤ 研发新产品、新技术的设计费、工艺规程制定费、设备调试费、原材料和半成品的实验费、技术图书资料费、未纳入国家计划的中间实验费、与产品试制及技术研究有关的其他经费、委托其他单位进行科研试制的费用以及试制失败损失等研究与开发费用；

⑥ 无形资产摊销、长期待摊费用摊销、存货盘亏（减盘盈）、毁损和报废的净损失；

⑦ 按规定计提的坏账准备、存货跌价准备；

⑧ 企业内部铁道资金结算机构发生的费用；

⑨ 企业按规定上交的，用于全路集中管理及调度指挥的集中费；

⑩ 其他按国家有关规定可以列入管理费用的支出。

(3) 财务费用　是企业为筹集生产经营所需要的资金而发生的费用，主要内容包括：

① 在金融机构的存款利息收入；

② 筹集生产经营所需要的资金而发生的利息支出，包括借款利息（含交付使用资产的借款利息）、应收票据贴现利息、发行债券利息等；

③ 外币折算产生的汇兑损益；

④ 铁道部与铁路运输企业之间的资金占用费收入以及铁道资金结算机构向内部单位发放调剂资金而收取的资金占用费；

⑤ 铁道部与铁路运输企业之间的资金占用费支出以及铁道资金结算机构吸收内部单位存款而支付的资金占用费；

⑥ 支付给金融机构、铁道资金结算机构的手续费以及铁道资金结算机构收取的手续费。

(4) 营业外支出　是与运输生产经营无直接关系的各项支出，内容包括：

① 营业外人员的工资、奖金、津贴、补贴，按规定计提的营业外人员的职工福利费、工会经费、职工教育经费、基本养老保险金、职工失业保险金、职工工伤保险金、住房公积金等工资附加费；

② 铁路公安部门、检察院、法院、疗养院等营业外单位的经费；

③ 自然灾害造成的资产损失、非季节性和非修理期间的停工损失；

④ 固定资产盘亏、报废、毁损和出售的净损失；

⑤ 债务重组损失、非货币性交易损失、支付的滞纳金、罚款、违约金、赔偿金，被没收财物，公益救济性捐赠支出；

⑥ 按规定计提的固定资产减值准备、无形资产减值准备、在建工程减值准备。

二、铁路运输成本的计算对象、计算单位与计算期

1. 铁路运输成本的计算对象

铁路运输成本计算是在成本、费用核算的基础上，将一定时期的成本、费用归集到不同的计算对象。为满足企业经营决策、盈亏分析和财务清算对成本信息的不同需要，企业应正确、合理地计算各种运输成本。

铁路运输成本计算以客、货运输业务作为成本计算对象。根据企业的特点和管理需要，铁路运输成本主要计算客运总支出、货运总支出、行包总支出、单位旅客运输成本、单位货物运输成本、单位行包运输成本、单位客运支出、单位货运支出、单位行包支出、单位换算

周转量支出、客货运作业成本、分线成本、区域平均成本等。

2. 铁路运输成本的计算单位

铁路运输成本的计量单位分三种。

(1) 客运成本　旅客运输周转量的计量单位是万人公里,即客运人数与旅行公里数的乘积。旅客运输成本的计算单位是元/万人公里。

(2) 货物和行包运输成本　货物和行包运输周转量的计量单位是万吨公里,即货物和行包运送吨数与运送里程数的乘积。货物和行包运输成本的计量单位是元/万吨公里。

(3) 综合运输成本　综合运输的计量单位是万换算吨公里,换算吨公里是将客运周转量和行包周转量折算成货运周转量,然后与货运周转量相加。换算方法如下:

$$换算吨公里 = 货物周转量 + 2.36 \times (旅客周转量 + 行包周转量)$$

综合运输成本的计量单位是元/万换算吨公里。

3. 铁路运输成本的计算期

铁路运输成本一般按年或按季进行。

三、铁路运输成本项目

铁路运输成本按要素分为以下项目。

1. 工资

指按规定支付给与本单位签订劳动合同的职工的工资、奖金、津贴、补贴以及工效挂钩结算工资收入与实际工资支出的差额。生产人员工资按工作岗位、作业地点、作业对象进行分类归集,对应列入有关成本、费用支出科目及其子目。

2. 材料费

指运输生产经营过程中所耗费的材料、配件、油脂、工具备品、劳动保护用品等有实物形态的物品。材料支出的核算执行定向定量制度,已领未用的材料在月末办理盘点退料手续;存放在铁路沿线的线上料采取分存制进账,不能一次出账。低值易耗品领用后一次列销,同时建立保管台账实行数量动态管理。材料和配件修旧利废所发生的支出也在运输总支出中核算。

3. 燃料费

指运输设备运用所消耗的固体、液体、气体等燃料的支出。燃料支出根据燃料消耗报表及有关记录,按用途归集到相关支出科目。

4. 电力

指铁路运输设备运用、修理过程中的动力、照明及其他用电。电力支出应按用途归集到相关支出科目。

5. 折旧费

指按《铁路运输企业固定资产管理办法》规定的固定资产分类折旧率及应计折旧固定资产价值计提的折旧支出。

6. 外购劳务费

指支付给本单位签订劳务合同的外请劳务的支出。

7. 其他费用

指不属于以上各要素的支出,主要包括:差旅费、福利费、职工教育费、工会经费、基本养老保险金、职工失业保险金、工伤保险金、住房公积金、事故费用、付费支出、修理支出、财务费用和其他支出。

四、铁路运输成本的归集、核算和分配

1. 铁路运输成本的归集

成本、费用核算是反映运输生产实际耗费的基本手段,是实现成本、费用全过程管理的

基础。企业发生的成本、费用通过铁路运输成本支出科目进行确认和归集。

成本支出科目是由铁道部统一规定的，由科目编号和科目名称组成。全部成本科目分为四部分：工资科目、折旧科目、费用科目和付费科目。

（1）工资科目　包括主营业务成本工资科目、管理费用工资科目、营业外支出工资科目。

（2）折旧科目　包括主营业务成本折旧科目、管理费用折旧科目、营业外支出折旧科目。

（3）费用科目　包括直接生产费科目、间接生产费科目、管理费科目、财务费用科目、营业外支出科目。

（4）付费科目　包括旅客运输付费支出科目、货物运输付费支出科目、行包运输付费支出科目、基础设施付费支出科目。

2. 铁路运输成本的核算

铁路运输企业发生的成本、费用遵照权责发生制原则，将应由本期（月、季、年）负担的支出全部计入本期成本、费用，其中按计划成本核算的费用要按规定的成本核算期间及时调整为实际成本。

主营业务成本按旅客运输成本、货物运输成本、行包运输成本、基本设施成本、其他成本等五类进行核算。

（1）旅客运输成本　核算为旅客运输直接发生的各种支出，包括车站旅客服务支出、旅客列车服务支出、客车运用和维护支出、相关服务付费及其他支出。

（2）货物运输成本　核算为货物运输直接发生的各种支出，包括货物发送、运行、中转、到达作业费用，货车、集装箱运用和维护费用、货车使用费、相关服务付费及其他支出。

（3）行包运输成本　核算为行李、包裹运输直接发生的各种支出，包括行包发送、运行、中转、到达作业费用，专用行包车辆运用和维护费用、相关服务付费及其他支出。

（4）基础设施成本　核算为铁路路网、行车指挥等基础设施运用和维护所发生的各种支出，包括铁路线路设备等行车设施运用、养护费，行车调度费及其他支出。

（5）其他成本　核算企业运输生产中发生的除旅客、货物、行包运输成本和基础设施成本以外的各种支出。

3. 铁路运输费用的分配

主营业务成本分类确定的原则是：能够直接归属到相应成本类别的，全额列入该类成本；不能直接归属到相应成本类别的，按照规定的工作量指标分配列入相应类别成本。分配的比例根据本单位正常运输生产情况测算确定。

铁道部统一颁发的《铁路运输企业成本费用管理核算规程》在其"附件二铁路运输成本费用科目说明"中详细说明了每一个支出科目应按什么指标的比例分摊列入具体的成本类别。

五、营运间接费的归集与分配

铁路运输企业的营运间接费用，是指调度所及行车公寓发生的费用、职工福利费、生产用水、电、燃料、工具备品、机械动力设备运用维修、办公费、差旅费、劳动保护费、制服补贴、通信费、事故损失费用等。

营运间接费按成本支出科目归集，并按《铁路运输企业成本费用管理核算规程》"附件二铁路运输成本费用科目说明"中规定的指标和方法分摊计入不同的成本类别。

六、铁路运输成本的计算

铁路运输成本指标包括：客运总支出、货运总支出、行包总支出、单位客运成本、单位货运成本、单位行包成本、单位换算周转量成本、单位客运支出、单位货运支出、单位行包支出、单位换算周转量支出。

1. 客运总支出、货运总支出、行包总支出的计算

① 主营业务成本中的旅客运输成本全部直接列入客运总支出。

② 主营业务成本中的货物运输成本全部直接列入货运总支出。

③ 主营业务成本中的行包运输成本全部直接列入行包总支出。

④ 基础设施成本和管理费用中的工资及工资附加费，按主营业务成本中上述直接列入的工资及工资附加费的比例，分摊列入客运总支出、货运总支出和行包总支出。

⑤ 基础设施成本和管理费用中的其他支出，财务费用、营业外支出，按周转量比例分摊列入客运总支出、货运总支出和行包总支出。方法如下：

$$费用分摊率 = \frac{基础设施和管理费用中的其他支出 + 财务费用 + 营业外支出}{货物周转量 + 2.36 \times (旅客周转量 + 行包周转量)}$$

2. 单位运输成本计算

单位运输成本是按运输产品计算的单位产品主营业务成本，包括以下几项。

(1) 单位客运成本

$$单位客运成本 = \frac{旅客运输主营业务成本}{旅客周转量}$$

(2) 单位货运成本

$$单位货运成本 = \frac{货物运输主营业务成本}{货物周转量}$$

(3) 单位行包成本

$$单位行包成本 = \frac{行包运输主营业务成本}{行包周转量}$$

(4) 单位换算周转量成本

$$单位换算周转量成本 = \frac{主营业务成本合计}{换算周转量}$$

3. 单位支出的计算

单位支出是按运输产品计算的单位产品运输总支出，包括：

(1) 单位客运支出

$$单位客运支出 = \frac{客运总支出}{旅客周转量}$$

(2) 单位货运支出

$$单位货运支出 = \frac{货运总支出}{货物周转量}$$

(3) 单位行包支出

$$单位行包支出 = \frac{行包总支出}{行包周转量}$$

(4) 单位换算周转量支出

$$单位换算周转量支出 = \frac{运输总支出}{换算周转量}$$

铁路运输企业按季度编制如表 4-3 所示的"铁路运输单位成本、单位支出计算表"。

表 4-3 铁路运输单位成本、单位支出计算表

年　　季度

编制单位：　　　　　　　　　　　　　　　　　　　　　　　　　　　会铁　　表
金额单位：元

项　目	行次	合计	旅客运输			货物运输			行包运输		
			直接列入	分配列入	小计	直接列入	分配列入	小计	直接列入	分配列入	小计
一、运输总支出	1										
（一）主营业务成本											
1．旅客运输成本											
（1）工资及工资附加费											
（2）其他支出											
2．货物运输成本											
（1）工资及工资附加费											
（2）其他支出											
3．行包运输成本											
（1）工资及工资附加费											
（2）其他支出											
4．基础设施成本											
（1）工资及工资附加费											
（2）其他支出											
（二）管理费用											
1．工资及工资附加费											
2．其他支出											
（三）财务费用											
（四）营业外支出											
二、周转量											
三、单位成本											
四、单位支出											

第五节　航空运输成本

一、航空运输成本及其构成

1．航空运输成本的概念

航空运输成本，是航空运输过程中发生的各项费用。航空运输主要是民用航空运输。它包括运输飞行和专业飞行。运输飞行分为旅客运输和货邮运输。专业飞行主要指一些特定飞行项目，如：防火、造林、探矿、测量、播种、除草、人工降雨、海上抢险等。

2．航空运输成本的构成

航空运输成本由主营业务成本和期间费用构成。航空运输主营业务成本分为飞行费用与

飞机维修费用两大类。

飞行费用大部分是直接计入费用，费用发生时，可以直接计入有关的机型成本，主要内容有：

① 空勤人员工资及福利费；
② 航空燃料消耗费；
③ 飞机、发动机折旧费；
④ 飞机、发动机大修理费；
⑤ 飞机租赁费；
⑥ 飞机保险费；
⑦ 飞机起降服务费；
⑧ 旅客供应服务费等。

飞机维修费一般由材料费、人工费以及间接维修费三个项目组成，凡属可以直接汇集某一机型成本的维修费为直接计入费用，不能直接汇集于某机型成本的费用先要通过飞机维修费账户进行归集，然后按一定标准分配到各个机型成本中去。

民航运输企业各种机型的飞行费用和飞机维修费之和组成各机型总成本。

航空运输企业的期间费用由经营费用、管理费用和财务费用三个项目构成。

二、航空运输成本计算对象、计算单位、计算期

航空运输成本的计算对象是各种飞机机型。其运输成本计算一般是以每种机型为基础，归集和分配各类费用，计算每种飞机的机型成本，再进一步计算和考核每种飞机的运输周转量的单位运输成本。

各项直接费用按各机型实际发生额直接列入该机型成本相应项目，不能直接列入的间接费用，按一定标准分配计入各机型成本。

航空运输周转量的成本计算单位是吨公里。货物周转量和旅客周转量的换算比例为：国内航线 1人公里=72公斤公里；国际航线 1人公里=75公斤公里。

航空运输企业按月计算其运输成本，每月月末，民航运输企业应编制民航运输成本计算表。

三、航空运输成本项目

民航运输企业的成本项目为飞行费用和飞机维修费两大类。

1. 飞行费用

飞行费用为与飞机飞行有关的费用。飞行费用大部分是直接费用，费用发生时，可直接计入有关的机型成本。以下分别加以说明，如表4-4所示。

表4-4 飞行费用项目及说明

费用项目	说明
空勤人员工资及福利费	空勤人员月末按规定计提的福利费，也应分配计入各有关的机型成本
航空燃料消耗	在国内各地的加油，按规定的计划单价计算航油消耗预提数；在国外各地的加油，按规定的预提单价计算航油消耗预提数
飞机、发动机折旧费	民航运输企业的飞机和发动机折旧费的计提可以采用两种办法：一是按实际飞行小时计提折旧，采用这种办法应按机型分别计提折旧；二是按年限计提折旧，应用这种办法应按每架飞机分别计提折旧
飞机、发动机大修理费	指各机型飞机定时进行大修所发生的费用。民航运输企业对飞机、发动机大修理费可采用预提大修理或大修理费发生后分期摊销的办法进行核算
飞机租赁费	指经营性租入飞机所支付的租赁费。融资性租入飞机所支付的租赁费应视作分期付款购入固定资产，计入"长期应付款"科目，不计入飞机租赁费。民航运输企业对飞机租赁费可采用按月预提或摊销的办法进行核算

续表

费用项目	说明
飞机保险费	飞机保险费包括飞机险、战争险、旅客、货物意外险、第三者责任险等。民航运输企业对机身投保金额应以投保时的飞机及发动机的净值为准，并逐年调整。飞机保险费一般采用待摊的方式，按月平均摊入飞机保险费项目
飞机起降服务费	飞机起降服务费包括场道维护费、消防服务费、救护费三类，以支付之日计列机型成本
旅客供应服务费	配给机上的供应品凭乘务员签领的清单，按实际领用数分别计价，直接计入有关的机型成本。对于不能分清机型的旅客供应服务费，可按照各机型完成的周转量比例进行分配

2. 飞机维修费

飞机维修费是指飞机、发动机除大修、改装以外的各级检修和技术维护费，以及零附件的修理费。

飞机维修费的核算分为材料费、人工费和间接维修费三个项目。

四、航空运输成本的归集与分配

1. 飞行费用的归集与分配

飞行费用大部分是直接费用，发生时通过"主营业务成本"账户下的"飞行费用"明细账户进行归集，按实际发生的机型直接列入该机型运输成本。

2. 飞机维修费的归集与分配

民航运输企业发生的维修费先通过"主营业务成本"账户下的"飞机维修费"明细账户进行汇集。"飞机维修费"账户下设材料费、人工费、间接维修费三个明细科目，月末再按下列方法分配到各机型成本。

(1) 材料费 根据领料凭证上所列机型直接计入各机型成本。

(2) 人工费 按各机型维修实耗工时比例分配到各机型成本。其计算公式如下：

$$每工时人工费率 = \frac{本月人工费总额}{本月各机型维修实耗工时总数}$$

某机型应分配人工费 = 本月某机型维修实耗工时 × 每工时人工费率

(3) 间接维修费 可按各机型维修实耗工时比例分配到各机型成本中去。其计算公式如下：

$$每工时间接维修费分配率 = \frac{本月间接维修费总额}{本月各机型维修实耗工时总数}$$

某机型应分配间接维修费 = 本月某机型维修实耗工时 × 每工时间接维修费分配率

五、航空运输成本的计算

民航运输企业各机型的飞行费用和飞机维修费之和为各机型成本。各机型成本之和为民航运输总成本。民航运输总成本除以运输周转量得运输单位成本。也可分机型计算各机型的运输单位成本。

民航运输企业月末应编制民航运输成本计算表，以反映运输总成本和运输单位成本。

第六节 降低运输成本的措施

一、运输成本的影响因素

影响运输成本的因素有很多，尽管不都是成本表上的项目，但这些因素都对运输成本有重要影响，进而影响运输产品的价格。这些因素包括以下几项。

1. 产品密度

产品密度指单位容积产品的重量。产品密度结合了重量和空间的因素，由于运输车辆更多的是受空间限制，密度越大的产品，越能充分利用空间。而运输车辆实际消耗的劳动成本和燃料成本主要不是受运载重量的影响，则产品密度越大，装载量越大，单位运输量分摊的固定运输成本就越低。图 4-1 表明了产品密度与单位运输成本的关系，它说明单位重量货物的运输成本随产品密度的增加而下降。

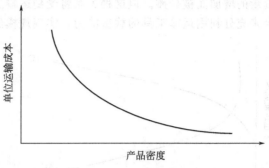

图 4-1　产品密度与单位运输成本

物流管理人员可以通过增大货物密度的手段，来更好地利用载运工具的容积，装载更多数量的货物。

2. 责任

责任是指为承运人对防止产品被损坏、偷盗等承担的责任。产品是否为危险货物、是否需要特别的包装、产品的单位价值是否很高等，决定了承运人对货物运输的责任大小。货物运输时，承运人的责任风险越大，则货物的运输成本就越高。运输企业必须通过向保险公司投保来预防可能发生的索赔。

3. 产品的装载性能

产品的装载性能是指产品的具体尺寸及其对运输工具（如火车、货车或集装箱）的空间利用程度的影响。例如，谷物、矿石等具有良好的装载性能，因为这些货物可以完全填满运载工具（如火车车厢、货车车厢和管道等）。而其他货物，如各种车辆、机械设备等，就不具备良好的装载性能。货物的装载性能由其大小、形状和弹性等物理特性决定。具有古怪尺寸和形状以及超重或超长特征的货物，通常不能很好地进行装载，因此会浪费运输工具的空间。尽管装载能力的性质与产品密度相类似，但也可能存在这样的情况，即具有相同密度的产品，其装载差异很大。一般说来，具有标准矩形的货物要比形状古怪的货物更容易装载。

装载能力还受装运规模的影响，因为大批量的货物常常可以相互嵌套，而小批量的货物则可能没有这一优势。

4. 运送距离

运送距离是影响运输成本的主要因素，因为运输距离直接影响人工费、燃料、维修保养费等成本项目。图 4-2 显示了运送距离与单位运输成本的关系。

图 4-2 中，TC 为总成本曲线，AC 为单位成本曲线。该图说明以下两个问题。

① 总成本曲线 TC 不是从原点出发，说明总成本中存在着与运输距离无关的固定成本，这部分成本只与货物的提取和交付活动有关。

② 单位成本曲线 AC 向下倾斜，显示单位运输成本随运输距离的增加而下降。这一特征被称为运输成本的"递远递减"规律，即运输距离越长，货物到发作业等与运距无关的固定成本在全部成本中所占的比重越小，单位运输产品所分摊的固定成本越低，单位成本就越低。

5. 载货量

运输工具载货量与单位运输成本的关系，如图 4-3 所示。

图 4-3 说明，单位运输成本随着运输工具载货量的增加而降低。与前述运输距离的因素相似，这种现象产生的原因是，货物到发作业费等固定费用以及行政管理费用等可以因为载

货量的增加而被分摊。但这种关系将受到运输工具尺寸的限制，物流企业可以通过货流的整合来充分利用运输工具的载货能力，实现规模经济。

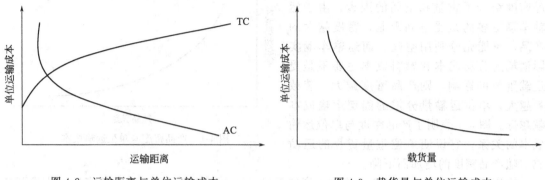

图 4-2　运输距离与单位运输成本　　　　图 4-3　载货量与单位运输成本

6. 装卸搬运

如果一种运输方式需要特殊的装卸和搬运设备与手段来进行装卸和搬运作业，则通常会增加运输成本。而那些大小或形状一致的货物（如纸箱、罐头等），或者是可以用专门的搬运设备进行处理的货物，搬运费用较低，因而运输成本也较低。

7. 运输市场

运输市场的供求因素，也影响着运输成本的高低。运输市场的供求，影响运输通道流量和通道流量的均衡程度，当通道流量均衡时，通道两端流量相近，可以大大减少空车回程，从而提高人力、物力的产出效率，降低单位运输成本。但这种均衡需要以地区间经济发展的平衡为前提，比较难以实现。

此外，这种平衡也受季节性的影响，如销售旺季里水果和蔬菜的运输，这种需求的方向性和季节性会导致运输成本也随方向和季节的变化而变化。

二、降低运输成本的措施

降低运输成本，可以从以下途径入手。

1. 选择恰当的运输方式

如前所述，运输方式为公路运输、铁路运输、水路运输、航空运输和管道运输。选择恰当的运输方式有利于节约运输成本。

铁路运输适用于大量货物的集中、迅速运输。中、远距离运输时，在一定限度内，运费比较便宜、经济。受气候条件影响较小，由于是既定轨道上运输，事故少，安全性较高。路网遍及全国，可送达率高。但近距离运输时成本高，长距离运输时还需要汽车配货，中途停留时间较长；不能满足紧急运输的需要。

汽车运输适用于中、小批量货物的近距离运输。可实现"门到门"运送，运输途中很少装卸，包装相对简单。但在大量、远距离运输时成本较高。

船舶运输适用于大量、远距离运输。运费较低，比较经济。也适用于重量大、体积大的货物运输。但运输速度较慢，在码头、港口装卸费用高，受天气影响较大，运输安全性和准确性也较差。

航空运输适用于运费限制小，小批量货物的中、远距离运输，运输速度快，货物包装比较简单，但运费高，不适合运输低价值和大批量的货物，也不适合运送较重或体积较大的货物。

管道运输适用于气态、液态货物运输。管道运输效率高，占用土地少，但运输对象有限，管道铺设成本也高。

综上所述，运输的快捷性、准确性、安全性和经济性之间是相互制约的，在选择运输方式时，应综合考虑运输的各种目标要求，采用综合评价的方法进行量化选择。合理、恰当的运输方式，不仅能降低物流成本，还能提高物流服务满意度。一般认为，运输距离在300公里（km）以内，主要选择公路运输，300～500公里主要选择铁路运输，500公里以上则尽可能选择水路运输。

2. 合理装载

在运输费用一定时，通过改善装载方式，提高装载水平，充分利用运输车辆的容积和额定载重量，可以使单位运输成本降低，最终减少总运输成本。合理装载的措施如下。

（1）拼装整车运输　整车运输和零担运输运价相差较大，进行拼装整车可以减少一部分运输费用，拼装整车运输的方法有：零担货物拼装整车直达运输；零担货物拼装接力直达或中转分运；整车分卸；整装零担。

（2）轻重配装　将重量大、体积小的货物与重量小、体积大的货物组装，可以充分利用运输工具的装载空间和载重定额，提高运输工具的使用效率。

（3）解体运输　对体积大、笨重、不易装卸、容易损坏的货物，可以拆卸装车，分别包装。这样既可以少占空间，又易于装卸和搬运，提高运输效率。

（4）多样堆码　根据运输工具的货位情况、所运载货物的特点，采取不同的堆码方式，例如骑缝装载、多层装载、紧密半载等，以便提高运输工具的装载量。

（5）减少空载　运输中经常存在回程空载的现象，这样，运送同一批货物到同一地点，就多花了一倍的费用。在运输工具回程前，通过各种方式安排好回程的货物，尽可能利用回程车辆进行运输，可以减少运输成本。

3. 优化运输方式

在日常运输活动中，采取一些优化运输的措施，也能大大降低运输成本。优化运输的措施如下。

（1）分区产销合理运输　指在组织物流活动过程中，对某种货物，使其一定的生产区固定于一定的消费区。根据产销情况和交通运输条件，按"近产近销"的原则组织货物运输，使货物走最短的路。这种方法适用于品种单一、规格简单、生产集中，而消费分散或者生产分散而消费集中、调运量大的货物。

（2）直达运输　在组织货物运输时，越过批发商等中间环节，把货物从产地或起运地直接送达目的地，以减少中间的中转作业环节，从而降低运输成本。

（3）直拨运输　商业和物资批发企业在组织和调运货物时，对当地生产或由外地调达的货物，不经过批发仓库，而直接分拨给基层批发店和零售店或用户。具体做法有：就厂直拨、就车站（码头）直拨、就库直拨、就车（船）过载。

（4）先行流通加工　有些产品由于形态和特性不同于一般产品，不适合直接运输，在对其进行运输前，先经过适当加工，可以减少体积、重量，从而使运输合理化。

（5）计划运输　对运输时间和路线等事先做出计划安排，在运输时，选择最佳运输路线和最佳运输时间，避开交通高峰期及拥挤路段，削峰填谷，可以降低运输成本。

4. 运用现代运输技术

科技的发展日新月异，各种新技术在实践中不断得到应用。运输领域新技术和新机制的应用，也可以有力降低运输成本。这些措施如下。

（1）综合运输　指把各种交通运输工具的优点进行组合，以实现最优运输的一种机制。综合运输可以使各种运输方式之间优势互补，实现运输的高效率和低费用，大大节约运输时间，从而降低运输过程中的各种耗费。

（2）托盘化运输　全程以托盘作为单元货载进行运输，可以缩短运输的中转时间，加快货物中转速度，同时可以提高实际操作的可靠性和运输的机械化程度，从而提高运输效率。

现阶段除物流快递行业因业务需要采取零担运输外，其他物流行业甚至托运行业的零担运输基本达到托盘化运输。

（3）集装箱运输　集装箱作为现代运输的重要载体，既是一种包装容器，又是一种有效的运输工具。通过集装箱的使用，可以提高装载效率，减轻劳动强度；可以强化外包装，节约大量商品包装费用和检验费用，并有效防止货损和货差，减少事故损失。

（4）特殊运输工具和运输技术　新运输技术和运输工具的运用，可以解决运输的许多难题。如专用散装罐车的运用，使粉状、液体货物运输过程中损耗大、安全性差的问题得到解决；集装箱高速直达船的运用显然加快了水运的速度。

现代运输技术正在迅速发展，善于利用现代先进的运输方式和技术，可以大大提高运输效率，降低运输成本。

5. 优化运输路线

优化运输路线，可以有效减少重复运输、迂回运输、对流运输、无效运输等不合理运输造成的运输能力浪费，降低运输成本。优化运输路线的方法如下。

（1）线性规划法　是以运价、路程为已知条件，对若干个货物生产地和若干个货物消费地的货物运输建立数学模型，利用运筹学中"单纯形法"等特别方法求解，以得出满足已知条件且总运费最小的运输方案。

（2）图表分析作业法　分为图表分析法和图上作业法两种方法，是先在图上标注出货物运出地、运入地、调运量及两地距离，然后根据就近供应的原则，在图上制定货物调运方案，并不断进行判优、调整，使运输总路程最短。

（3）表上作业法　是已知各地单位运价和各产销地供应量，在表上求解，使总运费最低的调运方案。初始调运方案可根据最小费用（运价）法编制，然后进行判优、调整，直至找到总运费最低的方案。

（4）节约里程法　根据巡回送货总里程小于为每个客户单独送货里程的原理进行。首先计算各目的地相互间的最短距离，然后计算各目的地的节约里程，并按节约里程大小排序，进而组合成本路线，然后再进行调整，得出最佳运输方案。

运输路线的制定受道路状况、停留时间等诸多因素的影响，最终确定的调运方案可能还需要征求司机和现场工作人员的意见才能实施。

6. 减少事故损失

运输途中，有可能发生货物丢失、货物变质等，甚至可能出现事故，这些都会造成运输成本的增加，因此，注意防止事故，减少损失，也是降低运输成本的措施之一。主要措施如下。

（1）日常防范　运输管理中，做好事故防范工作，是减少事故最有效的措施。例如，使用合格称职的司机，避免司机疲劳驾驶，按计划定期检查和修理运输工具等。

（2）购买保险　运输事故风险是客观存在的，它会导致经济损失甚至人身伤亡。购买保险是风险转移的最佳途径。运输企业可以购买的保险包括：水上货物运输保险、陆上货物运输保险、航空货物运输保险和特种货物运输保险等。如果发生事故，购买保险的企业可以得到保险公司的赔偿，从而减少净损失。

（3）积极理赔　一是向保险公司理赔。当保险的财物发生损失或人身发生伤亡，可以要求保险公司按规定赔款或者支付保险金。为此，事故发生后，应立即以最快方式，通知保险公司或其代理人，并向其提供所运输货物的发票、提单、装箱单、修理单据等凭证，并积极与保险公司保持紧密联系。二是向承运人理赔。委托运输的货物发生事故时，应在收到货运记录后一定时间内迅速向承运人提出《索赔要求书》，并提交货物运单、货物损失清单、价格证明文件，对保价运输物品，还需要附声明价格的物品清单，要求退还运费的，附运杂费收据。及时进行货损检查与鉴定。

总之,减少运输事故损失重在防范,因此应重点做好日常防范工作。事故一旦发生,则要积极理赔,争取最大限度地减少事故净损失。

本章小结

本章介绍了运输成本的概念与意义、运输成本的特点,介绍了汽车运输、海运、铁路运输和航空运输成本的概念,构成,核算方法,成本计算对象、计算单位和计算期以及各种运输方式下运输成本的具体核算项目及其归集与分配方法,各种运输方式下运输成本指标及其计算公式。最后,介绍了影响运输成本的七个主要因素以及降低运输成本的措施。

沃尔玛物流运输管理案例

沃尔玛公司是世界上最大的商业零售企业,在物流运营过程中,尽可能地降低成本是其经营的哲学。

沃尔玛有时采用空运,有时采用船运,还有一些货物采用卡车公路运输。在中国,沃尔玛百分之百地采用公路运输,所以如何降低卡车运输成本,是沃尔玛物流管理面临的一个重要问题,为此他们主要采取了以下措施。

① 沃尔玛使用一种尽可能大的卡车,大约有16米加长的货柜,比集装箱运输卡车更长或更高。沃尔玛把卡车装得非常满,产品从车厢的底部一直装到最高,这样非常有助于节约成本。

② 沃尔玛的车辆都是自有的,司机也是他的员工。沃尔玛的车队大约有5000名非司机员工,有3700多名司机,车队每周一次运输可以达7000~8000公里。

沃尔玛知道,卡车运输是比较危险的,有可能会出交通事故。因此,对于运输车队来说,保证安全是节约成本最重要的环节。沃尔玛的口号是"安全第一,礼貌第一",而不是"速度第一"。在运输过程中,卡车司机们都非常遵守交通规则。沃尔玛定期在公路上对运输车队进行调查,卡车上面都带有公司的号码,如果看到司机违章驾驶,调查人员就可以根据车上的号码报告,以便于进行惩处。沃尔玛认为,卡车不出事故,就是节省公司的费用,就是最大限度地降低物流成本,由于狠抓了安全驾驶,运输车队已经创造了300万公里无事故的纪录。

③ 沃尔玛采用全球定位系统对车辆进行定位,因此在任何时候,调度中心都可以知道这些车辆在什么地方,离商店有多远,还需要多长时间才能运到商店,这种估算可以精确到小时。沃尔玛知道卡车在哪里,产品在哪里。就可以提高整个物流系统的效率,有助于降低成本。

④ 沃尔玛的连锁商场的物流部门,24小时进行工作,无论白天或晚上,都能为卡车及时卸货。另外,沃尔玛的运输车队还利用夜间进行运输,从而做到了当日下午进行集货,夜间进行异地运输,翌日上午即可送货上门,保证在5~18个小时内完成整个运输过程,这是沃尔玛在速度上取得优势的重要措施。

⑤ 沃尔玛的卡车把产品运到商场后,商场可以把它整个地卸下来,而不用对每个产品逐个检查,这样就可以节省很多时间和精力,加快了沃尔玛物流的循环过程,从而降低了成本。这里有一个非常重要的先决条件,就是沃尔玛的物流系统能够确保商场所得到的产品是与发货单完全一致的产品。

⑥ 沃尔玛的运输成本比供货厂商自己运输产品要低,所以厂商也使用沃尔玛的卡车来运输货物,从而做到了把产品从工厂直接运送到商场,大大节省了产品流通过程中的仓储成本和转运成本。

沃尔玛的集中配送中心把上述措施有机地组合在一起,做出了一个最经济合理的安排,从而使沃尔玛的运输车队能以最低的成本高效率地运行。

案例点评

运输合理化的影响因素很多。综合来说,第一,企业应尽可能就近运输,避免舍近求远;第二,物流部门应尽量减少装卸、搬运、转运等中间环节,尽可能组织直达、直接运输,使货物不进入中转仓库,而由产地直达运销地或客户,减少运输环节;第三,要根据不同货物的特点,分别利用铁路、水运或汽车运输,选择最佳的运输路线,并积极改进车船的装载方法、提高技术装载量、使用最少的运力来运输更多的货物,提高运输生产效率;第四,尽量减少客户等待时间使物流工作满足客户需要,成为赢得客户满意的一个重要因素。所以要想方设法加快货物运输,尽量压缩待运期,使大批货物不要长期徘徊、停留在运输过程中;第五,积极节约运输成本,提高运输效益。

在日常工作决策中，运输的成本、速度和一致性是最有可能影响运输合理化的三个因素。因为最低的运输费用并不意味着最低的运输成本，最低的运输总成本也并不意味着合理化的运输。运输的合理化关系着其他物流环节设计的合理化。因此，应首先站在整个物流系统一体化的高度，综观全局，再对运输的各个具体环节进行优化，最终达到合理化。

该案例中，沃尔玛的物流运输解决方案，第①、④、⑤方面采用大尺寸、大容量的装载运输工具，24小时全天候卸货，目的是提高运输效率，缩短运送时间，降低运输成本，使运送时间最短，运送成本最经济，从而使沃尔玛的运输成本比供货厂商自己运输产品要低，所以厂商也使用沃尔玛的卡车来运输货物，从而做到了把产品从工厂直接运送到商场，大大节省了产品流通过程中的仓储成本和转运成本。

沃尔玛不仅在运输时间和成本的节约上下工夫，同时也辅助以安全保障措施，先进的物流信息技术的应用。以及与配送中心的工作密切结合。从而通过物流运输的合理化经营，减少了运输环节，降低了运输费用，缩短了运输时间，实现了运输成本在整个物流系统中的有效降低。

资料来源：http://wuliu.jx.cn/wlal/more.asp

习　题

一、判断题

1. 在运输成本的构成中，没有原材料和主要材料费用，而大多是与运输工具使用有关的费用。（　）
2. 营运车维修费是随运输周转量变动而变动的"吨公里变动成本"。（　）
3. 对汽车运输企业不能直接计入成本计算对象的工资和工资附加费，应按营运车吨位或者营运车日比例分配计入各类运输成本。（　）
4. 一次领用汽车轮胎较多的，应在一年内分摊计入各月运输成本，分摊标准一般采用千胎公里。（　）
5. 特种车、大型车的折旧一般按实际行驶里程计提。（　）
6. 海运成本的计算期为月、季、年度。（　）
7. 铁路运输成本指标中的"单位支出"就是单位运输成本。（　）
8. 集装箱车成本的计算单位是"千箱公里"。（　）
9. 产品装载性能是运输成本的影响因素之一。（　）
10. 航空运输适用于大量、远距离的货物运输。（　）

二、单项选择题

1. 下列不属于货物运输成本构成因素的是（　　）。
   A. 人工费　B. 固定资产折旧费　C. 原材料　D. 燃料费
2. 汽车折旧的计算方法有（　　）。
   A. 快速折旧法　　　B. 使用年限法
   C. 双倍余额递减法　D. 行驶里程定额
3. 汽车运输企业对营运车辆的大修理费用，应按（　　）预提。
   A. 预计使用年限　B. 吨公里数　C. 实际行驶里程　D. 营运车日
4. 集装箱运输的基本单元是（　　）。
   A. 集装箱　B. TEU　C. 运输工具　D. 货物
5. 海运集装箱运输业务的成本计算单位是（　　）。
   A. 千吨公里　B. 千换算吨公里　C. 千箱公里　D. 千TEU公里
6. 船舶固定费用的分配标准是（　　）。
   A. 营运天数　B. 吨公里数　C. 营运艘天　D. 营运吨天

7. 铁路货物和行包运输成本的计量单位为（　　）。
   A. 元/万吨公里　　B. 元/万换算吨公里
   C. 元/千吨公里　　D. 元/千换算吨公里
8. 从较长时期看，随着运量的增长，单位运输支出会呈现（　　）的趋势。
   A. 上升　　B. 下降　　C. 不变　　D. 无法判断
9. 航空运输成本的计算对象是（　　）。
   A. 飞行航次　　B. 航线　　C. 飞机机型　　D. 航班
10. 以下运输成本影响因素中，直接影响运输成本中人工费、燃料费、设备维修保养费等项目的因素是（　　）。
   A. 运送距离　　B. 运载重量　　C. 装卸搬运　　D. 运输市场

三、多项选择题

1. 货物运输周转量取决于两个因素（　　）。
   A. 运送距离　　B. 运输量　　C. 产品密度　　D. 运送时间
2. 汽车运输成本按经济用途分为（　　）。
   A. 固定成本　　B. 车辆直接费　　C. 变动成本　　D. 营运间接费
3. 汽车运输成本的计算对象可以是（　　）。
   A. 汽车车型　　B. 燃料种类　　C. 汽车用途　　D. 运输线路
4. 海运成本的项目包括（　　）。
   A. 航次直接费　　B. 船舶固定费　　C. 船舶租赁费　　D. 集装箱固定费
5. 船舶直接费的归集，应按（　　）设置成本明细账。
   A. 每一营运航次　　B. 航线　　C. 每一运输船舶　　D. 航区
6. 海运成本的计算指标包括（　　）。
   A. 单船业务成本　　B. 全部运输业务总成本
   C. 货种运输成本　　D. 航次、航区（线）运输成本
7. 铁路运输总支出包括（　　）。
   A. 主营业务成本　　B. 管理费　　C. 营业外支出　　D. 财务费
8. 铁路运输成本支出科目包括（　　）。
   A. 工资科目　　B. 折旧科目　　C. 费用科目　　D. 付费科目
9. 航空运输成本项目包括（　　）。
   A. 人工费　　B. 飞行费　　C. 燃料费　　D. 飞机维修费
10. "重、厚、长、大"的货物应选择（　　）方式。
    A. 公路运输　　B. 铁路运输　　C. 水路运输　　D. 航空运输

四、填空题

1. 货物运输生产的计量单位是_____，它取决于两个因素，一是_____，二是_____。
2. 汽车运输企业一般按_____和_____分别汇集和计算成本，对于货运成本，还同时按_____进行成本核算。
3. 大型车组的成本计算单位为_____，集装箱车辆的成本计算单位为_____。
4. 汽车运输企业可以按_____计算运输业务从年初到各月末止的累计成本，一般不计算_____成本。
5. 汽车运输企业一般设_____科目来汇集和反映运输企业的成本。设_____科目来汇集和反映运输过程中发生的不能直接计入成本核算对象的各项间接费用。

6. 海洋运输业务应以_____作为成本计算期，但企业应按_____汇总计算运输业务成本。

7. 铁路运输总支出按其经济用途划分为_____、_____和_____。

8. 铁路运输成本的全部支出科目分为四部分：_____、_____、_____和_____。

9. 航空运输成本的计算对象是_____。

10. 运输成本的影响因素主要有产品密度、责任、_____、运送距离、_____、_____和运输市场等七个方面。

五、简答题

1. 什么是运输成本？运输成本对物流成本的意义是什么？
2. 运输成本在核算和计算上有哪些特殊性？
3. 汽车运输成本的计算对象和计算单位是什么？
4. 汽车成本指标有哪些？如何计算？
5. 海运成本的计算对象和计算单位是什么？
6. 海运成本指标有哪些？如何计算？
7. 铁路运输成本的计算对象和计算单位是什么？
8. 铁路运输成本指标有哪些？如何计算？
9. 航空运输成本的计算对象和计算单位是什么？
10. 影响运输成本的因素主要有哪些？降低运输成本的途径和方法有哪些？

第五章 仓储及相关成本管理

【学习目标】
仓储成本的含义及构成，理解仓储成本的构成，掌握仓储成本的核算方法。

第一节 仓储活动概述

一、仓储的概念

库存、储备及仓储这几个概念在物流系统中经常涉及，有时还会互相混淆。其实，这三个概念虽有共同之处，但仍有区别。

库存是指处于储存状态的物品，广义的库存还包括处于制造加工状态和运输状态的物品。储备是指储存起来以备急需的物品。储备是有目的地、能动地、主动地储存起来的物品。储备分当年储备、长期储备、战略储备三种。库存包含了储备。

库存和储备的区别在于明确了停滞的位置，储备停滞的地理位置比库存广泛得多，它可能是在生产即流通中的任何节点上，可能是仓库中的储备，也可能是其他形式的储备；另外储备是有目的的、能动的、主动的行为，而库存有可能完全是盲目的或被动的。

仓储是在指定的场所保护、管理、储藏物品的行为或活动。它是包含库存和储备在内的一种广泛的经济现象，不论社会形态如何，仓储都会存在。仓储的概念和运输的概念相对应，仓储是以改变"物"的时间状态为目的的活动，它通过克服供需之间的时间差异而使产品获得更好的效用。

二、仓储的作用及其对物流成本的影响

1. 仓储的作用

仓储是物流的主要功能要素之一。在物流中，运输产生位移，带来商品的空间效应。而仓储改变"物"的时间状态，产生时间效应。所以，在物流系统中，运输和仓储是并列的两大主要功能要素，被称为物流的两个支柱。仓储的作用主要体现在以下几个方面。

（1）通过仓储活动实现产品的保值　产品的价值在生产阶段已经确定，仓储环节必须保证产品的价值在市场上能得到及时有效的实现。仓储产生了时间效应，使"物"在效用最高的时刻发挥作用，充分发挥了"物"的潜力，达成了时间配置上的最优。从这个意义来说，仓储提高了物的使用价值，实现了被仓储物的增值；第二，在仓储活动中进行必要的流通加工，使产品的利用价值得到最大限度发挥；第三，仓储为产品提供专业化的养护，客观上也是实现产品价值不贬值的需要。

（2）仓储是社会物质生产必不可少的条件　作为社会再生产各环节之间"物"的停滞，仓储对于社会再生产的顺利进行是十分必要的。生产过程和再生产过程的不断进行，要求一定量的商品（生产资料）不断处在市场上，也就是形成储备，商品停滞要看作是商品出售的

必要条件。在工业化社会，这个"必要条件"是绝对不可缺少的。在信息化社会，这种情况虽然有所改变，仓储的作用也没有完全消失。总之，仓储作为社会物质生产的必要条件，必定会长期存在。

生产的复杂性决定了在生产领域中会出现不均衡、不同步的现象，因此为了使生产和消费能够相协调，必须对生产的产品进行一定时间的仓储保管。此外，出于合理使用资源、防止由于产品过剩而造成浪费的现象以及出于应付突发事件和自然灾害的要求，社会也必须要对生产的产品进行定时定量的仓储。

（3）通过仓储活动实现产销平衡　商品生产和消费之间，有一定的时间间隔。如有的商品是季节生产、常年消费；有的商品是常年生产、季节消费；也有的商品是季节生产、季节消费或常年生产、常年消费。无论何种情况，产品从生产过程进入到消费过程之间，都存在一定的时间间隔。将产品通过仓储的方式储存，在销售旺季集中向市场供货，或者通过仓储的方式稳定地持续地向市场供货。仓储可以说是物流的时间控制开关，通过仓储的时间调整，使物品按市场需求的节奏进行流动，满足生产与销售的平衡需要，同时也可降低产销过程中的成本。

（4）通过仓储活动平衡物流作业　在运输过程中，大批量运输比小批量运输可降低运输成本，在大批量运输中集货是不可避免的，将连续不断产出的产品集中成大批量提交运输，或者将众多供货商所提供的产品整合成单一的一票运输等运输方式需要通过仓储来进行。仓储的整合还使用于在不同产地生产的系列产品，在仓库整合成系列体系，向销售商供货；生产商对于众多的零配件，要分散地供应到指定的仓库，由仓库进行虚拟配装组合，再送到生产线上进行装配，还包括将众多的小批量货物，组成大的运输单。

2．仓储对物流成本的影响

拥有适当的库存，可避免由于缺货而进行紧急采购时引起的成本提高，也可使企业能在有利时机进行销售，或在有利时机实施购进，从而增加销售利润或减少购进成本。因此，仓储可以降低企业成本。

物流系统中，仓储是十分重要与必要的。但仓储作为一种停滞，也常常会冲减物流系统效益、恶化物流系统运行，从而冲减企业利润。这主要是因为在"存"的过程中产品的使用价值可能不断降低；同时，为了实施仓储活动，必须有成本的支出，这都会冲减利润。仓储的负面作用主要表现在以下方面。

（1）增加固定资产投资与其他成本的支出　库存会引起仓库建设等固定资产投资的增加，仓库工作人员工资、福利等费用开支增高，从而增加企业物流成本。

（2）机会损失　库存占用资金所必须支付的利息以及这部分资金用于其他项目可能会带来的收益，都是企业由于仓储活动而必须承担的机会成本。一般情况下，库存占用资金所带来的利息损失和机会损失都是很大的。

（3）陈旧损失与跌价损失　产品在库存期间可能发生各种化学、生物、物理、机械等方面的损失，严重时，产品会失去全部使用价值，从而报废。随库存时间的延续，存货每天都会发生陈旧变质，库存时间越长，发生陈旧损失的可能性与数量就越大。对于时效性强（如服装）和技术含量较高且技术发展迅速的产品而言（如电脑等电子产品），由于储存时间过长、产品技术过时而引起的跌价损失，是企业仓储活动不得不面临的另一个重大问题，因为一旦错过有利的销售期，企业就只能以较低的价格出售产品，从而带来损失。

（4）保险费支出　随着社会保障体系和安全体系日益完善，我国近年来已开始对库存产品通过投保来分担风险，投保缴纳保险费带来的保险费支出在有些企业已达到了相当大的比例，在网络经济时代，而且这个成本支出的比例还会呈不断上升的趋势。

(5) 仓储活动占用企业过多的流动资金，从而影响企业正常运转　进货、验收、存储、发货、搬运等仓储作业的支出会导致企业收益的降低，在企业全部运营活动中，仓储对流动资金的占用有时可能高达40%～70%，更为严重的是有的企业的库存可能会占用了其全部流动资金，从而影响企业的现金流动，使企业无法正常运转，甚至倒闭。

总之，无论是褒或是贬，仓储活动在现代经济中都是不可或缺的。但是有利及有害的两重性给物流管理提出了一个重大的课题，这就是如何在物流系统中充分发挥仓储有利的一面而遏制其有害的一面。

三、仓储作业

现代仓库是随着流通系统中产品品种多样化、产品配送小批量、多频度、小单位化以及JIT准时生产方式等新型生产、流通体制的进化而逐渐演变而来的，可以说，流通系统中的种种变革带来了仓库机能上的重大变化。比如：随着产品品种多样化的发展，仓储管理的复杂程度日益增加；客户要求对产品进行小批量、多频度的配送，使得以整箱为单位的大件产品配送减少，而小包装的小件产品配送增加；JIT目标要求缩短从订货到发货之间的周期，同时要求仓库能在最短时期内迅速完成订发货、备货和配送等业务，并要求有很好的流通加工机能。总之，所有这些变化导致了企业仓库作业的强度不断扩大、复杂性不断提升。

现代仓库内的主要作业包括以下内容。

1. 出入库作业

现代仓库的出入库作业包括以下内容。

① 入库作业：接到商品入库通知单后，进行入库准备、接运卸货、核查入库凭证、物品检验、办理交接、处理入库信息、生成凭证等作业。

② 出库作业：接到商品出库单后，核对出库凭证、备货、理货、复核、包装、刷唛、登账、清点交接、清理、出库过程异常情况的处理。

2. 验货作业

在现代仓库里，在货品出入库活动的同时，检验作业也在进行，审核入库凭证中物实相符的过程，包括验收准备和实物检验两个环节。

① 入库时的验货作业：根据入库清单对即将进入仓库的货品进行数量、货品种类与规格的核对，同时还要进行实物检验，比如货品数量、质量方面的检验。

② 出库时的验货作业：根据出库清单或者客户的订货清单，对即将出库的货品进行数量、货品种类与规格的核对，同时还要进行货品质量方面的检验。

随着条形码（RFID技术）的广泛应用以及便携式终端性能的提高，现代仓库正在大力推广条形码，这一技术大大减轻了验货作业的工作量，使作业效率大大提高。

3. 场所管理作业

场所管理作业包括对仓库的货架进行分类、编号，贴附货架代码，货物上架、下架，货架整理等工作。

4. 日常养护与管理作业

对在库的货品要进行日常养护，以保证货品的完好状态，减少货品的损耗，同时还要预防货品被盗或发生火灾等。

5. 备货作业

备货作业是使用各种拣选设备和传输装置，将存放的物品按客户的要求分拣出来，配备齐全，送入指定发货地点。配货的作业速度和出错率，直接影响配送的作业效率及顾客的满意度。

6. 装卸搬运作业

装卸是指物品在指定地点以人力或机械装入运输等设施设备或从运输等设施设备卸下的

作业；搬运是指在同一场所内将货品进行水平位移为主的作业。装卸搬运就是指在同一地域范围内进行的，以改变货品的支承状态和空间位置为主要目的活动，一般来说，改变货品支承状态，上下位移叫做"装卸"，改变货品空间位置，水平位移叫做"搬运"。

搬运与运输的区别主要是物体的活动范围不同。运输活动是在物流节点之间进行，而搬运则是在物流节点内进行的短距离的移动。

装卸搬运是物流各项活动中出现频率最高的一项作业活动，其效率的高低，直接会影响到物流整体效率。虽然装卸搬运活动本身并不产生效用和价值，但是，由于装卸搬运活动对劳动力需求量大，需要使用装卸设备，因此，物流成本中装卸费用所占的比重较大。

装卸搬运作业包括以下内容。

① 堆码拆垛作业，包括在车间内、仓库内、运输工具内的堆码和拆垛作业。

② 分拣配货作业，指按品种、用途、到站、去向、货主等不同特征进行分拣货物作业。

③ 挪动移位作业，指单纯改变货物水平空间位置的作业。

装卸搬运机械的种类以下几种。

① 起重机。包括简单起重机械，一般只作升降运动或一个直线方向移动，只需要具有一个运动机构，而且大多数是手动的，如绞车、电动葫芦起重机等；通用起重机械、特种起重机械除需要一个使物品升降的起升机构外，还有使物品水平方向的直线运动或旋转运动的机构。属于这类起重机械的有：通用桥式起重机、门式起重机、固定旋转式起重机和行动旋转式起重机（如汽车起动机）等；它们需要具备两个以上机构的多动作起重机械，专用于某些专业性的工作，构造比较复杂。如冶金专用起重机、建筑专用起重机和港口专用起重机等。

② 连续输送机。连续输送机的特点是，在工作时连续不断地沿同方向输送散料或重量不大的单件物品，装卸过程中无须停车，因此生产率很高。在流水作业生产线上，连续输送机已成为整个工艺过程中最重要的环节之一。其优点是生产率高、设备简单、操作简便。缺点是一定类型的连续输送机只适合输送一定种类的物品（散料或重量不大的单件物品），不适合搬运很热的物料或形状不规则的单元物料；只能布置在物料输送线上，而且只能沿着一定线路定向输送，因而在使用上有一定的局限性。

③ 叉车。叉车是一种能把水平运输和垂直升降有效结合起来的装卸机械，有装卸、起重及运输等方面的综合功能。其具有工作效率高、操作使用方便、机动灵活等优点，其标准化和通用性也很高，被广泛用于车间、仓库、建筑工地、货栈、车站、机场和码头，对成件成箱货物进行装卸、堆垛以及短途搬运、牵引和吊装工作。

④ 起重电梯。电梯是一种依靠轿厢沿着垂直方向运送人员或货物的间歇性运动的重要起升机械。可从不同角度分类：按运行速度可分为低速电梯、快速电梯、高速电梯和超速电梯等；按电动机电源可以分为交流电梯和直流电梯。

⑤ 小型搬运车。包括手推车、手动托盘搬运车和手动叉车等。推车是一种以人力为主，在路面上水平输送物料的搬运车；手动托盘搬运车用来搬运装载于托盘（托架）上的集装单元货物；手动叉车也是一种利用人力提升货物的装卸、堆垛、搬运的多用车。

⑥ 无人搬运车和工业机器人。无人搬运车就是无人驾驶自动搬运车，它可以自动导向、自动认址、自动程序动作。其具有灵活性强、自动化程度高、可节省大量劳动力等优点，还适用于有噪声、空气污染、放射性元素危害人体健康的地方及通道狭窄、光线较暗等不适合驾驶车辆的场所，它已日益引起人们的关注，并得到广泛应用。工业机器人是一种能自动定位控制、可重复编程、多功能、多自由度的操作机。其能运用材料、零件或操持工具，用以完成各种作业。目前已广泛应用于产业部门，用得最多的是汽车工业和电子工业。从作业内容来看，以工作堆垛、包装、机床上下材料、定位焊、弧焊以及喷漆最为普遍。

⑦ 运输机械。包括货车、拖车两种。
⑧ 装卸搬运器具。包括垫板、托盘、标准料箱、料架、料斗、装运箱甚至集装箱。

7. 流通加工作业

流通加工是在物品从生产领域向消费领域流动过程中，为了促进销售、维护货品质量和提高物流效率，对物品进行包装、分割、计量、组装、贴附价签、贴附标签等简单作业。

流通加工按目的分类如下。

（1）保存产品为主要目的的流通加工　这种模式根据加工对象的不同，表现为生活资料的流通加工和生产资料的流通加工。生活资料即为生活消费品，其加工目的是使消费者对生活消费品满意，如典型的水产品、肉产品等的保鲜加工、保质的冷冻加工。生产资料流通加工的目的是保证生产资料使用价值不受损害，因为有的生产资料会随着时间的推移，其所具有的使用价值或功能会不同程度发生变化，有的甚至完全失去使用价值，因此，对生产资料进行相应的加工是必要的，如对木材的防腐、防干裂处理及金属的防锈处理等。

（2）为满足需求多样化进行的流通加工　从需求角度看，需求存在多样化和变化性的特点。而生产企业为提高效率，其生产方式是大批大量生产，因此不能满足用户多样化的需求。为满足用户对产品多样化的需要，同时又保证社会高效率的大生产，将生产企业的标准产品进行多样化的加工，是流通加工中占有重要地位的加工形式，例如：戴尔笔记本满足用户个性化需求的加工。

（3）为提高物流效率，降低物流损失的流通加工　有些产品本身的形态难以进行物流操作，如气体运输装卸、过大设备搬运装卸，有些物品则在搬运装卸过程中极易发生损坏。为提高物流效率及降低货损，必须进行一些必要的流通加工，如进行气体的激化加工、自行车在消费区域的装配加工和造纸用木材磨成木屑的流通加工等。

（4）为衔接不同运输方式，使物流更加合理化的流通加工　在干线及支线运输的物流节点设置流通加工环节，可以解决现代社会化生产的相对集中和消费相对分散的矛盾。从生产企业至物流中心可以形成少品种、大批量、高效率的定点运输，通过流通加工环节之后形成多品种、少批量、多用户的灵活运输。

（5）为实现配送进行的流通加工　配送中心为实现配送活动，满足客户对物品供应的数量、供应构成的要求，配送中心必须通过流通加工环节保证上述供应的实现。

物流系统中流通加工的主要形式有：剪板加工，用剪板机或切割设备，将大规格钢板裁小或裁成毛坯等；冷冻加工，如鲜鱼等的冷冻；分装加工，如大包装改成小包装、散装改成小包装等；组装加工，生产企业为提高物流效率及降低货损，采用分装出厂，在消费地的物流中心进行拆箱组装加工，随即进行销售；精致加工，农、牧、副、渔等产品除去无用部分，进行切分、清洗、分装等加工。

第二节　仓储及相关成本的构成与计算

仓储物流成本是指与取得、拥有储存物资有关的一切活动成本的总和。它是物流成本中的一个主要成分。对于一般的制造企业来说，库存成本占物流总成本的比例接近37%。对于批发商、配送商和零售商，它的存货相对于制造业在资产中占有更大的比例，因此，它们的仓储成本在物流总成本中占有更高的比例。

仓储物流成本的构成有不同的分类方法，常见的有下列分类。

一、按与仓储活动量的关系分类

仓储物流成本既包括仓储设施设备又包括货物的储存费用。按与仓储活动量的关系分类，可将仓储物流成本分为仓储成本和库存持有成本。仓储成本是指由仓储作业（如出入库作业、分拣作业、装卸搬运、流通加工等）带来的成本，以及建造、购置、租赁仓库等设施设备所带来的成本；库存持有成本是指与储存的存货量有关的成本。它包括多种不同的成本组成要素，有资金占用成本、储存空间成本、库存风险成本、库存服务成本等。仓储成本与库存水平无关，只与仓储作业和仓库规划有关，正确划分仓储成本和库存持有成本可以更好地分清成本形态，有利于企业作出正确决策。在这里介绍仓储成本，库存持有成本将在第五节介绍。

1. 仓储作业带来的成本

从上一节可知，仓储作业包括出入库操作、验货、备货、日常货品养护与管理、场所管理作业、装卸搬运作业、流通加工作业等，这些作业都存在人力、物力的消耗，是物流成本的组成部分。

（1）出入库操作、验货、备货、日常货品养护与管理、场所管理作业成本的构成

① 人工成本。包括从事该项作业的员工工资、加班费、奖金、福利、劳保等。该项成本从相关会计科目中抽取出来即可。当某个员工从事多项作业时，应当根据员工从事各项作业的时间，将其费用进行分配。

② 能源、低值易耗品的耗费。

③ 折旧。如果该项作业中使用了机器设备或工具，应当以计提折旧的形式，将机器设备、工具的成本计入相关作业。此外，该机器设备、工具的维修费也应计入。

④ 租赁费。若机器设备、工具不是自有而是通过租赁获得时，应用租金代替折旧；当有租赁方负责设备与工具的维修时，租金中包含了维修费，因此，就不必再计算维修费用了；当有租赁方不负责设备与工具的维修时，租金中未包含维修费，此时，在租金以外，还应计入维修费用。

⑤ 保管费。指为存储货物所开支的货物养护、保管费用，它包括用于商品保管的货架、货柜的费用摊销，仓库场地的房地产税等。

⑥ 铁路线、码头租用费。如果仓储企业所使用的铁路线和码头不属于自己，则应按协议规定来支付这些设施的租用费用。

⑦ 货物仓储保险费。指为应付仓储企业在其责任期限内因发生货物以外灾害所造成的经济损失，而支付给保险部门的费用，它已成为仓储成本的重要组成部分。

⑧ 该项作业应当分摊的管理费等间接成本。

折旧是指机器设备等固定资产由于在使用过程中发生损耗，而定期逐渐转移到成本中那一部分价值。机器设备的损耗，分为有形损耗和无形损耗两种。有形损耗是指机器设备在使用过程中，由于使用和自然力影响而引起的在使用价值和价值上的损失；无形损耗是指机器设备由于技术进步而引起的在价值上的损失。

作为一种成本，折旧并没有在计提期间实实在在的付出，但由于这种成本是前期已经发生的支出，而这种支出的收益在固定资产投入使用后的有效使用期内逐步实现，因此，企业都必须为固定资产计提折旧。

机器设备的折旧按规定的分类方法和折旧率计算计入成本。影响折旧的因素主要有：固定资产原价（固定资产成本）、预计净残值、固定资产使用寿命。

折旧的计算方法如下。

① 平均年限法。平均年限法又称直线法，是指按固定资产使用年限平均计算折旧的一种方法。其计算公式为：

$$年折旧率 = (1 - 预计净残值率) \div 预计使用年限 \times 100\%$$

$$月折旧率 = 年折旧率 \div 12$$

月折旧额＝固定资产原值×月折旧率

机器设备的净残值是指预计的设备报废时可以收回的残余价值扣除预计清理成本后的数额。当机器设备的清理成本远远大于其残值，便会导致负的残值。

【例 5-1】 某企业一台机器设备原值为 100 000 元，使用年限为 10 年，净残值率为该机械原值的 4%。计算按月计提的折旧额。

解 年折旧率＝(1－4%)÷10×100%＝9.6%

月折旧率＝9.6%÷12＝0.8%

月折旧额＝100 000×0.8%＝800 元

平均年限法只考虑使用时间，未考虑使用强度。因而在一个期间内，不管机器设备使用的强度是强是弱，其计提的折旧数额都是相等的。由于平均年限法有上述不足，建议机器设备的折旧按工作量来计提折旧。

② 工作量法。工作量法是按固定资产预计工作总量计提折旧的方法，其计算公式为：

每一工作量折旧额＝固定资产原值×(1－预计净残值率)÷预计总工作量

某项固定资产月折旧额＝该项固定资产当月工作量×每一工作量折旧额

【例 5-2】 某企业一台机器设备原值 100 000 元，预计全部工作小时为 95 500h，预计净残值率为原值的 4.5%，本月统计表明该机器工作时间为 300h。试计算本月该机器的折旧额。

解 每工作小时折旧＝100 000 元×(1－4.5%)÷95 500＝1 元/h

本月应提折旧额＝1 元/h×300h＝300 元

③ 加速折旧法。加速折旧法又称递减费用法，是指固定资产每期计提的折旧数额，在使用初期计提的多，在后期计提的少，从而相对加快折旧速度的一种方法。包括双倍余额递减法、年数总和法等，这里仅介绍双倍余额递减法。

双倍余额递减法是按双倍直线折旧率计算固定资产折旧的方法，它是在不考虑固定资产残值的情况下，用固定资产账面上的每期期初折余价值，以双倍直线折旧率来计算确定各期折旧额的一种方法。

其计算公式为：

年折旧率＝2÷预计使用年限×100%

月折旧率＝年折旧率÷12

月折旧额＝固定资产账面净值×月折旧率

实行双倍余额递减法计提折旧的固定资产，应当在折旧年限到期前两年，将扣除预计净残值后的固定资产净值平均摊销。

【例 5-3】 企业某项固定资产原值为 100 000 元，预计残值为 2 000 元，预计使用年限 5 年。采用双倍余额递减法计算折旧，各年折旧额见表 5-1 所示。

表 5-1 折旧额计算表

年 限	期初账面净值/元	折旧率/%	折旧额/元	累计折旧额/元	期末账面净值/元
1	100 000	40	40 000	40 000	60 000
2	60 000	40	24 000	64 000	36 000
3	36 000	40	14 400	78 400	21 600
4	21 600	—	9 800	88 200	9 640
5	9 640	—	9 800	98 000	2 000

表 5-1 中，年折旧率为 2÷5×100%＝40%。

从第四年起,将扣除预计净残值后的固定资产净值(21 600－2 000元)平均摊销。其计算如下:

每年净值摊销额＝(21 600－2 000)÷2＝9 800(元)

使用直线法,每年的折旧额都是相等的;使用工作量法,每年的折旧额没有什么特定的模式,因为折旧额取决于对资产的使用,使用得越多,折旧额越大。而加速折旧法在资产使用的第一年最多,最后一年最少。

(2) 装卸搬运成本的构成

① 人工费。包括工资、福利费。工资是指按规定支付给装卸搬运工人、装卸搬运机械司机、装卸搬运管理人员的工资、加班费、各种工资性津贴;职工福利费是指按工人、管理人员工资总额和规定比例计提的职工福利费。

② 燃料和动力费。指装卸搬运机械在运行和操作过程中耗用的燃料、动力所产生的成本。

③ 低值易耗品。指装卸搬运机械领用的外胎、内胎、垫带以及装卸搬运机械在运行过程中耗用的机油、润滑油的成本等。

④ 折旧费。指装卸搬运机械、工具按规定计提的折旧费。

⑤ 修理费。指为装卸机械和装卸工具进行维护和小修发生的工料费用,装卸搬运机械维修领用的周转总成本和按规定预提的装卸搬运机械的大修理成本,也列入本项目。

⑥ 劳动保护费。是指从事装卸搬运业务使用的劳动保护用品、防暑、防寒、保健饮料以及劳保安全措施所发生的各项成本。

⑦ 租赁费。指企业租赁装卸搬运机械或设备进行作业时,按合同规定支付的租金。当由租赁方负责机械设备的维修时,租金中包含维修费,因此,就不必再计算维修费用了;当租赁方不负责机械设备的维修时,租金中未包含维修费,此时,在租金以外,应计入修费用。

⑧ 外付装卸搬运费。指支付给外单位支援装卸搬运工作所发生的费用。

⑨ 运输管理费。指按规定向运输管理部门缴纳的运输管理费。

⑩ 事故损失。在装卸作业过程中,因此项工作造成的应由本期成本负担的货损、机械损坏、外单位人员伤亡等事故所发生的损失,包括货物破损差失和损坏机械设备所支付的修理费用。

⑪ 间接费用。应由装卸搬运作业承担的管理费等间接成本。

(3) 流通加工成本的构成　流通加工成本是物流系统中进行流通加工所消耗的物化劳动和活劳动的货币表现。它包括以下项目。

① 人工成本。在流通加工过程中从事加工活动的管理人员、工人等人员的工资、奖金、各项福利等成本的总和,即流通加工人工成本。

② 材料费。流通加工过程中,需要消耗一些材料,同时这些材料最终成为产品的一部分,如:标签等。

③ 燃料动力费。

④ 低值易耗品。如润滑油等。

⑤ 折旧费。流通加工设备因流通加工形式、服务对象不同而不同。现代化仓库常见的流通加工设备包括剪板加工需要的剪板机、印贴标签的喷印机、拆箱需要的拆箱机等。购置这些设备所支出的成本,通过折旧的形式将其计入流通加工成本。

⑥ 维修费。流通加工设备的维修费用,也应计入流通加工成本。

⑦ 设备租赁费。如果流通加工设备是通过租赁获得的,则应将租赁费用计入流通加工成本。当租赁设备维修由出租方负责时,租赁费中包含了维修的费用,因此,就不必再计算

维修费用了；当租赁方不负责设备的维修时，租金中未包含维修费，此时，在租金以外，还应计入维修费用。

⑧ 因为流通加工产生的废品损失。
⑨ 流通加工作业外包成本。
⑩ 流通加工作业的事故损失。
⑪ 流通加工作业应分担的管理费等间接成本。

2. 建造、购买或租赁仓库等设施设备带来的成本

企业获得仓库等设施设备的方式共有三种类型：企业自有仓库、租赁仓库、公共仓库。

(1) 企业自有仓库　自有仓库属于企业的固定资产，企业可以长期使用，并且多次参加企业的经营过程不改变其实物形态，它的价值随着固定资产的使用逐步、分次地转移到成本中去，并最终从企业收入中得到补偿。因此，自有仓库的成本依靠企业计提折旧的方式计算。计提折旧的方法如前所述，常用直线折旧法和加速折旧法。

此外，自有仓库等设施设备的维修与保养费用也应计入此部分仓储成本。同时，值得注意的是，企业的自有仓库一旦建设完成，所花费的成本就不会因为企业没有库存而消失。

(2) 租赁仓库　当企业不自建仓库时，可以采用租赁仓库的方式来满足企业对于仓储空间的需求，租赁仓库一般只提供存储货品的服务，很少或根本不提供其他物流服务。

租赁仓库的租金通常是与企业在一定时期内租用的仓储空间的大小有关，与该时期的库存量无关，无论企业是否达到最大库存量，租金价格不会随着库存水平变化而每天波动，是属于与库存量无关的仓储费用；另外仓库租金也会随市场供求情况发生变化，受市场上可供租赁的仓储空间的供给量与需求量的制约。

如果企业停止租赁，则租赁仓库所带来的所有费用都会消失。

(3) 公共仓库　公共仓库可以为企业提供各种各样的物流服务，比如：卸货、存储、存货控制、订货分类、拼箱、运输安排、信息传递以及企业要求的其他服务。因此，如果企业在获取仓储空间时，希望对方不但能够提供空间，而且还能够提供其他仓储作业服务的话，就可以考虑采用公共仓库。通过公共仓库的方式取得仓储空间，实际上是在企业和公共仓库之间建立了一种合作伙伴关系。这种合作伙伴关系，使得企业能够把本不擅长的物流活动转包给公共仓库，而自己则可以集中精力搞好核心业务。公共仓库使社会分工更加专业化，有利于企业降低成本与发挥核心竞争优势。

公共仓库的收费高低根据以下因素商定：所需仓储空间的大小与期限；存储产品的种类数；产品存储时有无特殊要求或限制；搬运等仓储作业的强度；订单的平均规模；所需文字记录工作的工作量等。

公共仓库的收费由三个部分组成：存储费、搬运费和附加成本。存储费，与企业在公共仓库中的存货数量与存储时间关系密切，一般按每月每担为单位来计收，有时也会按产品实际占用的仓储空间计收成本，以平方或立方计算。搬运费，反映了企业在公共仓库中仓储作业的数量，通常按每担为单位计收，因为货物的搬运次数是衡量搬运成本的重要尺度，因此有时也会按次收费，对每次入库/出库收取搬运费。文字记录工作的费用一般直接向客户收取，如提单制作的成本就以每份提单为单位计收。

由此可见。公共仓库的收费通常是根据其他仓储作业量以及储存的存货数量来计算的：通常其他仓储作业的费用在公共仓库收费中占相当大的比重，它是由于仓储作业而产生的成本；公共仓库收费中的存储费是依据企业在公共仓库中的存货数量来计算的，与企业在公共仓库中的库存水平有着直接的关系，因此，该部分成本应属于库存持有成本的一部分。

对于企业来说，公共仓库是一个所有成本都可变的仓储系统。企业停止使用公共仓库后，所有的费用均会消失。

二、按仓储物流成本的形成分类

按仓储物流成本的形成分类，仓储成本包括储存成本、订货或生产准备成本、缺货成本、在途存货成本等。

1. 储存成本

存储成本是指企业为保持适当的库存而发生的成本，如仓储设备的折旧费、维修费、仓库职工工资、仓库的挑选整理费、仓储商品的毁损和变质损失等。

2. 订货或生产准备成本

订货成本或生产准备成本，是指企业向外部的供应商发出采购订单的成本，或指企业内部的生产准备成本。

订货成本是指企业为了实现一次订货而进行的各种活动的费用，包括处理订货的差旅费、办公费等支出。订货成本中有一部分与订货次数无关，如常设机构的基本开支等，称为订货的固定成本；另一部分与订货的次数有关如差旅费、通信费等，称为订货的变动成本。具体来讲，订货成本包括与下列活动相关的费用：①检查存货费用；②编制并提出订货申请；③对多个供应商进行调查比较，选择最合适的供应商；④填写并发出订单；⑤填写并核对收货单；⑥验收发来的货物；⑦筹集资金并进行付款。这些成本很容易被忽视，但在考虑涉及订货、收货的全部活动时，这些成本很重要。

生产准备成本是指当库存的某些产品不由外部供应而是由企业自己生产时，企业为生产一批货物而进行准备的成本。其中，更换模具、增添某些专用设备等属于固定成本，与生产产品的数量有关的费用如材料费、加工费、人工费等属于变动成本。

3. 缺货成本

缺货成本是指由于库存供应中断而造成的损失，包括原材料供应中断造成的停工损失、产（成）品库存、缺货造成的延迟发货损失和丧失销售机会的损失等。

（1）保险存货的持有成本　许多企业都会考虑保持一定数量的保险存货，即缓冲存货以防在需求或提前期方面的不确定性。但是困难在于确定的任何时候需要保持多少保险存货，保险存货太多意味着多余的库存，而保险库存不足则意味着缺货或失销。

（2）延期交货　延期交货可以有两种形式：或者缺货商品可以在下次规则订货中得到补充，或者利用快递延期交货，如果客户愿意等到下一个规则订货那么企业实际上没有损失，但如果经常缺货，客户可能就会转向其他供货商。如果缺货商品延期交货，那么就会发生特殊订单处理，由于延期交货经常是小规模装运，运输费率相对较高，另外，可能需要利用速度快、收费较高的运输方式运送延期交货商品。因此，延期交货的特殊订单处理费用要比普通处理费用高。

（3）失销成本　尽管一些用户可以允许延期交货，但是仍有一些用户会转向其他供应商，也就是说，许多公司都有生产替代产品的竞争者，当一个供应商没有客户所需的商品时，客户就会从其他供应商那里订货，在这种情况下缺货导致失销，对于企业来说，直接损失就是这种商品的利润损失。这样，可以通过计算这批商品的利润来确定直接损失。除了利润的损失，还包括当初负责这批销售业务的销售人员的精力损失，这就是机会损失。另外，很难确定在一些情况下的失销总量。比如，许多客户习惯电话订货，在这种情况下，客户只是询问是否有货而未指明要订货多少，如果这种产品没货，那么客户就不会说明需要多少，企业也不会知道损失的总量。

（4）失去客户的成本　由于缺货而失去客户，如果失去了客户，企业也就失去了未来一系列收入，这种缺货造成的损失很难估计，需要用管理科学的技术以及市场营销的研究方法来分析和计算。

除了利润损失，还有由于缺货造成的商誉损失。商誉损失很难度量，在仓储决策中常被忽略，但它对未来销售及企业经营活动非常重要。如果企业发生内部短缺，则可能导致生产损失（机器设备和人员闲置）和交货期的延误。如果由于某项物品短缺而引起整个生产线停工，这时的缺货成本可能非常高，尤其对于准时化生产的企业来说更是如此。为了对保险库存量做出最好的决策，制造企业应对原材料缺货造成停产的成本有全面的理解。因此，企业应平衡库存成本与缺货成本，如果增加库存的成本少于一次缺货的损失，那么就应增加库存以避免缺货。

4. 在途库存持有成本

当企业采购的物资款项已经支付，产权已属于购入企业，但尚未到达企业，或企业以目的地交货，但尚未到达客户，产权尚未转移，仍为本企业的存货，这样的存货称为在途存货。在途存货存储成本也是由逐渐占用成本、存储空间成本、存货服务成本即存货风险成本构成的。

三、仓储成本的计算

一般来讲，仓储成本的计算可以采用以下两种方法。

1. 按支付形态计算仓储成本

把仓储成本分别按仓储搬运费、仓储保管费、材料消耗费、人工费、仓库管理费、仓储占用资金利息等支付形态分类，就可以计算出仓储成本的总额。这样可以了解花费最多的项目，从而确定仓储成本管理的重点。

这种计算方法是从月度损益表中"管理费用、财务费用、营业费用"等各个项目中，取出一定数值乘以一定的比率（物流部门比率，分别按人数平均、台数平均、面积平均、时间平均等计算出来）算出仓储部门的费用。表 5-2 是某公司按支付形态计算的仓储成本。

表 5-2 某公司按支付形态计算的仓储成本

序号	项目	管理等费用	仓储成本	计算基准/%	备注
1	仓库租赁费	100 080	100 080	100	金额
2	材料消耗费	30 184	30 184	100	金额
3	工资津贴费	631 335	178 668	28.3	人数比率
4	燃料动力费	12 645	6 664	52.7	面积比率
5	保险费	10 247	5 400	52.7	面积比率
6	修缮维护费	19 596	10 327	52.7	面积比率
7	仓储搬运费	28 114	14 816	52.7	面积比率
8	仓储保管费	39 804	20 977	52.7	面积比率
9	仓储管理费	19 276	8 115	42.1	仓储费比率
10	低值易耗品费	21 316	8 974	42.1	仓储费比率
11	资金占用利息	23 861	10 045	42.1	仓储费比率
12	税金等	33 106	13 937	42.1	仓储费比率
13	仓储成本合计	969 564	408 187		

计算基准的计算公式如下：

人数比率＝物流工作人员数÷全公司人数＝36 人÷127 人＝0.283＝28.3%

面积比率＝物流设施面积/全公司面积＝309m²÷5 869m²＝0.527＝52.7%

仓储费用比率＝[(1)～(8)的仓储成本之和]÷[(1)～(8)的销售管理等费用之和]

2. 按仓储项目计算仓储成本

按前面所述的支付形态进行仓储成本分析，虽然可以得出总额，但是还不能充分地说明仓储的重要性。若想降低仓储成本，就应把这个仓储总额按照项目详细区分开来，以便掌握仓储的实际状态，了解在哪些功能环节上有浪费，达到控制成本的目的。这就是按仓储项目计算仓储成本的方法。

与按形态计算成本的方法相比，这种方法更能进一步找出妨碍实现仓储合理化的症结，而且可以计算出标准仓储成本（单位个数、重量、容器的成本），以便确定合理化目标。请参考表 5-3 所示。

表 5-3 某公司按功能计算的仓储成本

项目	管理等费用	各项费用				
		仓储租赁费	仓储保管费	仓储管理费	材料消耗费	搬运费等
仓库租赁费	100 080	100 080	0	0	0	0
材料消耗费	30 184	8 074	12 405	4 889	4 816	0
工资津贴费	631 335	3 305	438 030	90 000	0	100 000
燃料动力费	12 645	2 700	0	7 245	2 700	0
保险费	10 247	5 134	5 163	50	0	0
修缮维护费	19 596	7 408	0	4 780	7 408	0
仓储搬运费	28 114	0	0	0	7 117	20 997
仓储保管费	39 804	0	39 804	0	0	0
仓储管理费	19 276	2 991	2 991	2 991	10 303	0
低值易耗品费	21 316	0	0	0	21 316	0
资金占用利息	23 861	10 045	13 816	0	0	0
税金等	33 106	3 332	26 442	3 332	0	0
合计	969 564	143 069	538 651	113 287	53 660	120 997
物流成本构成	100	14.76	55.56	11.34	5.53	12.5

第三节 降低仓储成本的方法与手段

一、合理确定仓库的取得方式

对于仓储空间的取得方式，企业可以有三种选择，即自有仓库、租赁仓库或采用公共仓库。在满足一定客户服务水平的前提下，以成本为依据，选择其中之一或结合使用，既是降低仓储成本的重要手段，也是进行仓储管理的一项重要内容。自有仓库、租赁仓库与公共仓库各具特色，因此有的企业适合自有仓库，有的企业适合租赁仓库，但大多数企业则由于不同地区的市场条件及其他因素而适合混合的策略。

1. 自有仓库、租赁仓库、公共仓库的特点

企业利用自有仓库进行仓储活动具有租赁仓库或使用公共仓库时无法比拟的优点。当企业长期需要大量的仓储空间时，自有仓库的前期投资就得以在数量众多的库存产品中进行分摊，这样单位货物的仓储成本就会降低，从而使自有仓库的成本低于租赁仓库与公共仓库；另外，自有仓库使得企业对仓储活动拥有更大的控制权，可以按照自己的需求对仓库进行设计与布局，并且能够根据自身的需要进行专业的存储和搬运作业。

自有仓库虽有以上优点，但并不是任何企业都适合拥有，因为它还存在以下缺点：首

先,自有仓库前期投资较大,占用资金较多,如果企业将资金投资于其他项目可能会得到更高的投资回报,因此自有仓库投资会带来机会成本;第二,自有仓库在容量和地理位置上缺乏灵活性,无法适应不断变化的市场需求,不管企业对仓储空间的需求如何,自有仓库的容量是固定不变的,它不能随着需求的增加或减少而扩大或缩小。当企业对仓储空间的需求减少时,仍须承担自有仓库中未利用部分的成本,从而造成企业资源的浪费。

企业可以通过租赁仓库来进行仓储。通过租赁仓库进行仓储的优点是:租赁仓库不要求企业对其设施和设备作任何投资,企业只需支付相对较少的租金即可得到仓储空间,可以避免一定的财务风险;其缺点是:一定租赁期内,租赁的仓储空间是一定的,不会因企业库存量的改变而改变,容易造成浪费。

对于公共仓库,首先,也不要求企业对其设施和设备作任何投资,企业只需支付相对较少的租金即可得到仓储空间以及相应的仓储作业服务。其次,公共仓库在合同期限、地理位置和仓储面积的变更上具有很大的灵活性。这是因为公共仓库的合同是短期的,因此公共仓库能够帮助企业适应瞬息万变的市场环境,从而增强企业经营的灵活性。当企业对于仓储空间的需求具有季节性波动时,公共仓库可以满足企业在高峰期的大量额外的存储需求,而在销售淡季能最经济地使用仓储空间,而不致浪费企业有限的资源,因此,很多由于产品的季节性、促销活动或其他原因而库存水平变化频繁的企业都很喜欢使用公共仓库;如果企业自己拥有或长期租赁仓库,那么当市场、运输方式、产品销售或企业财务状况发生变化,从而要求仓库的地理位置也发生相应变化时,原有的仓库就变成了企业的负担,而当企业是通过公共仓库的方式获取仓储空间时,企业就可以通过中止、更改或重新签订合同,而灵活地改变仓库的位置。第三,公共仓库有利于企业扩大市场范围。公共仓库一般都具有战略性选址的设施与服务,而且企业可以在同一公共仓储公司设在不同地区的仓库里,得到相同的仓储管理和物流服务。因此,许多企业都在尽量减少其自有仓库数量,而将各地区的仓储业务外包给具有大网络的公共仓储公司。通过这种自有仓库和公共仓库相结合的网络,企业一方面可以通过自有仓库对核心市场区域保持直接控制,另一方面可以利用公共仓库来扩大市场的覆盖范围。第四,减少管理负担。公共仓库具有货物保管、搬运、流通加工的专业人员,企业将货物交给专业机构管理,减少了职工培训等费用。

但使用公共仓库进行仓储也有一定的缺点。首先公共仓库增加企业的包装成本。公共仓库中存储了许多不同种类的商品,为防止各种不同性质的商品互相影响,企业在使用公共仓库时必须对商品进行保护性包装,从而增加了包装成本。其次,增加了企业控制物流活动的难度。企业与仓库经营者都有履行合同的义务,但盗窃、商品缺损等给企业造成的损失将远大于得到的赔偿,因此在这方面,使用公共仓库将比使用自有仓库承担更大的风险。最后,企业使用公共仓库还有可能由此泄露有关的商业机密。总之,公共仓库的这些缺点已经成为障碍经营高价产品的企业利用公共仓库的最大原因。

综上所述,我们将自有仓库、租赁仓库、公共仓库的特点总结如表5-4所示。

表5-4 自有仓库、租赁仓库、公共仓库的特点

仓库类型\内容	初期投资	灵活性	适应企业
自有仓库	初期投资大,有一定的财务风险和机会成本	仓库地址和面积一定,灵活性差	长期需要大量仓储空间的企业
租赁仓库	初期投资小	长期合同,合同期内无法改变仓储的位置和面积,灵活性稍差	实力小,库存水平稳定的企业
公共仓库	初期投资小	短期合同,合同期内面积可随存储量的改变而更改,灵活性好	库存水平变化频繁的企业

2. 自有仓库、租赁仓库、公共仓库的选择

自有仓库、租赁仓库和公共仓库各有优缺点，企业进行物流决策的主要目标是要寻求总成本最低的方案。企业在决定采用哪一种类型的仓库进行仓储时，需要考虑以下因素。

(1) 周转量　由于自有仓库的固定成本相对较高，而且与使用程度无关，因此必须有大量存货来分摊这些成本，才能使自有仓库的平均单位成本低于公共仓库的平均单位成本。通常，存货周转量越高，使用自有仓库便越经济。相反，当周转量相对较小时，便应选择公共仓库。

公共仓库的费用包含了与库存水平有关的属于库存持有成本的存储费，还包括了与仓储作业量有关的属于仓储成本的仓储作业费用，公共仓库的费用与周转量成线性关系。自有仓库的固定资产投资均属于仓储成本，且为固定成本，自有仓库的各类仓储作业成本为可变成本，且与周转量呈线性关系。由于公共仓库的经营具有营利性质，因此，自有仓库的仓储作业成本的增长速度通常会低于公共仓库费用的增长速度。当周转量达到一定规模，两条成本线相交时，说明：当周转量等于该交点的周转量时，采用自有仓库与公共仓库的成本相等；当周转量低于该点时，公共仓库的成本低于自有仓库，采用公共仓库是较好的选择；当周转量高于该点时，由于可以把固定成本均摊到大量存货中，因此使用自有仓库便更经济。自有仓库与公共仓库仓储的成本比较如图5-1所示。

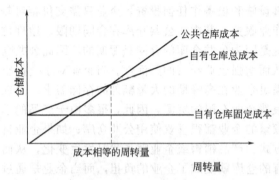

图5-1　自有仓库与公共仓库仓储的成本比较

(2) 需求的稳定性　自有仓库最适合需求稳定的企业。许多企业具有多种产品线，使仓库具有稳定的周转量，因此自有仓储的运作更为经济。

(3) 市场密度　市场密度较大或供应商比较集中时，有利于修建自有仓库。因为零担运输费率比较高，经自有仓库拼箱后，采用整车装运，运费率便会大大降低。相反，市场密度较低时，在不同的地方使用公共仓库要比一个自有仓库服务一个很大市场区域更为经济。

当企业对于仓储空间的需求不稳定，具有季节性波动时，如果企业根据高峰时期的需求量来确定自有仓库或长期租赁仓库的仓储空间规模，那么在库存水平较低的低谷期，便会出现仓储空间利用不足的状况，从而造成企业仓储成本的攀升。为了解决这一问题，企业可以考虑采用混合仓储空间获取策略，也就是将多种仓储空间获取方式相结合的策略，这样既能保证自有或长期租赁仓储空间的充分利用，又能通过短期使用公共仓库来满足高峰期的需求。在选择最优的混合仓储空间获取策略时，必须以成本为依据。

要进行混合决策，首先要预测全年不同时期对仓储空间的需求量，要在满足全年仓储空间需求的前提下，计算各种混合仓储空间组合的相关成本，根据计算出的数据绘出不同规模组合下的成本曲线。由于自有仓库空间或长期租赁仓储空间的仓储成本既包含固定成本也包含可变成本，短期使用公共仓库的成本都属于可变成本。因此，当自有仓库空间或长期租赁仓库空间的规模在一定范围时，随着自有仓库空间或长期租赁仓储空间的规模的扩大，组合总成本会不断下降，当自有仓库空间或长期租赁仓储空间的规模超过该范围之后，随着自有仓库空间或长期租赁仓储空间的规模的扩大，组合的总成本会不断上升。因此，成本曲线上会出现一个定点，该点所代表的组合的成本是所有组合中最低的，该点对应的组合方式，就是企业应当采取的最优的组合方式。

【例5-4】　美国一家干货生产企业为满足遍及全美的1 000家连锁店的配送需要，建造

了6座仓库，并拥有自己的车队。随着经济的发展，企业决定扩大配送系统，计划在芝加哥投资7 000万美元再建一座新仓库，并配以信息的物料处理系统。该计划提交董事会讨论后，却发现这样不仅成本较高，而且就算仓库建起来也满足不了需要。于是，企业把目光投向租赁公共仓库，经调查发现，如果企业在附近租用公共仓库，增加一些必要的设备，再加上原有的仓储设施，企业所需的仓储空间就足够了，但仅需投资20万元的设备购置费，10万元的外包运费，加上租金，总投资远远低于7 000万元的计划投资额。

二、合理选择仓储类型与作业模式

由于仓储成本与仓储作业量有关，租赁仓库、公共仓库和企业自有仓库的固定成本和可变成本水平不同，因此，不同吞吐量下，采用不同仓储类型与作业模式会带来不同的仓储成本，具体如图5-2所示。为了降低企业的仓储成本，必须根据企业吞吐量的规模，恰当地选择仓储类型与作业模式。

如图5-2所示：1为公共仓库的经济范围；2为租赁仓库、手工搬运的经济范围；3为自有仓库、托盘-叉车搬运的经济范围；4为自有仓库、全自动搬运的经济范围。

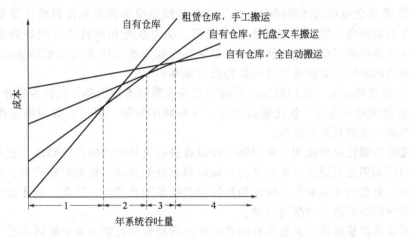

图5-2 成本与仓库类型及作业模式的关系

1. 公共仓库

公共仓库的收费中既有库存持有成本又有仓储成本，它与吞吐量成线性关系，同时当企业库存为零时，企业就可以终止与公共仓库的合同，从而使相关成本也为零，因此在图5-2中公共仓库是一条通过原点的直线。

2. 租赁仓库，手工搬运

所谓"租赁仓库，手工搬运"就是将租赁仓库与手工搬运设备结合在一起的仓储系统，与公共仓库不同，租赁仓库是一种长期的租赁协议，成本计算期内发生的仓储空间租赁费用不会随吞吐量的改变而改变．它属于固定成本，手工搬运的作业成本属于和吞吐量成线性关系的可变成本，且由于手工搬运效率较低，单位产品的搬运成本比较高，所以代表"租赁仓库，手工搬运"的直线的斜率较大。

3. 自有仓库，托盘-叉车搬运

当企业选择自有仓库，且仓库中的搬运设备也不对外租赁的话，则该系统内的所有成本都是企业的内部成本。由于企业既拥有仓库又拥有搬运设备，因此在企业的总成本曲线中出现大量的固定成本，且此固定成本高出了"租赁仓库，手工搬运"系统中的固定成本——租金，在图形上显示为"自有仓库，托盘-叉车搬运"线的截距大于"租赁仓库，手工搬运"线的截距；而使用自有仓库时的装卸搬运等仓储作业成本与吞吐量相关，呈线性关系，属于可变成本，由于该系统使用托盘-叉车搬运，搬运设备机械化程度较高，所以单位可变成本很低，在图形上显示为"自有仓库，托盘-叉车搬运"线的斜率小于"租赁仓库，手工搬运"线的斜率。

4. 自有仓库，全自动搬运

就物流成本而言，"自有仓库、全自动化"搬运设备的仓储系统是所有几种方案中的一种特例。该系统在仓库和自动搬运设备（如计算机控制的传送带和吊车）上都需要很高的固定投资，因此图形中"自有仓储，全自动搬运"线的截距最大；但由于系统几乎不需要劳动力、光、热等类似条件，所以可变成本很低，也就是图形上显示的"自有仓储，全自动搬运"线的斜率最小。

由图5-2可知，随着企业货物吞吐量的不断提升，"公共仓库""租赁仓库，手工搬运""自有仓库，托盘-叉车搬运""自有仓库，全自动搬运"会依次成为企业最佳的选择。

三、降低装卸搬运成本的方法

装卸搬运是仓储作业中的主要作业，为了降低装卸搬运成本，应遵循以下原则。

① 经济合理地选择装卸搬运设备。装卸搬运设备占企业投资的比重很大，同时装卸搬运设备的装卸搬运能力、配件损坏的修理、动力系统和燃料的使用等都会影响装卸搬运成本。由于装卸搬运设备的选择对日后日常操作成本的固定支出和变动支出影响很大，因此，选择合适的装卸搬运设备可降低装卸搬运成本。

② 在高峰期间或试用期间可暂时租用补充装卸搬运设备，以减少设备投资。

③ 合理布局仓库，优化搬运路线，尽量减少装卸、搬运次数与搬运距离，增加搬运的连续性和一定的规模经济性。

搬运连续性是指使用一辆货物装卸设备进行更长时间的作业移动，比起使用几辆装卸设备对同样的搬运过程作多次单独的、短距离的分割移动，效果要好得多。在搬运设备之间转移货物，将会浪费搬运作业时间和增加货物损坏的可能性，因此，仓库搬运作业一般是选择次数较少而距离更长的搬运移动。

搬运的规模经济性是指所有的仓库作业活动要尽可能地满足搬运的最大数量或容量，即搬运诸如托盘或集装箱之类的成组货物，而不是移动单个货物。尽管有时可能需要在同一时间内移动多种产品，从而增加单位货物移动的复杂性，但采用这种方法能够减少大量的货物移动，降低仓储成本。从仓库作业管理的角度来讲，应尽量将货物放置在单一楼层，这样可以避免对存储货物进行不必要的上下搬运，而且便于进行系统管理。

四、降低备货作业成本的方法

备货作业是仓储作业中最复杂的作业，为了降低备货成本，可以采取以下方式。

1. 合理选择备货作业方式

如本章第一节所述，共有四种备货作业方式：全面分拣、批处理分拣、分区分拣、分波分拣。当产品的种类比较多时，应当采取全面分拣方式；当产品种类比较少时，采取批处理分拣方式；仓库面积比较大，存放不同产品的区域相隔较远时，应当采用分区分拣方式；当不同的订单由不同的承运商承担运输，并对分拣好的产品有不同的要求时，应采用分波分拣方式，可以节约成本。

2. 合理分区，降低备货成本

为了提高备货的作业效率，首先应该整理好备货作业的工作环境。在备货作业中，妨碍作业效率提高的主要因素是仓储空间。空间越大，备货时移动的距离就越长。因此，尽可能减少仓储空间，将有利于提高备货的作业效率。

为了减少仓储空间，有效的办法就是将仓库分成"储藏区"和"备货区"。产品从"备货区"出库,其减少的部分再从"储藏区"补充进来,这样,虽然增加了一道补充程序,但作业效率却大大提高了。

两个区的分配有两种方法:一种是将仓储空间水平分成储藏区和备货区两部分;另一种是将货架垂直分成储藏区和备货区两部分,货架的最下面一格作为备货区,其他的部分作为储藏区。另外,将备货区分成"散货备货区"和"整箱货物备货区",也有利于减少备货时间,降低备货成本。

3. 加强场地管理,提高备货作业效率

有了明确的场地管理规则后,备货人员可以十分轻松地找到要分拣的货物,节省寻找的时间,提高效率,从而降低备货成本。

① 备货人员必须熟悉产品存放的位置,该位置通常是用6位数来表示的,即区号、道路号、货架号、列号、址号、段号。在用计算机管理的仓库中,为了管理上的方便,其管理信息系统通常将储存产品的名称(或者是条形码号)与产品存放场地的号码并列在一起,形成相互对应,使备货人员可以轻松地查出订单中产品的存放位置。

② 恰当地选择场地管理方法。通常在储藏区采用流动场地管理法,在备货区采用固定场地管理法,这样可以降低备货成本。

流动场所管理法,即所有货品按顺序摆设在空的货架中,不事先确定各类货最专用的货架;固定型的场所管理,即利用信息系统事先将货架进行分类、编号、并贴附货架代码,各货架内存放的货品事先加以确定。在固定型管理方式下,各货架内装载的货品长期是一样的,这有利于从事货品备货作业,建立信息管理系统也较为方便,因为只要将货架编号以及货品代码输入计算机,就能准确地掌握货品出入库动态,从而省去了不断进行更新的烦琐业务,同时,在存货发出以后,利用信息系统能很方便地掌握账目以及实际的剩余在库量,以便及时补充调剂。流动型管理方式由于各货架内装载的货品是不断变化的,在货品变更登录时出差错的可能性较高。

③ 对于同一条过道左右两边货架上的产品加上左右编号,将出库频率比较高的产品集中堆放在一条过道上或者是仓库门附近,这样安排产品的存储位置,也有利于降低备货成本。

4. 构筑高效的备货自动化系统,提高备货效率,降低备货成本

备货自动化中最普遍的是数码备货。所谓数码备货就是不使用人力,而是借助于信息系统有效地进行作业活动,具体讲,数码备货系统就是在有信息系统接受顾客订货的基础上,向分拣员发出数码指示,从而按指定的数量和种类正确、迅速地备货的作业系统。

原来的备货作业是在接受订货指示、发出货票的同时,备货员按照商品分列的清单在仓库内寻找、提取所需商品。如今,实行自动化备货作业后,各个货架或货棚顶部装有液晶显示的装置,该装置标示有商品的分类号,作业员可以很迅速地查找到所需商品,很多先进的企业即使使用人力,也都纷纷采用数码技术提高备货作业效率。

五、降低验货与出入库作业成本的方法

在仓库中,产品检验一般都比较复杂,其费工程度仅次于备货作业。伴随着订、发货业务的开展,商品检验作业也在集约化的中心进行,特别是近几十年来,条形码的广泛普及以及便携式终端性能的提高,物流作业效率得到大幅度提高,即在客户订货信息的基础上,在进货商品上要求贴附条形码,商品进入中心时用扫描仪读取条码检验商品;或在企业发货信息的基础上,在检验发货商品的同时贴附条形码,这样企业的仓库保管以及发货业务都在条形码管理的基础上进行。当然,应当指出的是,对于厂商或批发商,商品入库时的条形码在检验商品活动和以后的保管、备货运作中都在利用,而在向客户发货时用的条形码常常是另一类条码系统,从而更好地对应不同用户商品分拣作业的需要。

此外，条形码与计算机管理信息系统还可以大大提高出入库作业的准确度与效率，通过扫描产品包装上的条形码，计算机可以读取产品信息，并记入相应的入库与出库记录。

六、降低流通加工成本的方法

流通加工需要花费大量的成本，降低流通加工的成本便可以降低企业的物流成本，提高企业的物流竞争力。为了降低流通加工成本，可采取"备货作业""贴价格标签""验货作业"一条龙的办法，来提高作业效率。具体操作程序是：首先，在分拣出库产品前就预先印制好产品价格标签；第二，在分拣产品的同时就把预先印制好的产品价格标签贴在出库商品上，并进行产品检验。

第四节　库存持有成本

一、库存持有成本的构成和计算

所谓库存持有成本，就是与储存的存货量有关的成本。它包括多种不同的成本组成要素，有资金占用成本、储存空间成本、库存服务成本、库存风险成本等。

1. 资金占用成本

资金占用成本又称为利息成本或机会成本，它反映的是赢利机会的损失，企业将购买库存的资金用于其他投资所能实现的收益，就属于库存投资的资金成本，这种成本并不是一种实实在在支出的成本，它只是对于可能丧失的获利机会的反应，因此属于机会成本。

一般来说，资金占用成本是库存持有成本的最大组成部分，通常用持有库存的货币价值百分比来表示，也有用企业新投资最低回报率来表示。计算公式如下：

$$资金占用成本＝库存占用资金×相关收益率$$

（1）相关收益率的确定　相关收益率要视企业情况来定。当企业资金有限时，相关收益率用该资金用于其他投资最低回报率来表示；当企业资金充裕时，相关收益率取决于企业将库存降低节约的资金投资到什么地方。如果企业将节约的资金投资于有价证券，那么有价证券的收益率就是相关收益率。如果企业将节约的资金存入银行账户或用来偿还贷款，那么银行的存款利率或企业为贷款支付的利率就是计算库存资金成本时的相关收益率。

（2）库存占用资金的确定　库存占用资金的确定取决于单个库存产品实际成本、存货数量的盘存方法、库存流动假设。

要计算库存占用的资金必须解决三个方面的问题：单个库存产品实际成本、存货数量的盘存方法、库存流动假设。

① 单个库存产品实际成本的确定。对于商品流通企业来说（包括批发企业与零售企业），所谓库存产品的实际成本就是指库存产品当前的重置成本，其中包括企业为取得该库存而支付的所有运费；如果产品的生命周期处于衰退期，正在逐步被淘汰，那么就可以用当前的市场价格来计算库存产品实际成本。

对于制造企业而言，通常采用直接成本法和吸收成本法来计算其库存产品的实际成本。其中，吸收成本法又被称为全部成本法或全部吸收成本法，吸收成本法又可以分为两类。

a. 实际吸收成本法，用该种方法计算库存产品的实际成本时，库存产品的成本包括实际的直接材料和直接人工成本，加上预先确定的变动和固定的制造管理费用。具体计算公式为：

$$\text{单个库存产品的实际成本} = \text{实际的直接材料和直接人工成本} + \text{标准的变动制造管理费用} + \text{标准的固定制造管理费用}$$

b. 标准吸收成本法，是在计算库存产品的实际成本时，库存产品的成本包括预先确定的直接材料和直接人工成本，加上预先确定的变动和固定的制造管理费用。具体计算公式为：

$$\begin{matrix}\text{单个库存产品}\\ \text{的实际成本}\end{matrix} = \begin{matrix}\text{标准的直接材料}\\ \text{和直接人工成本}\end{matrix} + \begin{matrix}\text{标准的变动制}\\ \text{造管理费用}\end{matrix} + \begin{matrix}\text{标准的固定制}\\ \text{造管理费用}\end{matrix}$$

② 存货数量的盘存方法。企业存货的数量需要通过盘存来确定，常用的存货数量的盘存方法有定期盘存制和永续盘存制两种。

定期盘存制也称实地盘存制，指会计期末通过对全部存货实施盘点，以确定期末存货结存数量，然后分别乘以各项存货的盘存单价，计算出期末存货的总金额，计入各有关存货账户，计算出期末库存的购进，不计减少，再倒算出各种存货本期已耗或已销售存货的成本。这种方法在物流企业，被称为"以存计销"或"盘存计销"。

采用实地盘存制的优点：平时可以不登记存货明细账减少栏，从而简化了核算工作。缺点是：核算手续不够严密，不能通过账簿记录随时反映各种存货的收入、发出和结存情况，不利于存货的计划、管理和控制；由于发出存货的成本是通过倒算的方式确定的，如果出现收发错误、毁损、自然损耗、被盗等情况，账面均无反映，而是全部隐匿在倒算出的本期发出（销售或耗用）存货之中，不利于对存货的管理，影响成本的计算和利润确定的正确性。

永续盘存制也称账面盘存制，对存货项目随时进行库存记录，即分别按品名规格设置存货的明细账，逐笔或逐日地登记收入或发出的存货，并随时记录结存数。

在永续盘存制下，一般情况下存货账户余额应当与实际库存相符。采用永续盘存制，也应根据需要对存货进行实物盘点。为了核对存货的账面记录，加强对存货的管理，每年至少应对存货进行一次全面盘点。

永续盘存制的优点：核算手续严密，平时可以通过账簿记录完整掌握各种存货收发及结存情况，有利于加强控制和管理。缺点是存货核算的工作量较大。

③ 库存流动假设。由于存货是分次购入或分批生产的，入库时间和采购地点不同，各批存货的入库价格也不一样。要计算出库存货的价值，就要选择一定的计量方法，正确地计算出库存货的价值，只有这样才能真实地反映企业的经营成本，进而正确确定企业的利润，会计人员所选择的假定的货品出库流动次序将决定出库存货的成本和仓库中现有存货的价值。

目前存在着多种库存流动假设。采用比较普遍的是以下四种方法：先入先出法（FIFO）、后入先出法（LIFO）、平均成本法和特定成本法。

a. 先入先出法。先入先出法运用最为广泛，它主张"先入者先出"。它假设各种物资都由仓库中最早的存货供给，并且供给的物资都按记载的存货分类账中的最初的成本计价，任何时候在库的货品都是最后购入或产出的。按照先入先出法，发出存货成本是根据已销售或已消耗的货物都是存储时间最长的货物来计价的。

【例 5-5】 某仓库物资记录见表 5-5 和表 5-6，该物资 4 月 1 日的实物盘点得出期末库存量为 400 单位。

表 5-5 **定期库存记录**（先入先出法） 单位：元

日　期	业务类型	数　量	单　价	金　额
1月1日	期初库存	300	2.00	600
1月8日	购入	200	2.20	440
2月20日	购入	300	2.30	690

续表

日　期	业务类型	数　量	单　价	金　额
3月31日	购入	200	2.50	500
	总计	1 000		2 230
期末库存				
2月20日	购入	200	2.30	460
3月31日	购入	200	2.50	500
	总计	400		960

表 5-6　永续库存记录（先入先出法）　　　　　　　　　　单位：元

日　期	入　库			出　库			库　存		
	数量	单价	金额	数量	单价	金额	数量	单价	金额
1月1日							300	2.00	600
1月8日	200	2.20	440				300 200	2.00 2.20	600 440
2月14日				300 100	2.00 2.20	600 220	100	2.20	220
2月20日	300	2.30	690				100 300	2.20 2.30	220 690
2月28日				100 100	2.20 2.30	220 230	200	2.30	460
3月30日	200	2.50	500				200 200	2.30 2.50	460 500

商品销售成本＝总成本－期末库存＝2 230－900＝1 270（元）

先入先出的商品销售成本为 1 270 元（600 元＋220 元＋220 元＋230 元）

期末存货为 400 单位，价值为 960 元。

先入先出法方法简单，并与许多企业的经营状况相符。库存记录通常都是根据永续或定期的盘存方法进行登记的。在永续盘存制之下，存货的增加、减少或删除均按每项输入或输出业务加以记录。在定期盘存制下，则仅记录增加的存货，并且要按预定的时间间隔对存货进行实物盘点，以便确定库存状况。先入先出法既适合于永续盘存制，也适合于定期盘存制。由于实物流动通常都同保管作业的记录相符，故应用先入先出法简化保管物资的记录。

b. 后入先出法。后入先出法，是假设最后入库的产品，最先出库，也就是仓库中在库货品的单位成本是最早获得的货品的单位成本，发出货品均按最近获得的货品的单位成本计价。在某时期内销售或消耗的存货都是最近获得或产出的；存储中的存货都是最早获得或产出的。

后入先出法的目的是使本期收入与本期成本相适应。但是，此法可能导致资产负债表中的存货价值不真实，而使流动比率和其他流动资产的关系失真。在单位存货成本上涨时期，它使收入减少，而在单位存货成本下跌时期使收入增加。由于在单位存货成本上涨的时期它可减少所得税，所以它往往是有利的。后入先出法同先入先出法一样，既可用于永续盘存制，又可用于定期盘存制。

例如，某仓库物资记录见表 5-7 和表 5-8，该物资 4 月 1 日的实物盘点得出期末库存量为 400 单位。

表 5-7　定期库存记录（后入先出法）　　　　　　　　　　　单位：元

日　期	业务类型	数量	单价	金额
1月1日	期初库存	300	2.00	600
1月8日	购入	200	2.20	440
2月20日	购入	300	2.30	690
3月31日	购入	200	2.50	500
	总计	1 000		2 230
	期末库存			
1月1日	期初库存	100	2.00	200
1月20日	购入	100	2.30	230
3月31日	购入	200	2.50	500
	总计	400		930

表 5-8　永续库存记录（后入先出法）　　　　　　　　　　　单位：元

日　期	入　库			出　库			库　存		
	数量	单价	金额	数量	单价	金额	数量	单价	金额
1月1日							300	2.00	600
1月8日	200	2.20	440				300 200	2.00 2.20	600 440
2月14日				200 200	2.20 2.00	440 400	100	2.00	200
2月20日	300	2.30	690				100 300	2.00 2.30	200 690
2月28日				200	2.30	460	100 100	2.00 2.30	200 230
3月30日	200	2.50	500				100 100 200	2.00 2.30 2.50	200 230 500

期末存货为 400 单位，价值为 1300 元。

c. 平均成本法。使用平均成本法，企业既能获得较为真实的期末存货价值，又能获得较为真实的出库产品成本。这种方法并不注重产品出库的先后，而是注重于确定每项货品在某一时期内的单位平均成本。通常企业确定单位平均成本有以下三种方法：算术平均法、加权平均法、移动平均法。

算术平均法用生产或采购的货品的单位成本之和除以入库次数来计算。算术平均法忽略批量的大小（货物数量），给予每批单位生产成本或购入成本以相等的权数，而不管货物数量上的不同。

当不同入库批次的货品单位成本相差悬殊，且不同入库批次的货品数量也相差悬殊时，算术平均法会带来很大的误差。

【例 5-6】 表 5-9 为定期盘存制下的库存记录，该物资 4 月 1 日的实物盘点得出期末库存量为 400 单位。

表 5-9 定期库存记录（算术平均） 单位：元

日 期	业务类型	数 量	单 价	金 额
1月1日	期初库存	300	2.00	600
1月8日	购入	200	2.20	440
2月20日	购入	300	2.30	690
3月31日	购入	200	2.50	500
	总计	1 000		2 230
	期末库存			
3月31日	购入	400	2.25	900
	总计	400	2.25	900

$$算术平均单位成本 = \frac{各期购进存货单位成本的合计数}{期数}$$

$$= \frac{2.00 + 2.20 + 2.30 + 2.50}{4} = 2.25 （元）$$

期末存货价值 = 期末存货数量 × 算术平均单位成本
$$= 400 × 2.25 = 900 （元）$$

加权平均法除考虑单位成本外，还考虑数量，故排除了算术平均法的失真。该法用计算期间可用货品的总数去除可用货品总成本计算单位平均成本。

例 5-6 中若用加权平均法应为：

$$加权平均单位成本 = \frac{\sum 购进存货数量 × 单价}{\sum 购进存货数量}$$

$$= \frac{3.00 × 2.00 + 200 × 2.20 + 300 × 2.30 + 200 × 2.50}{1 000} = 2.23 （元）$$

期末存货的价值 = 期末存货数量 × 加权平均单位成本
$$= 400 × 2.23 = 892 （元）$$

移动平均法就是计算每次采购或追加库存后的单位平均成本。它最适合于用计算机管理的库存作业。

例 5-6 中按照移动平均法计算应为：

$$加权平均单位成本 = \frac{以前结存存货的实际成本 + 本次收入存货的实际成本}{以前结存存货的数量 + 本次收入存货的数量}$$

1月8日移动加权单价 = (600 + 440) ÷ (300 + 200) = 2.08
2月20日移动加权单价 = (208 + 690) ÷ (100 + 300) = 2.245
3月31日移动加权单价 = (449 + 500) ÷ (200 + 200) = 2.373

期末存货的价值 = 期末存货数量 × 移动加权单位成本
$$= 400 × 2.373 = 949 （元）$$

算术平均法和加权平均法都要在该时期过去之后才能使用。所以它们均不能很好适合于永续盘存制，而更适合于定期盘存制。移动平均法适合于永续盘存制。

按照平均成本法，在一定时期内获得的所有同类货品的成本都要加以平均，以得出期末存货价值。在单位存货成本增加或减少时，平均成本法势必使其增加或减少的部分逐渐缩小。当存在上涨或下跌的趋向时，平均成本法较其他流动假设反映得更为平缓。平均成本法虽然使用简便，但也存在任何一种平均法都存在的根本缺点：所得出的单位平均成本不可能等于任一真实的成本，并且不能像期望的那样清晰地显示出单位成本的变化。

d. 特定成本法。在所有库存流动假设中，特定成本法所提供的期末存货价值和出库产品成本最为真实。采用这种方法，成本流动和实物流动是等同的。它适合于永续盘存制也适用于定期盘存制。按照特定成本法在存货的进货登记表上必须按收进存货的批次详细地记录数量、单价和金额，每批存货也必须有一定的编号，工作量较大，因此，特定成本法的运用范围通常局限于加工数量小而价值量大的货品或用户定做的产品，当货品或作业的数量很大时，它执行起来便非常困难和昂贵。

显然，存在着多种可供各种企业采用的存货计价或估价方法，选择的方法应当实用、可靠和尽可能简便易行。只要单位成本相对稳定，则所有方法基本上是等效的。当单位成本有明显变化时，这些方法之间便存在较大的区别。在单位存货成本增加的时期内，与先入先出法相比，后入先出法将造成较高的出库产品成本，因而利润和税金较少，但在单位存货成本下跌时期内则正好相反。若存货周转率很高，则各种方法之间的差异便会减少。在存货资金的占用方面不存在可以推荐的标准方法，最佳的方法取决于企业的性质和目的。

2. 储存空间成本

储存空间成本包括出入库的租赁仓库费用、装卸搬运费用、取暖、照明等费用，即实物存储空间与搬运成本。通常企业可以通过三种方式获取仓储空间：企业自有仓库、租赁仓库、公共仓库。其中，企业自有仓库与租赁仓库的费用与企业的库存水平没有直接关系，而与仓库规划和仓储作业方式有关，所以应当属于仓储成本，而不是库存持有成本；公共仓库的收费通常是按转进和转出仓库的产品数量（搬运费）以及储存的库存数量（存储费）来计算，因此，公共仓库收费中的存储费与库存水平有直接关系，应当属于库存持有成本中的储存空间成本。搬运成本按搬运量计算装卸搬运费，与库存水平没有直接关系，应当算作仓储成本。

3. 库存服务成本

库存服务成本包括缴纳的税金和因持有库存而支付的火灾及盗窃保险。

库存服务成本主要包括保险及税金。

税金的评估方法通常随地点而不同。在一般情况下，税金是根据一年内某个特定日的存货水平或某一段时间内的平均存货水平征收的。有些西方对存货税金不作任何评估。如在美国不同的州向企业征收的库存税率是有差别的，有的州对库存免税，税率为零；有的州征收的税率高达20%。库存税金等于库存产品的价值与税率的乘积，因此它直接随库存水平而变化，高水平库存将导致高税费。

根据产品的价值和类型，产品丢失损坏的风险不同，所需的风险金水平高低不同。保险费率通常并不与库存水平保持严格的比例。这主要是由于购买保险的主要目的是为了在一定时期内保护一定价值的库存产品，所以当库存发生小幅度变化时，保险的金额并不立即随之变动。但是，当库存水平未来会发生较大变化时，保险政策就会根据预期的库存水平变化做出调整。因此，从总体上来看，保险和库存水平之间还是有十分密切的关系的。

保险及税金随产品不同费率差额很大，计算时按国家规定费率计入库存服务成本。

4. **库存风险成本**

库存风险成本是由于企业无法控制的市场原因，造成库存的贬值或因此而引起的追加成本。包括过期成本、破损成本、损耗成本、库存迁移成本（移仓成本）等各项费用。

（1）过期成本 企业的仓库中有时会出现由于过时或其他原因，而必须亏本处理或以低于正常售价的价格出售库存产品的情况。过期成本是由于企业库存控制不当，库存货品过多所引起的，它与库存水平有直接关系，其成本为降价损失的价值。过期成本的计算要分以下两种情况进行。

① 当产品由于过时而必须降价处理时，过期成本便是需要亏本处理的产品的原始成本和它的处理价值之间的差价，具体公式为：

$$过期成本＝原始成本－处理收入$$

② 如果产品是属于降价促销的话，过期成本就是原来售价与促销售价之差再乘以促销量。通常，此项成本会被包含在产品制造成本科目或销货成本科目里。因此，核算比较困难。计算公式如下：

$$过期成本＝（正常售价－促销价格）×促销数量$$

（2）破损成本　在仓储过程中由于装卸搬运或其他仓储作业导致的产品破损，与库存持有水平无关，因此，应该被算作是仓储成本而不是库存持有成本。产品破损所发生的损失金额与企业库存水平的关系，通常可以通过简单的线性回归来加以确定。

（3）损耗成本　损耗成本是由于产品的自然特性而引起的挥发、腐烂变质、锈蚀等自然损耗或库存物资被盗而造成的损失。按库存物资损失的实际价值计算成本。

与库存水平相比，由于库存被盗而产生的损耗成本可能与企业的保安措施有着更为密切的关系，但是库存水平越高，存货被盗的数量也就有可能越多，因此产生的成本也就越高。在很多企业和库存有关的保安费用是随库存水平的变动而变化的。库存风险成本中的损耗随行业不同而不同。

（4）库存迁移成本　库存迁移成本（移仓成本）是产品在一地销售不畅而移到畅销地区需增加的成本。当企业在销售不畅地区储存过多商品，为了避免库存过期，往往需要将库存从该地的仓库转运到畅销地仓库，以便销售该产品，这时便产生了移仓成本。

移仓成本之所以被算作是库存持有成本，主要是由于该成本是由企业对库存水平控制不当，拥有的库存过多所引起的。例如，在城市销得很好的产品不一定在农村也销得好，通过将产品发运到销售旺盛的地方，企业就可以避免过期成本，但相应地要增加额外的运输成本，这时的运输成本就应被算作是移仓成本，而从运输成本中分离出来。但是，因缺货而调运库存货品进行补救产生的运输费不属于移仓成本，属于运输成本。企业究竟是保持较高的库存水平，还是在缺货时调运其他地区的产品，其决策要依据于仓储成本、库存持有成本和该成本之间的权衡结果来制定。需要注意的是：移仓成本通常会被核算在企业的运输成本中，在实施物流成本管理时必须将其分离出来。

二、降低库存持有成本的方法

影响库存持有成本的因素主要有库存周转率和库存水平。库存周转率对企业的库存持有成本影响显著，通常随着库存周转速度的加快，企业库存持有成本会不断下降，但其下降的速度会逐步减弱；当库存周转速度快到一定水平时，库存周转率的大幅度提高，只能带来库存持有成本的少量下降。库存持有成本与库存水平息息相关，可以说，库存水平是影响库存持有成本的最主要的因素：库存持有成本会随库存水平同向变动，库存水平越高，库存持有成本越大，反之越低。

1. 提高库存周转率

库存周转对仓储成本的影响，主要体现在对仓库设施空间和时间的占用数量上。库存周转越快，年平均存货量就越少，相应的仓储成本就越低；产品越快速而准确地流向消费者手中，其价值就越能有效地发挥。产品在本阶段停留时间越长，贬值的风险就越大。因此，适当提高库存周转率有助于降低库存持有成本。但是，提高库存周转往往带来运输成本、批量成本、仓库备货成本、订单处理成本和信息成本等的增加，因此，要在各类物流成本之间权衡，做出使物流总成本最低的决策。

2. 控制库存水平

控制库存水平的方法（仓储物流成本管理方法）有：经济批量管理法、仓储管理分类法、准时制（JIT）与零库存管理法、物料需求计划法、制造资源计划法、企业资源计划法、定量库存成本控制法、定期库存控制法、定期定量混合控制法，下面将对几种重要方法分别进行介绍。

三、仓储物流成本管理方法

1. 经济批量管理法

包括经济订货批量控制，定量、定期采购方式下的存货控制和最优生产批量控制。这些控制方法主要是从调整采购成本和库存持有成本着手，从而实现物流库存合理化，使企业的库存总成本最小。

经济批量又称经济订货量（Economics Order Quantity，EOQ），是指使得购进的存货总成本最低的采购批量，它反映了库存成本与订货成本之间的平衡；订货批量小，平均库存就会较低，当同时会增加订货次数，从而增加订货成本；订货批量大时，在减少订货次数的同时，却增加库存平均成本。因此，要找到一个最理想的订货批量，使库存成本和订货成本的和最小。

经济批量的确定要解决以下两个问题：什么时候订货？即进货时间；应该订购多少？即进货批量。存货成本包括取得成本、存储成本和缺货成本。通过经济批量的基本模型可计算出经济订货量。

(1) 取得成本 取得成本是指为取得存货而支出的成本。它主要包括在采购过程中所发生的各种费用的总和。这些费用大体可以归结为两大类：一是随采购数量的变化而变化的变动费用；二是与采购数量多少关系不大的固定费用。

取得成本又可以分为订货成本和购置成本。订货成本是指取得订单的成本，如办公费、差旅费、邮电费、运输费、检验费等。订货成本中有一部分与订货次数无关，如常设机构的管理费、采购人员的工资等，称为固定订货成本，而另一部分与订货次数有关，如差旅费、运输费等，称为变动订货成本。可见，要降低订货成本，就得尽量减少采购次数。与订货次数有关；购置成本是存货本身的价值，是年存货量和存货单价的乘积。因此取得成本为：

$$取得成本＝变动订货成本＋固定订货成本＋购置成本$$

即
$$TC_a = K_a \times D/Q + F_1 + D \times U \tag{5-1}$$

式中 TC_a——取得成本；
F_1——订货固定成本；
K_a——每次订货的变动成本；
D——年存货需求量；
Q——每次订货量；
U——单价。

(2) 储存成本 存储成本是指存货在存储过程中发生的成本。是指企业为保持存货而产生的成本，如仓储费、搬运费、保险费、存货破损和变质损失、占用资金的利息等。储存成本可以分为变动成本和固定成本两部分，前者与存货数量的多少有关，会随着平均存货量的增减而升降，后者与存货数量无关，如仓库折旧费、仓管人员工资等。因此储存成本为：

$$存储成本＝变动存储成本＋固定存储成本$$

即
$$TC_c = K_c \times Q/2 + F_2 \tag{5-2}$$

式中 TC_c——存储成本；
F_2——固定存储成本；
K_c——单位变动存储成本；
$Q/2$——平均存货量，这里假设存货的耗用属于不稳定的匀速耗用，当存货为匀速耗用时，存货量由 Q 逐渐减少至 0，平均存货量为 $Q/2$。

(3) 缺货成本 缺货成本是指由于存货不能满足生产经营活动的需要而造成的损失，如失销损失、信誉损失、紧急采购额外支出等。通常情况下，缺货成本难以测量，无法将出现缺货的影响加以量化。但有一点可以确定，缺货给企业的正常经营造成的影响极为严重，所以，企业宁愿付出一定量的存货持有成本也不愿意出现缺货的情况。

（4）经济批量的基本模型　经济批量基本模型的假设条件：①企业能及时补充存货，不考虑缺货成本；②集中到货；③存货单价不变，不考虑现金折扣。

$$总成本＝取得成本＋存储成本$$

即
$$TC=TC_a+TC_c=(K_a\times D/Q+F_1+D\times U)+(K_c\times Q/2+F_2) \quad (5\text{-}3)$$

总成本中的 F_1、D、U、K_a、K_c、F_2 均为常量，则总成本 TC 大小取决于 Q。为了求出 TC 的最小值，对式（5-3）求导，并令其等于零，则得经济订货量公式：

$$Q'=\sqrt{\frac{2K_aD}{K_c}} \quad (5\text{-}4)$$

根据经济订货量公式，还可以推算出以下公式。

在全年订货量一定的情况下，计算出最佳订货次数：

$$最佳订货次数(N)=\frac{存货全年需求量}{经济订货量}$$

即
$$N=\frac{D}{Q'}=\frac{D}{\sqrt{2K_aD/K_c}}=\sqrt{\frac{DK_c}{2K_a}}$$

$$存货总成本(TC)＝订货成本＋存储成本$$

即
$$TC=\frac{K_aD}{\sqrt{2K_aD/K_c}}+K_c\frac{\sqrt{2K_aD/K_c}}{2}=\sqrt{2K_aDK_c}$$

$$最佳订货周期(t)=\frac{计算期天数}{全年订货次数}$$

即
$$t=\frac{365}{\sqrt{DK_c/2K}}$$

【例 5-7】　已知某企业每年耗用甲种材料 2 400 千克，每一次的订货成本为 400 元，每千克甲种材料的存储成本为 12 元，甲种材料单价为 40 元/千克。则

$$经济订货量\ Q'=\sqrt{\frac{2K_aD}{K_c}}=\sqrt{\frac{2\times 2\ 400\times 400}{12}}=400\ （千克）$$

$$存货总成本：TC=\sqrt{2K_aDK_c}=\sqrt{2\times 400\times 2\ 400\times 12}=4\ 800\ （元）$$

$$每年最佳订货次数=\frac{存货全年需求量}{经济订货量}=2\ 400\div 400=6\ （次）$$

$$最佳订货周期：t=\frac{计算期天数}{全年订货次数}=365\div 6\approx 61\ （天）$$

（5）经济订货点和保险储备　一般情况下，企业的存货不能做到随时补充，因此不能等存货用完再去订货，而需要提前订货。在提前订货情况下，企业再次发出订货单时，尚有的库存量称为再订货点，又称经济订货点。最理想的订货点应该是下一批材料运到仓库时，仓库库存正好用完，这一储存量是在正常情况下的最低储备量，又称正常储备量。但实际情况下交货时间由于各种原因也可能延误。这些不确定因素的存在，要求企业要持有一定的保险储备，以防止延误、存货短缺等造成的损失。为预防非正常因素发生需要增加的储备称为保险储备，此时，存货的再订货点为：

$$经济订货点＝正常储备量＋保险储备量$$

即
$$R=L\times D+B \quad (5\text{-}5)$$

式中 R——经济订货点；

L——交货时间；

D——平均每日需要量；

B——保险储备量。

建立保险储备的代价是储存成本的增加。保险储备大，因缺货造成的损失小，但相应的储存成本大；保险储备小，储存成本小，但可能因缺货造成的损失大。最佳保险储备的确定，就是在存货短缺所造成的损失和保险储备的储存成本之间做出权衡，要使总成本达到最小。存货总成本公式为：

$$存货总成本＝缺货成本＋保险成本$$

即
$$TC=C_S+C_B \tag{5-6}$$

式中 C_S——缺货成本；

C_B——保险成本。

如果单位缺货成本为 K_n，一次订货缺货量为 S，则

$$TC=K_n\times S\times N+B\times K_c$$

现实中，缺货量 S 具有随机性，其概率可根据历史经验估价得出。

【例 5-8】 某汽车配件销售公司主要经营某种汽车零部件，每年的销售量为 400 件，该零件的单位储存成本为 25 元，一次订货成本为 50 元，单位缺货成本 5 元。在交货间隔期内的需要量及其概率分布。见表 5-10 所示。

表 5-10 交货间隔期内的需要量及其概率分布

需要量/件	10	20	30	40	50
概率	0.1	0.2	0.4	0.2	0.1

经济订货量：$Q'=\sqrt{\dfrac{2K_aD}{K_c}}=\sqrt{\dfrac{2\times50\times400}{25}}=40$（件）

每年最佳订货次数：$N=\dfrac{存货全年需求量}{经济订货量}=400\text{ 件}/40\text{ 件}=10$（次）

交货期内平均需要量＝$10\times0.1+20\times0.2+30\times0.4+40\times0.2+50\times0.1=30$（件）

保险储备如果为 30 件，缺货量为 0，则总成本为

$$TC=K_n\times S\times N+B\times K_c=0+25\times30=750\text{（元）}$$

保险储备如果为 20 件，缺货量为 10，则总成本为

$$TC=K_n\times S\times N+B\times K_c=10\times1.5\times10+25\times20=650\text{（元）}$$

保险储备如果为 10 件，缺货量为 20，则总成本为

$$TC=K_n\times S\times N+B\times K_c=20\times1.5\times10+25\times10=550\text{（元）}$$

故应保持 10 件的保险储备。

2. 仓储管理分类法

(1) ABC 分类法

一般来说，企业的库存物资种类繁多，每个品种的价格不同，数量也不等，有的物资品种不多但价值很大，而有的物资品种很多但价位不高。由于企业的资源有限，对所有库存品种均给予相同程度的重视和管理是不可能的，也是不切实际的。为了使有限的时间、资金、人力、物力等能得到更有效的利用，应对库存物资进行分类，将管理的重点放在重要的物资上，并依据重要程度的不同，分别进行不同的管理，这就是 ABC 分类方法的基本思想。

① ABC 分类法基本思想。ABC 分类法源于 ABC 曲线分析（如图 5-3 所示），又叫帕累

托曲线,其基本原理是按成本比重高低将各成本项目分为 A、B、C 三类,对不同类别的成本采取不同的控制方法。物资的分类方法如下。

A 类物资:累计品种数约占库存物资品种总数的 15%~20%,而平均资金占用额累计为 60%~80%;

B 类物资:累计品种数约占库存物资品种总数的 20%~30%,而平均资金占用额累计为 20%~30%;

C 类物资:累计品种数约占库存物资品种总数的 60%~80%,而平均资金占用额累计不超过 10%。

这三类物资重要程度不同。A 类物资最重要,是主要矛盾,B 类物资次之,C 类物资再次之。这就为库存控制工作抓住重点,照顾一般,提供了数量上的依据。

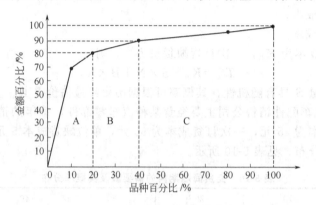

图 5-3 仓储 ABC 分类法

② ABC 分类法管理准则。A 类物资在品种数量上仅占 15% 左右,但如果管好它们,就等于管好了 70% 左右金额的物资,因此是重点控制对象,必须逐项严格控制。对于 A 类物资,应在保障供给的条件下,尽量降低它们的库存额,减少占用资金,提高资金周转率,一般采用勤进货、勤发货,加强进货、发货、运送、管理。对 A 类物资的采购订货,必须尽量缩短供应间隔时间,选择最优的订购批量。B 类项目是一般控制对象,对这类物资的管理强度介于 A 类储存和 C 类储存之间,可分别对不同情况采取不同措施,在采购中,订货数量可适当照顾供应企业的利益,有利于供方确定合理的生产批量及选择合理的运输方式。C 类项目数量最大但对企业的重要性最低,不是控制的主要对象,只需采取一般的管理和控制,采用较高的安全库存,减少订货次数。由于品种繁多,资金占用又小,如果订货次数过于频繁,不仅工作量大,而且从紧急效益上考虑也是没有必要的。

(2) CVA (Critical Value Analysis) 管理法　ABC 分类法按所占金额大小分类也有一定的缺陷。通常表现为一些 C 类物资不被重视,但却是生产过程中不可缺少的重要部件的现象,一旦发生缺货则会造成生产的停顿。为了弥补按金额大小分类方法的不足,又引申出一种关键因素分析法（CVA 管理法）。关键因素分析法的基本点是按照工作人员的主观认定对每个库存品种进行重要度打分,评出的分数称为分数值,再依据分数值的高低将物资品种划分为 3~5 个级别,最常用的有下列 4 个级别。

① 最高优先级。这类物料为企业经营的关键物资,不允许缺货。
② 优先级。这类物料为企业经营的基础物资,允许偶尔缺货。
③ 中优先级。这类物料为企业经营中较重要的物资,允许合理范围内缺货。
④ 低优先级。这类物料为企业经营中需用的物资,但可替代性高,允许缺货。

CVA管理法比ABC分类法目的性强,但在使用中人们往往认定为高的级别,使得高优先级别的物资过多,造成主次不分。因此CVA管理法和ABC分析法结合使用,可达到分清主次、抓住关键环节的目的。另外使用仓储管理分类法不仅要分清储存成本管理的重点,更重要的目的是解决成本管理的问题,因此,企业要根据自己的经营策略对不同级别物品的储存成本进行不同的管理和控制。

3. 准时制(Just In Time,JIT)与零库存管理

准时管理的基本原理是以需定供、以需订产,即供方(上一环节)根据需方(下一环节)的要求,按照需方需求的品种、规格、质量、数量、时间、地点等要求,将生产物资或采购物资不多、不少、不早、不晚其质量有保证地送到指定地点。

JIT的内涵如下:

品种配置上,拒绝不需要的品种;

数量配置上,拒绝多余的数量;

时间配置上,拒绝不按时的供应;

质量配置上,拒绝次品和废品。

JIT是一种先进的管理模式,它是准时生产发展而来的,是为消除一切无效劳动和浪费,如多余库存、多余搬运和操作、停工待料、无销量生产、废品、次品等而进行持续不断的改进和完善,直至达到最佳效果和最高境界。准时化是进步思想,应用于各个环节,如准时采购,准时生产等。

准时生产的目标之一即是零库存管理。在准时生产管理下,产品生产按照生产流程,各工序之间紧密配合,严格按生产进度时间表规定的生产节拍进行,根据市场需要,以最终产品的生产数量为基础,推动各道工序的生产活动,按生产流程相反方向,计算逐道工序每天需要零部件和材料的品名与数量,上道工序严格按下道工序的需要进行生产,并将准时按量完成的在制品交给下道工序,外购零部件和材料严格按各工序所需数量由协作厂和供应商在每天开工前准时送达指定生产线。因此,在各道工序,外购零部件和材料最多有一天的库存,甚至零库存。

看板管理是准时制的主要管理形式。其特点是:从生产过程的最后一道工序开始,对生产所需的原材料和零部件数量,按反向生产流程,一道工序一道工序地向前追溯,直到第一道工序。看板是一种记载着有关信息的卡片,看板就是工作指令,它有多种形式,如在厂内使用的有生产看板和领料看板;在订货厂与供货厂商之间运行的有外协看板。使用零部件的下道工序会根据领料看板的记录到上道工序领取相应数量与种类的零部件。生产看板记载上道工序所需要生产的在制品名称和数量。以看板控制生产流程,可以使整个生产过程准时化,将原材料、零部件和在制品等的库存降到最低限度甚至几乎等于零,从而达到降低库存持有成本与仓储成本,获得良好经济效益的目的。

例如,在一个超级市场内,如何将看板管理纳入呢?如果每一样商品都有一个看板,当顾客挑选商品后去柜台结账,柜台就多了一个看板,如此一整天下来,柜台可能累计成千上万个看板,表示已销售商品数量的明细。超级市场订购人员根据这些看板向上游厂商进行订货,而厂商也只需生产订购数量即可,如此逆向往前,生产流程在看板的拉动下,有次序地运转起来,达到准时化生产、零库存的目的。

4. 物料需求计划(Material Requirements Planning,MRP)

(1)物料需求计划的基本原理 物料需求计划是根据市场需求预测和顾客订单制订的产品生产计划,制作出构成产品的物料结构表,结合库存信息,通过计算机计算出所需各种物料的需求量和需求时间,从而确定物料的生产进度和订货日程的一种生产作业管理方法。

具体做法是根据成品的需求,自动地计算出构成这些成品的部件、零件以至原材料的相

关需求量，根据成品的交货期计算出各部件、零件生产进度日程与外购件的采购日程。因此，MRP 系统可以指明现在、未来某时的材料、零（部）件、产（成）品的库存水平。MRP 系统的起点是需要多少最终产品，何时需要。然后再分解到每一种材料、零（部）件，并确定需求时间。图 5-4 示例了闭环 MRP 系统的流程。MRP 的思想早就产生了，但直到计算机产生，信息系统实施以后，MRP 才真正得以广泛应用。

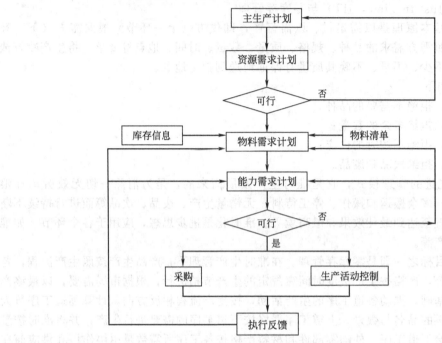

图 5-4　闭环 MRP 系统的流程

MRP 系统的目标是：①保证在客户需要或生产需要时，能够立即提供足量的材料、零（部）件、产（成）品；②保持尽可能低的库存水平；③合理安排采购、运输、生产等活动，使各车间生产的零（部）件、外购件与装配的要求在时间与数量上精确衔接。

（2）MRP 的输入　物料需求计划的基本内容是编制零件的生产计划和采购计划。要正确编制生产计划和采购计划，必须要有主生产计划和产品零件结构及库存信息，因此，MRP 的输入内容包括以下三个方面。

① 生产总进度计划：表明产成品的需要数量与时间，描述了最终产品需要何时生产、何时装配、何时交货。

② 物料清单：也叫产品结构记录，它表明了生产或装配一件最终产品所需要的材料、零（部）件的数量。

③ 库存状态信息：表明持有多少存货，还需要订货多少等。包括当前库存量、计划入库量（在途量）、提前期、订货（生产）批量、安全库存量等信息。

当前库存量是指工厂仓库中实际存放的可用库存量；计划入库量是指根据正在执行中的采购订单或生产订单，在未来某个时间周期项目的入库量，在这些项目入库的那个周期内，把它们视为库存可用量；提前期是指执行某项任务由开始到完成所消耗的时间，对采购件来说，是从向供应商提出对某个项目的订货，到该项目到货入库所消耗的时间，对于制造或装配件，是从下达工作单到制造或装配完毕所消耗的时间；订货批量是指在某个时间周期向供应商订购（或要求生产部门生产）某项目的数量；安全库存量是指为了预防需求或供应方面不可预测的波动，在仓库中经常应保持的最低库存数量。

(3) MRP 的工作程序　MRP 首先根据主生产计划规定的最终产品需求总量和产品结构信息，对产品的需求进行分解，生成对部件、零件以及材料的毛需求量计划；然后根据库存状态信息计算出各个部件、零件及材料的净需求量及期限，并发出订单。

(4) MRP 的输出信息　MRP 程序可以为管理者提供的信息主要有：订货数量和时间；是否需要改变所需产品的数量和时间；是否需要取消产品的需求；MRP 系统自身的状态等等。

MRP 系统能维持合理的保险库存，尽可能地降低库存水平；能够较早地发现问题和可能发生的供应中断，及早采取预防措施；它的生产计划是基于现实需求和对最终产品的预测；它并不是孤立地考虑某一个设施，而是统筹考虑整个系统的订货量；它适合于批量生产或间歇生产或装配过程。但 MRP 系统是高度计算机化的，难以调整；降低库存导致的小批量购买使订货成本和运输成本增大；它对短期的需求变动不如再订货点法敏感；系统很复杂，有时不像预想的那样有效。

5. 制造资源计划（Manufacturing Resources Planning，MRPⅡ）　MRPⅡ是由美国著名生产管理专家奥利夫·怀特（Oliver Wright）在 1977 年提出来的，是一种对制造企业全部资源进行系统综合计划的方法。由于它与 MRP 字母缩写相同，并且又是在 MRP 的基础上发展起来的一种生产组织方式，为了有所区别，所以在 MRP 后加上一个罗马数字Ⅱ。

MRPⅡ的基本思想是把 MRP、与生产经营活动直接相关的工作和资源以及财务计划连成一个整体，实现企业管理的系统化。从系统来看，MRPⅡ是一个闭环系统，它不但考虑 MRP，还考虑与之有关的能力需求计划、车间生产作业计划和采购计划等，使整个问题形成"闭环"。为了进行有效控制，计划制订与实施之后，必须不断根据企业的内外环境变化提供的信息反馈，及时做出调整，从而使整个系统处于动态的优化之中。所以，MRPⅡ实质上是一个面向企业内部信息集成及计算机化的信息系统，它把企业的经营计划、销售计划、生产计划、主生产计划、物料需求计划和生产能力计划、现金流动计划以及物料需求和生产能力需求计划的实施执行等通过计算机有机地结合起来了，形成一个由企业各功能子系统有机结合的一体化信息系统，使各子系统能在统一的数据环境下运行。通过计算机模拟功能，系统输出的以数量表述的业务活动计划和以金额表述的财务报表可以相互印证，从而实现物流与现金流的统一。

MRPⅡ最大的特色就是运用管理会计的概念，用货币形式表述了执行企业"物料计划"带来的效益，实现物料信息同资金信息的集成。换句话说，就是把传统的账务处理同发生账务的事务结合了起来，不仅说明了账务的资金现状，而且追溯了资金的来龙去脉。

MRPⅡ与 MRP 一样，也可以做到合理控制库存水平，从而达到降低库存持有成本的目的。同时，MRPⅡ实现了"资金流"同"物流"的同步和一致，更有利于成本的监测与控制。MRPⅡ的流程图如图 5-5 所示。

6. 企业资源计划（Enterprise Resources Planning，ERP）　ERP 是由美国加特纳公司在 20 世纪 90 年代初首先提出来的。其核心管理思想是供应链管理。即在 MRPⅡ的基础上通过前馈的物流与反馈的信息流和资金流，把客户需求和企业内部的生产活动以及供应商的制造资源整合在一起，形成一种完全按用户需求制造的供应链管理网络结构模式。ERP 强调通过企业间的合作，达成快速反应市场需求，实施高度柔性的战略管理，降低风险成本以及实现高收益等目标。ERP 将管理的视角投向了整个供应链，它的实施有利于降低包括库存持有成本在内的多种成本，并有助于提升整个供应链的效益。

MRPⅡ主要用于订货管理和库存控制，是以生产活动中的销售、财务、成本、工程技术等主要环节与闭环集成为一个系统，是覆盖企业生产制造活动所有领域的一种综合制订计

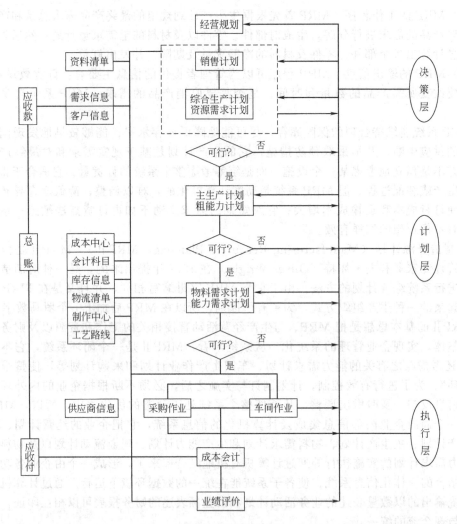

图 5-5 MRPⅡ流程

划的工具。MRPⅡ更侧重对企业内部人、财、物等资源的管理,作为生产计划与控制模块,是 ERP 系统不可缺少的核心功能。ERP 系统在 MRPⅡ 的基础上扩展了管理范围,把客户需求和企业内部的制造活动以及供应商的制造资源整合在一起,形成了一个完整的企业供应链,并对供应链中的订单、采购、库存、计划、生产制造、质量控制、运输、分销、服务、维护、财务、人事、专案等进行有效管理。

另外 ERP 除了具备 MRPⅡ 系统的制造、分销、财务管理功能外,还增加了支持整个供应链上物料流通体系中供、产、销各个环节之间的运输管理和仓库管理,支持生产保障体系的质量管理、设备维修管理和备品管理,支持对工作流(业务处理流程)的管理等功能。

本章小结

本章介绍了仓储成本的概念及构成与计算。介绍了降低仓储成本的相关方法与措施,库存持有成本的构成及计算方法,以及降低库存持有成本的管理方法与仓储管理的激励、制约和相关机制。

美的的仓储设计

创建于1968年的美的集团，是一家以家电业为主的大型综合性现代企业集团，是中国最具规模的家电生产基地和出口基地之一。

美的集团拥有中国最大最完整的小家电产品和厨房用具产业集群。展望未来，美的将持续稳定发展，形成产业多元化、发展规模化、经营专业化、业务区域化、管理差异化的产业格局。以企业整体价值最大化为目标，然而很多问题也困扰着美的的发展，站在物流的角度来看，美的遇到的问题到底是什么？

一、通过美的仓储运作的 SWOT 分析

1. 优势——仓库面积大，储货量多

有大客户的支持；品牌有知名度，在国际市场上的占有率比较高，得到人们的认可；美的集团将自己原来控制的仓库直接交给安得管理，减少安得固定成本的投入。

2. 劣势——仓储利用率低，时间长

仓储作业流程不合理，作业环节之间间隔时间过长，效率低，等待时间长，仓库布局不合理，加大作业流程难度，无价值的位移延长等待时间；设备老旧而且设备数量较少，不足以满足现阶段增长的业务需要；信息系统落后不完善，信息化程度低。

3. 机会

长期稳定的供应客户，家电销售旺季到来，客户销售利润的增加会促使仓储收入的增加。

4. 威胁

仓储作业效率低，对客户服务水平降低，有损公司信誉；

旺季存货出入库等待时间过长，如果因此对客户交易产生不利影响，会承担违约责任，并有失去客户的危险。

增加公司的运作成本、仓储成本、运输成本、人工成本等，利润降低。

美的遇到的主要问题——仓储资源布局不合理和稀缺

仓储作业区设置结构不合理单元化程度低

周转箱、地台版的标准化、单元化程度低，卸货、搬运效率低。不能很好地满足生产和销售的需求。例如在出库的时候与车辆衔接的区域不合理，导致出库时间增多。

仓储管理技术不成熟，信息技术的不完整性和落后

① 无法满足精确化货位管理新的管理要求，即产品放在哪个货位上，及这个货位上的收发货顺序问题；

② 不能准确知道货物的库龄情况，有货物积压很久的情况；无法保证库存的准确性及发货的准时性，客户抱怨较大；

③ 仓库的收发货作业方式落后，信息处理速度慢，信息价值得不到充分体现；

④ 仓储技术发展不平衡，信息化状况不容乐观，企业对物流信息化认识和了解不足，物流信息化建设起步晚，推进慢，整体物流化信息水平较低，其信息化建设也很少从供应链的整体目标出发进行规划。

二、经营管理理念的落后

美的仓储和配送是比较传统的、单一的，新的服务理念没有贯穿，供应链思想没有贯彻，与供应商、客户等的关系没有上升到一个新阶段；

三、美的针对这些问题的改进方法

1. 针对稀缺的仓储资源和布局不合理现象

对于仓储资源的不足，仓储网点的不足，进行仓储整合。与第三方物流公司的集中业务达成联系。

2. 针对设备的不足的合理选择

物流设备选型配置仍遵循"最适合原则"，适合提高物流作业机械化程度，主要考虑平衡重式柴油内燃叉车、电动托盘车和手动液压叉车。装卸搬运这一类设备式商品出入库和在库堆码以及翻垛作业而使用的设备，它对于改进仓库管理，减轻仓库劳动强度，提高收发货劳动效率，减少操作中的商品损失具有重要作用。

3. 针对物流功能区不足和布局不合理

在备货区设置备货区1和备货区2，这样可以进行双向作业，两个备货区，增加效率。

仓库的各项作业中，进出货是重要的作业项目，装卸作业平台的吞吐的能力是影响此项作业的最大关键。改善后在仓库的另一侧修建一个同等规模的装卸作业平台，以提高装卸效率。

4. 针对仓储管理技术不成熟与经营管理理念的落后

(1) 建立仓库控制中心，统一人员、设备的管理，改变任务管理分配方式。

(2) 仓库货位实行单位化管理，由控制中心统一分配货位。

(3) 对车辆装卸货物实行时间窗口制，并进行实时反馈对车辆实行限时装卸。

(4) 加强回收物流的理念，对于退货商品等进行好的服务。

(5) 加强供应链思想，对于企业之间的合作应加强，不是封闭自己的信息。与自己的客户和供应商等设立专门的信息传递和共享讨论机制。定时进行信息分析和讨论。

(6) 为仓库的收、发货作业提供快速准确的指导。

5. 针对信息技术的不完整性和落后

(1) 保证仓库的整体运作水平，有效地满足生产和销售的需求。

(2) 引入 WMS 及条码系统软件，解决物料回场情况/所处物流状态以及迅速配套。

(3) 加快信息平台的建设，实现仓储管理信息化。

(4) 根据市场供求关系确定仓储硬件设施建设以改造，做好仓库机械化、自动化、智能化的改造，提高仓储资源的利用率和仓储管理的效率。

6. 针对服务比较单一仓储增值服务设计包装业务

包装为商品的流通提供了条件和方便，有着保护商品、促进销售、方便消费的功能，商品的包装环节由仓储企业或仓储部门来完成，并且把仓储规划与相关的包装业务结合起来综合考虑，有利于整个物流效应的提高。

通过一系列的改善后的美的在仓储运作中克服困难，提高产值并节省了成本，大大提升了在家电领域的市场竞争能力。

[案例来源：曹鸿莲．美的仓储物流案例 [J]．《百度文库》2009 (11)：8-10]

习　题

一、判断题

1. 仓储活动对物流成本既有正面影响又有负面影响。（　　）
2. 企业自有仓库的成本依靠企业计提折旧的方式计算，不再包括其他费用。（　　）
3. 租赁仓库的租金随着库存水平的变化而波动，是与库存量有关的仓储费用。（　　）
4. 仓储服务成本主要包括保险和税金。（　　）
5. 仓储成本和库存持有成本均与库存水平有关。（　　）

二、单项选择题

1. 与库存水平有关的成本是（　　）。

    A. 仓储作业成本　　B. 租赁仓库价格

    C. 库存持有成本　　D. 以上答案均不对

2. 按固定资产使用年限平均计算折旧的方法是（　　）。

    A. 直线法　　B. 工作量法　　C. 加速折旧法

3. 对库存水平变化频繁的企业，应选择（　　）较合适。

    A. 自有仓库　　B. 租赁仓库　　C. 公共仓库

4. 确定经济批量的因素是（　　）。

    A. 取得成本　　B. 存储成本　　C. 缺货成本　　D. 商品价格

5. 在 ABC 分类库存管理中，平均资金占用额累计为 20%～30%，属于（　　）。

    A. A 类物资　　B. B 类物资　　C. C 类物资

三、多项选择题

1. 影响库存持有成本的因素是（　　）。

    A. 库存周转率　　B. 仓储作业量的大小

C. 库存水平　　　　D. 自有仓库的初始投资
2. 库存风险成本包括（　　）。
　　A. 过期成本　　　　B. 破损成本　　　C. 损耗
　　D. 库存迁移成本　　E. 失销成本
3. 库存持有成本包括（　　）。
　　A. 资金占用成本　　B. 存储空间成本
　　C. 库存风险成本　　D. 库存服务成本
4. 缺货成本包括（　　）。
　　A. 保险存货的持有成本　　B. 过期成本　　　C. 失销成本
　　D. 失去客户成本　　　　　E. 延期交货成本
5. 适合于永续盘存制的库存流动假设包括（　　）。
　　A. 先入先出法　　B. 后入先出法　　C. 算术平均法　　D. 特定成本法

四、填空题

1. 按与仓储活动量的关系分，与仓储相关的物流成本包括_____和_____，其中仓储成本是指_____。
2. 与仓储有关的物流成本按形成分类，包括_____、_____、_____、_____。
3. 折旧是指_____，影响折旧的因素主要有_____、_____、_____、_____。
4. 存货数量的盘存方法包括_____、_____。
5. 经济批量是指_____。

五、简答题

1. 仓储活动对物流成本有何副作用？
2. 简述与仓储有关的物流成本的分类。
3. 简述自有仓库、租赁仓库和公共仓库的特点。
4. 什么是准时制管理？物料需求计划的基本原理是什么？
5. 简述 ABC 分类法与 CVA 管理法的区别。

六、计算题

1. 某零件年需用量为 4 000 件，一次订货成本为 50 元，单位存储费用为 5 元。计算经济订货量、存货总成本、次数和最佳订货周期。
2. 根据表 5-11 资料，对物资进行 ABC 分类。

表 5-11　物资单位成本与年需求量

物资编号	1	2	3	4	5	6	7	8	9	10
单位成本	15	5	10	22	8	16	3	12	18	5
年需求量	26	65	220	750	1 100	1 750	85	25	420	20

　　分类标准：A 类物资占总金额的 70%，B 类物资占总金额的 20%，C 类物资占总金额的 10%。

3. 某仓库 A 物资 4 月份库存记录情况如下：
4 月 1 日，期初库存 300t，单位成本 200 元；
4 月 5 日，购入 200t，单位成本 220 元；
4 月 10 日，购入 400t，单位成本 230 元；
4 月 12 日，出库 600t；

4月20日，购入200t，单位成本240元；
4月25日，出库300t。
根据资料，采用先入先出法、后入先出法、算术平均法、加权平均法计算期末存货成本。

第六章 其他物流成本

【学习目标】
通过这一章的学习,掌握包装、客户服务、理赔和物流信息系统的基本知识,并且掌握包装成本、客户服务成本、理赔成本和物流信息系统成本的计算,了解物流客户服务成本的管理和理赔的解决方法。

第一节 包装成本

包装是物流企业的构成要素之一。在社会再生产过程中,包装处于生产过程的末尾和物流过程的开头,它既是产品的终点,又是物流的始点。作为生产的终点,产品生产工艺的最后一道工序是包装。因此,包装对生产而言,标志着生产的完成。从这个意义上讲,包装必须根据产品性质、状况和生产工艺来进行,必须满足生产的要求。同时,作为物流的始点,包装完成之后,包装了的产品便具有了物流的能力,在整个物流过程中,包装便可发挥对产品保护的作用和进行物流的作用,最后实现销售。从这个意义上讲,包装对物流有决定性的作用。

一、包装概述

1. 包装的定义

在中国国家标准 GB/T 18354—2001 中对包装的定义是:"包装(Packaging)是指为在流通过程中保护产品,方便储运,促进销售,按一定技术方法而采用的容器、材料和辅助物等的总体名称。包装也包括为了达到上述目的而采用容器、材料和辅助物的过程中施加一定技术方法等的操作活动。"

2. 包装的分类

包装的分类就是把包装作为一定范围的集合总体,按照一定的分类标准或者特征,将其划分为不同的类别。包装的门类繁多,品种复杂,这是由于要满足各种物资性质的差异和不同运输工具等各种不同的要求和目的,使包装在设计、选料、包装技法、包装形态等方面出现了多样化。

(1) 按包装功能不同分类

① 工业包装。或称运输包装,它是以运输、仓储为主要目的的包装,也就是从物流需要出发的包装,是一种外部包装或内部包装。工业包装的主要作用有保护功能、定量(单位化)功能、便利功能和效率功能。

保护功能是指避免搬运过程中的脱落;运输过程中的振动或冲击;存储中由于承受物重所造成的破损;避免异物的混入和污染;防湿、防水、防锈、遮光、防止因为化学或细菌的污染而出现的腐烂变质;防霉变;防虫害等。

定量（单位化）功能是指整理成为适合搬动、运输的单元。整理成适合使用托盘、集装箱、货架载货汽车、货运列车等载运的单元。

便利功能是指形状便于实施运输、搬动或存储等物流作业，便于生产，便于废弃物的处理。

效率功能是指有利于提高生产、搬运、销售、输配送、存储等的效率。

工业包装的重要特点，是在满足物流要求的基础上使包装费用越低越好。为此，必须在包装费用和产品流通时的损失这两者之间寻找最优的效果。为了降低包装费，包装的防护性也往往随之降低，商品的流通损失就必然增加，这样就会降低经济效果。

相反，如果加强包装，商品的流通损失就会降低，包装费用就必然增加。如果完全不允许存在流通损失，就必然存在所谓的"过剩包装"，物流及包装费用必然会大大增加，由此带来的支出的增加会大于不存在过剩包装时必然的损失。因此，对于普通商品，包装程度应当适中才会有最优的经济效果。

② 商业包装。商业包装指零售包装或消费包装。主要是根据零售业的需要，作为商品的一部分或为方便携带所做的包装。商业包装的主要作用是定量功能、标示功能、商品功能、便利功能与促销功能，其主要目的就是为了吸引消费者、促进销售。一般来说，在物流过程中，商品越接近顾客，越要求包装起到促进销售的效果。因此，这种包装的特点是造型美观大方，拥有必要的修饰，包装上有对于商品的详细说明，包装的单位适合于顾客的购买以及商家柜台摆设的要求。

应该注意的是，在有些情况下工业包装同时又是商业包装，比如装水果的纸箱子应属于工业包装，连同箱子出售时，也可以认为是商业包装。为使工业包装更加合理并为促进销售，在有些情况下，也可以采用商业包装的办法来做工业包装，如家用电器就是兼有商业包装性质的工业包装。

(2) 按包装层次不同分类　按包装层次不同可分为单件包装、内部包装和外部包装三种。

① 单件包装。又称小包装、个体包装，是指直接用来包装物品的包装，通常包装和商品形成一体，在销售中直接到达用户手中。在这一过程中，通常把物品全部或一部分装进袋子，或者其他容器里并予以密封的状态或技术。

② 内部包装。是指将逐个包装的物品归并为一个或两个以上的较大单位放进中间容器里的状态和技术，即考虑到水分、潮湿、光射、热源、碰撞、震动等因素对物品的影响，选择相应的材料或包装物对物品所做的保护性包装。

③ 外部包装。通常是指包装货物的最外层包装。外部包装从运输作业的角度考虑，为了加以保护并为搬运方便，将物品放入箱子、袋子等容器里的状态和技术。包括缓冲、固定、防湿、防水等措施。外层包装一般都属于运输包装。

(3) 按照包装的保护技术不同分类　按照商品包装保护技术的不同，可将包装分为防潮包装、防锈包装、防虫包装、防腐包装、防震包装以及危险品包装等。

3. 包装材料的分类

包装材料有很多种，由于包装材料的材质、功能不同，成本相差也较大，常见的包装材料有以下几种。

(1) 金属包装材料　金属包装材料是指把金属压制成薄片，用于产品包装的材料，主要指钢材和铝材，其形式为薄板和金属箔，前者为刚性材料，后者为软性材料。刚性金属包装材料主要用于加工运输包装，也可用于加工销售包装的金属罐，各种加工瓶罐的盖、底和捆扎材料等；软性金属包装材料主要用来制造金属箔和复合材料，金属和纸的复合材料包装具有非常广阔的前景。用作包装的金属容器有金属包装罐（如图 6-1 所示）和金属包装桶（如

图 6-2 所示),用镀锌铁板制成。罐有方形和圆形两种,主要用于食品、药品、石油类、涂料类及油脂类物品包装;桶主要用于以石油为主的非腐蚀性半流体、粉末体、固体等物品的包装,容量为 20~200L。

图 6-1　金属包装罐

图 6-2　金属包装桶

(2) 玻璃包装材料　玻璃以其本身特有的优良特性及玻璃加工制造技术的不断进步,成为现代包装的主要材料。用于包装的玻璃品种如下。

① 普通玻璃瓶罐。钠、钙硅酸钾玻璃等。

② 特种玻璃。中性玻璃、石英玻璃、微晶玻璃、着色玻璃、玻璃钢(钢化玻璃)。

(3) 木质包装材料　木材作为包装材料历史悠久,几乎所有的木材都可以用于包装材料,特别是外包装材料更显优势。木材较多地用于制作木桶、木盒(如图 6-3 所示)和胶合板箱三类容器。木材的另一个用途是制作托盘(如图 6-4 所示)。

木质包装材料应用面临的问题主要有:

图 6-3　木质包装盒

图 6-4　木质托盘

① 木质包装材料能携带森林病虫害;

② 木质包装材料的检疫除害处理;

③ 实木包装材料的回收利用。

常用于包装的木材主要有以下几种:

$$\text{包装用木材}\begin{cases}\text{天然木材}\begin{cases}\text{针叶木材:红松、落叶松、白松、马尾松、冷杉等软质木材}\\\text{阔叶木材:杨木、桦木、榆木、柞木等硬质木材}\end{cases}\\\text{人造木材}\begin{cases}\text{纤维板:木丝板、刨花板等}\\\text{胶合板:三夹板、五夹板等}\end{cases}\end{cases}$$

目前,在物流包装上广泛使用人造板材,主要由于人造板材具有以下优点。

① 成本低。人造板是木材的深加工产品,其相对于实木包装来说,不仅具有木材的一些天然特性,而且还具有一些独特的优点,可以预见人造板逐步替代实木作为包装材料将成为可能。

人造板工业能够充分利用速生林资源、林木枝、小径木、加工边角料以及丰富的竹材和农作物秸秆资源，具有广阔的市场前景，因此大力发展人造板包装材料势在必行。根据统计资料显示：我国人造板产业发展迅猛，2005年我国共有人造板生产企业6 000余家，2013年我国共有人造板生产企业4 753家。（数据来源-博思数据发布的《2015-2020年中国人造板制作市场分析与投资前景报告》）产量达6 000多万立方米，已替代美国成为世界人造板第一生产大国。

② 人造板包装不受检验检疫制度限制。包装用人造板板材是经干燥、热压等深度加工工艺制成，制造过程中的高温已将有害微生物全部杀死，所以不需再进行杀虫熏蒸除害处理。利用人造板板材对货物进行包装既减小了跨国贸易中传播森林病虫害的风险，又加快了货物的通关速度，也降低了木质包装的成本。

③ 人造板结构具有可设计性。木材是生物质材料，有着一些自身材料不可抗拒的特性，如木材易受温度和湿度影响产生热胀冷缩和吸湿解吸现象，导致箱体变形或产生裂缝，并且易燃和易腐朽。人造板作为包装材料使用时，其结构性能具有可设计性，可以根据使用条件的不同（干燥或潮湿环境），精确地设计其载荷等级。通过对板材厚度、密度以及热压工艺的控制，获得不同的力学机械性能。不同用途的包装箱体可以选择不同的人造板结构板材，使得包装箱体在力学结构上具有可控制性。当然人造板也能很好地满足大型包装箱体的幅面要求。

（4）纸和纸板　纸和纸板在包装材料中的应用最为广泛，有专用包装纸，一般指牛皮纸，多半选用强度较大的制成纸袋（如图6-5所示），纸袋为3～6层的多层叠合构造。如果需要，还可以作防潮处理，把牛皮纸和塑料薄膜制成复合多层构造。纸属于软性薄片材料，无法形成固定形状的容器，常用于做裹包衬垫和口袋。纸板属于刚性材料，能形成固定形状的容器。纸板是指用牛皮纸浆、化学纸浆、旧纸浆等为原料制成的厚纸板的总称。根据不同用途可分为：瓦楞原纸、白板纸、黄板纸等，其中瓦楞原纸的用途最广泛，产量也最大。

瓦楞原纸（如图6-6所示）分为中芯原纸和内衬原纸，前者用于制造瓦楞波形部分，后者贴在外侧，两者粘合制成瓦楞纸板。瓦楞波形有波高和波数两个参数，波高用毫米计量，一般在2.5～5毫米，波数用30厘米宽度内的波的数量计量，一般有36～50波左右，不同参数组合有不同强度，分成A、B、C、D四种槽形。根据不同用途和方式可制成不同层数的瓦楞纸板，一般有单面瓦楞纸板、双面瓦楞纸板、两层双面瓦楞纸板和三层双面瓦楞纸板。

图6-5　牛皮纸袋

图6-6　瓦楞原纸

用于包装的纸和纸板有以下几种：

包装用纸
- 纸
  - 普通包装纸：牛皮纸、纸袋纸、包装纸、包裹纸等
  - 特殊包装纸：邮封纸、鸡皮纸、羊皮纸、上蜡纸、透明纸、沥青纸、油纸、耐碱纸、防锈纸等
  - 包装装潢纸：书写纸、胶版纸、铜版纸、压花纸、肋纹纸、表涂层纸等
- 纸板
  - 普通纸板：箱板纸、黄纸板、白纸板、卡片纸等
  - 瓦楞纸：瓦楞原纸、瓦楞纸板

(5) 塑料包装材料 塑料用作包装材料，改变了商品包装的面貌。塑料在包装中的应用随着经济的发展越来越广泛，可用于单个包装、内包装、外包装，用于运输包装时可制成各种塑料容器。塑料在整个包装材料中的比例仅次于纸和纸板。目前，我国塑料包装材料及容器主要有：塑料编织袋、塑料周转箱、钙塑箱；塑料打包带、捆扎绳、塑料中空容器、塑料包装薄膜、泡沫塑料及复合材料等。聚乙烯塑料袋是最常见的包装物，以替代 20～30 千克包装用纸袋。聚乙烯和聚丙烯塑料编织袋（俗称蛇皮袋，如图 6-7 所示）以替代包装用麻袋。在箱袋结合的运输包装中，将塑料制成各种盛液体的容器（如图 6-8 所示），以替代玻璃瓶、金属罐、木桶等，再把塑料容器放入瓦楞纸箱内。成型容器（塑料罐、箱）也是塑料包装的重要领域，受价格和成型难易影响，多数用聚乙烯材料制成，国家在容量、尺寸、强度等方面都有规定。另外，用于替代木箱的运输用塑料箱也有大量使用，一般用在食品、饮料等物品的运输包装方面。

图 6-7 蛇皮袋

图 6-8 塑料箱

随着材料技术的发展，已研制出新的可降解塑料，改善了塑料包装材料的回收再循环利用。目前出现的种类有生物降解塑料、水解降解塑料、氧化降解塑料以及光降解塑料。

(6) 复合包装材料 复合包装材料是将两种或两种以上具有不同特性的材料，通过各种方法复合在一起，经改进单一材料的性能，发挥更多优点的材料。

复合包装材料在包装领域有广泛的应用。目前已开发研制出的复合材料有三四十种，使用较多的是塑料薄膜复合材料，另外还有纸基复合材料，塑料基复合材料，金属基复合材料等。

(7) 其他包装材料

① 草制包装材料。是一种较落后的包装材料。用一些天然生的草类植物，编织成草席、蒲包、草袋等包装材料。其防水、防潮能力较差，强度也很低，已逐渐被淘汰。

② 纤维包装材料。指用各种纤维制作的袋状容器。天然生的纤维有黄麻、红麻、大麻、青麻、罗布麻、棉花等。经工业加工的有合成树脂、玻璃纤维等。

③ 陶瓷与玻璃包装材料。此类包装材料的优点是耐风化、不变形、耐热、耐酸、耐磨等，尤其适合各种液体货物的包装。可回收复用，有利于包装成本的降低，易洗刷、消毒、灭菌。缺点是易碎。

4．包装机械种类

包装机械不仅可以极大地提高包装的劳动生产率，也可以大幅度地提高包装水平。应用包装设备可以对粉末/颗粒/液体等状态的大包装物料进行拆分、填充和罐装成小包装，也可用于封口和贴标等，然后再进行装箱，便于运输和销售。

常见的包装机械有以下几类。

(1) 填充包装机

① 颗粒包装机。采用自动填充四边封口包装。适用于制药、食品和日化等行业，可对片剂、胶囊、黏稠体、液体、颗粒和粉剂等物料进行自动填充上料包装。

② 粉剂定量包装机。该设备采用单片机控制，光控技术及电子称量技术。适用于有一

定流动性的粉剂状、颗粒状物料，以及袋类等包装容器的定量包装。

（2）罐装机械

① 直线型灌装机。适合罐装液体类产品。采用光眼装置，PLC、变频器及电器元件；调节便利，无瓶不罐装，罐装量准确并具有计数功能。

② 真空液体灌装机。为半自动活塞液体罐装机，采用抽真空技术，将容器内空气抽净后再罐装，罐装量和罐装速度均可任意调节。

③ 双头膏体灌装机。适用于罐装中等黏度至高黏度的产品。采用气动元件；罐装闷头采用防滴漏、防拉丝灌装置；可根据客户的需求改装成防爆式罐装系统。

（3）封口机械

① 软封口机。利用热熔技术对塑料软管的封口表面进行加热，从而将软管口两边高压熔合在一起。

② 铝箔封口机。利用电磁感应的原理，使瓶口上的铝箔片瞬间产生高热，熔合在瓶口上，以实现封口的功能。

③ 手持式气动旋盖机。旋盖机便于随身携带，能方便地用于拧紧或放松各种瓶盖。

（4）真空包装机 该机适合对肉类、酱制品、调味剂、果脯、粮食、豆制品、药材的颗粒进行真空包装或充入惰性气体包装，可以防止产品氧化、霉变、腐烂、防潮，延长产品的储存或保鲜期限。

（5）复合气调保鲜连续式包装机 采用微机程控、气动真空、光磁感应、气体自动混合等技术，在食品包装过程中保鲜气体自动混合、气体置换、热封裁切、封膜、物料转换的程序自动控制，并通过附件切换实现一机多用。

（6）贴标机

① 半自动贴标机。适用于在小批量多种生产情况下的圆柱形容器上贴纸标签。操作人员只需将容器放到机器上并取下即可。送标、上胶、贴标的工作由机器自动完成。

② 全自动贴标机。适用于圆柱形容器上贴纸标签，标签胶可用合成胶。采用变频调速，运行速度连续可调；该机的电器、气动件、轴承和链接板全部采用进口原配件，同时配有气动供胶泵。

（7）捆扎、封箱机械

① 打包机。分为全自动打包机、自动机打包机、高台打包机、低台打包机、手动打包机和液压打包机。打包机主要用于纸箱打包、木箱打包、纸张打包等各种大小货物的打包困扎。

② 自动折盖封箱机。采用上下两条传送带驱动箱体，常用规格纸箱均可使用，是一种经济实用的普及型机种。先进的带头防倾倒技术，使机器在性能上更加稳定，封箱更为可靠。

（8）热收缩包装机

① QJ瓶口热收缩机。专为各种大瓶饮用水、矿泉水、酱油和葡萄酒等瓶口进行热收缩封口包装。

② PE膜热收缩机。收缩机专用于矿泉水等PE膜的收缩包装，输送带速度可调，前后上下发热管控制旋钮调节温度，采用风机进行外冷却时收缩效果达到最佳。

（9）泡置包装机 泡置包装机是将透明塑料薄膜或薄片制成泡置，用热压封合、粘合等方法将产品封合在泡置与地板之间的机器，泡置包装机可分为滚筒式泡置包装机、平板式泡置包装机。

5. 包装技术

为了使包装的功能能够充分发挥其作用，达到最佳的包装效果，因而包装时也应采用一定的技术措施。这些技术的设计实施所支出的费用，合称包装技术费用。

按包装的主要功能不同，可以将包装技术分为：商品包装技术和运输包装技术。商品包装技术的主要内容包括：热封技术、外壳包装技术、收缩包装技术、灭菌包装技术、防霉包装技术以及印刷技术等。运输包装技术主要包括：外包装技术和内包装技术。外包装技术主要包括容器设计技术、印刷标记技术等；内包装技术主要包括防震包装技术、防潮包装技术、防锈包装技术、防虫包装技术、防鼠包装技术等内容。容器设计主要是容器尺寸和强度设计，标记技术指把必要的注意事项标记在容器上的技术。以下着重介绍内包装技术。

(1) 防震包装技术　防震包装技术也称缓冲包装技术，是使包装物品免受外界的冲击力、震动力等作用，从而防止其损伤的包装技术和方法。

产品在流通过程中破损的主要原因是受运输中震动、冲击以及在装卸作业过程中的跌落等外力作用，不同物品承受外力的作用程度虽然有所不同，但若超过一定程度便会发生毁损。为使外力不完全作用在产品上，必须采用某些缓冲的办法，使外力对产品的作用限制在不被损坏的限度之内。

企业在设计一个合理的缓冲包装时所考虑的因素范围很广，主要包括产品特性、流通环境、缓冲材料的特性和选择、产品价格、重要性程度、企业信誉、材料价格等因素。

防震材料的主要分类如下。

① 按外形可分两类。无定形缓冲材料：主要有屑状、丝状、颗粒、小块、小条等，将他们填充在产品周围。与定形缓冲材料相比，在运输包装中无定型缓冲材料用量有下降的趋势。定形缓冲材料：主要是各种材料组成的垫角、隔板、衬垫等，用它们将产品隔开、固定或包围，如成型纸浆、瓦楞纸板衬垫、纸棉材料、弹簧等。

② 按材质可分为六种。纤维类，如纸屑、纸浆、稻草、麦秆等；动物纤维类，如猪鬃、羊毛、毛毡等；矿物纤维类，如玻璃纤维、石棉等；气泡结构类，如天然橡胶、合成橡胶、泡沫材料、气泡塑料等，纸类，如瓦楞纸板、玻璃纸衬料、旧报纸和皱纹纸；防震装置类，诸如弹簧、悬挂装置等。

防震的方法主要有以下三种。

① 全面防震方法。是指内装物与外包装之间全部用防震材料填满来进行防震的包装方法，又可以细分为：压缩包装法，用弹性材料把易碎物品填塞起来进行加固，所用弹性材料一般为丝状、薄片状和粒状等；浮动包装法，和压缩包装基本相同，不同之处在于所用弹性材料为小块衬垫，这些材料可以位移和流动；裹包包装法，采用各种类型的片材把单件内装物裹包起来放入包装箱盒内；就地发泡包装法，以内装物和外包装箱为准，在其间充填发泡材料的一种技术。

② 部分防震包装法。仅在产品或内包装的拐角或局部地方使用防震材料进行衬垫即可，这种方法叫部分防震包装法。主要是根据内装物特点，使用较少的防震材料，在最适合的部位进行衬垫，降低包装成本，如电视机、收录机、洗衣机等包装。

③ 悬浮式防震包装方法。对于某些贵重易损的物品，为了有效地保证在流通过程中不受损害，外包装容器比较坚固，然后用绳、带、弹簧等将被装物悬吊在包装容器内，不与四壁接触。

防震包装设计的主题是确定防震材料的种类和厚度。

(2) 防锈包装技术　防锈包装技术是运输储存金属制品与零部件时，为了防止其生锈而降低了价值或性能所采用的包装技术和方法。其目的是：消除和减少致锈的各种因素，采用适当的防锈处理，在运输和储存中防止防锈材料的功能受到损伤等，除此之外，还要注意降低一般性的外部的物理性破坏。

目前，采用的防锈包装技术如下。

① 防锈油防锈蚀包装技术。大气锈蚀是空气中的氧、水蒸气及其他有害气体等作用于金属表面引起电化学作用的结果。如果使金属表面与引起大气锈蚀的各种因素隔绝（即将金属表面保护起来），就可以达到防止金属大气锈蚀的目的。防锈油包装技术就是根据这一原理将金属涂封防止锈蚀的。

用防锈油封装金属制品，要求油层有一定厚度，油层的连续性好，涂层完整。不同类型的防锈油要采用不同的方法进行涂敷。

② 气相防锈包装技术。气相防锈包装技术就是用气相缓蚀剂（挥发性缓蚀剂），在密封包装容器中对金属制品进行防锈处理的技术。气相缓蚀剂是一种能减慢或完全停止金属在侵蚀性介质中的破坏过程的物质，它在常温下具有极强挥发性，它在密封包装容器中，在很短的时间内挥发或升华出的缓蚀气体就能充满整个包装容器内的每个角落和缝隙，同时吸附在金属制品的表面上，从而起到抑制大气对金属锈蚀的作用。

(3) 防潮包装技术　防潮包装技术就是采用防潮材料对产品进行包装，以隔绝外部空气相对湿度变化对产品的影响，从而保护产品质量。实施防潮包装是用低透湿度或透湿度为零的材料，将被包装物与外界潮湿大气相隔绝。凡是能阻止或延缓外界潮湿空气投入的材料，均可用来做防潮阻隔层材料。现代防潮包装中，应用最为广泛的材料为：聚乙烯、聚氯乙烯、聚苯乙烯、聚酯、聚偏二氯乙烯等。

防潮包装主要有以下两种方法。

① 用透湿度低的材料包装：在防潮、防水材料中，有在纸等纤维材料上进行防潮加工的纸系材料，还有塑料薄膜及铝箔等。

② 控制包装容器内的湿气：主要还是使用干燥剂，有化学干燥和物理干燥两类，用于包装的主要是物理干燥。最常见的是硅胶。

(4) 产品包装防霉技术　产品防霉包装是为了防止因霉菌侵袭使内装物长霉而影响产品质量，所采取的一定防护措施的包装技术。

产品包装防霉处理采用耐低温包装、防潮包装和高密封包装。耐低温包装一般是用耐冷耐潮的包装材料制成的，经过耐冷处理过的包装能较长时间在低温下存放，而包装材料在低温下不会变质，达到以低温抑制微生物的生理活动，从而达到内包装不霉腐的目的。防潮包装可以防止包装内水分的增加，也可以达到抑制微生物生长和繁殖的作用，可延长内装物品的储存期。高封密包装是采用陶瓷、金属、玻璃等高封密容器进行真空和其他防霉处理（如加适量防霉剂）。

(5) 真空包装与充气包装技术

① 真空包装技术。真空包装法也称减压包装法或排气包装法。这种包装可阻挡外界的水汽进入包装容器内，也可防止在密闭着的防潮包装内部存有潮湿空气，在气温下降时结露。采用真空包装法，要注意避免过高的真空度，以防损伤包装材料。

一般的肉类商品、谷物加工商品以及某些容易氧化变质的商品都可以采用真空包装，真空包装不但可以避免或减少脂肪氧化，而且抑制了某些霉菌和细菌的生长。同时在对其进行加热杀菌时，由于容器内部气体已排除，因此加速了热量的传导，提高了高温杀菌效率，也避免了加热杀菌时，由于气体的膨胀而使包装容器破裂。

② 充气包装技术。也是所谓气体置换包装，是采用不活泼气体（氮气、二氧化碳气体等）置换包装容器中空气的一种包装技术。目的是通过改变密封容器中气体的组成成分，降低氧气的浓度从而抑制微生物的活动，达到防霉、防腐和保鲜的目的。

(6) 收缩包装　收缩包装就是用收缩薄膜裹包物品（或内包装件），然后对薄膜进行适当加热处理，使薄膜收缩而紧贴于物品（或内包装件）的包装技术方法。

收缩薄膜是一种经过特殊拉伸和冷却处理的聚乙烯薄膜，由于薄膜在定向拉伸时产生残余收缩应力,这种应力在获得一定热量后便会消除,从而使其横向和纵向均发生急剧收缩,同时使薄膜的厚度增加,收缩率通常为30%～70%,收缩力在冷却阶段达到最大值,并能长期保持。

(7) 拉伸包装　拉伸包装是二十世纪七十年代开始采用的一种新包装技术,它是由收缩包装发展而来的,拉伸包装是依靠机械装置在常温下将弹性薄膜围绕被包装件拉伸、紧裹,并在其末端进行封合的一种包装方法。由于拉伸包装不需进行加热,所以消耗的能源只有收缩包装的二十分之一。拉伸包装可以捆包单件物品,也可用于托盘包装之类的集合包装。

(8) 危险品包装技术　按照危险品的性质、特点,按照有关法令、标准和规定专门设计的包装技术与方法。危险品的运输包装上必须标明不同性质、类别的危险货物标志以及装卸搬运的要求标志。

对于易燃易爆物品,如过氧化氢有强烈的氧化性,遇有微量不纯物质或受热,就会急剧分解引起爆炸。防爆包装方法是采用塑料桶包装,然后将塑料桶装入铁桶或木箱中。每件净重不超过50千克,并有自动放气的安全阀,当桶内的压力达到一定气体压力时,能自动放气。

对于腐蚀性物品,注意避免物品与包装容器的材料发生化学作用。如金属类的包装容器,要在容器内壁涂上涂料,防止腐蚀。

对有毒物品防毒的主要措施是严密包装,不透气。包装上要有明显的有毒标志,并标明装卸搬运的要求。

(9) 集合包装　集合包装是指将若干包装件或商品组合在一起形成一个适合运输的单元。

① 托盘包装,是为了有效地装卸、运输、保管,将其按一定的数量组合放置于一定形状的台面上。这种台面有供叉车从下部插入并将台板托起的插入口。以这种结构为基本结构的平板台板和各种在这种基本结构基础上所形成的各种形式的集装器具都叫托盘包装。

② 集装箱包装,是用于货物运输、便于用机械装卸的一种集合包装。集装箱适合多种运输工具使用,是一个大型包装箱,具有安全、迅速、简便、节省等优点,集装箱运输是一种较好的运输方式。

集合包装主要以集装箱为主,可以将装满货物的托盘和集装容器、集装货捆一起装进大型的集装箱内,以便搬运、装卸和运输。

(10) 防虫包装技术　防虫包装技术,一般用的是驱虫剂,即在包装中放入有一定毒性和嗅味的药物,利用药物在包装中挥发气体杀灭和驱除各种害虫。常用的驱虫剂有萘、对位二氯化苯、樟脑精等。也可采用真空包装、充气包装、脱氧包装等技术,使害虫无生存环境,从而防止虫害。

二、包装的主要功能

1. 保护功能

包装的首要功能就是保护商品。产品离开生产线而成为商品进行销售,从时间上往往要经过几个月,甚至更长的时间。因此,保护商品的意义是多重的。

① 包装不仅要防止商品物理性的损坏如防冲击、防震动、耐压等,也包括各种化学性及其他方式的损坏。如啤酒瓶的深色可以保护啤酒少受到光线的照射,防止变质。还有各种复合膜的包装可以在防潮、防光线辐射等几方面同时发挥作用。

② 包装不仅要防止由外到内的损伤,也要防止由内到外产生的破坏。如化学品的包装如果不达到要求而渗漏,就会对环境造成破坏。

③ 包装对产品的保护还有一个时间的问题,有的包装需要提供长时间甚至几十年不变的保护,如红酒。而有的包装则可以运用简单的方式设计制作,可以容易销毁,不污染

环境。

2. 方便运输

包装还须具有方便运输的功能。运输工具现代化往往可以把许多单件包装或多类包装组合起来，以组合的形式把商品运输到流通领域。商品经组合化后，便于多次储运和装卸，方便长途运输、减轻人力装卸强度、减少机械化作业次数，节约装卸费用、防止货物受损。

3. 促销功能

业内有句俗话，品牌认同消费者，广告吸引消费者，终端包装打动消费者。商品从企业生产到市场流通，最终到消费者手里需要经过多个环节，而包装是整个流通中最后一个提升产品形象的环节，也是消费者在购买商品时最直观、最直接的一个环节。消费者在购物时，除了对产品的品牌认知以外，往往会通过包装的外表形象去推测产品的质量，而美观、富有创意的包装不仅能够体现产品的品位，而且能使商品迎合消费者的心理需求并留下清晰深刻的印象，起到自我推荐的作用，最终刺激消费者的购买欲。所以包装成了商品沉默的推销员，也成了最有效的推销员。而且，在同等质量条件下，方便携带的商品更能得到消费者的认可，这就要求企业在设计包装时，要以消费者的实际需求为立足点。

4. 信息传递功能

包装设计是传达信息的媒介，是商品最直接的广告。有独特的造型、新型的材料与精美的印刷，可以引起消费者的视觉愉悦。图形设计逼真或富有情趣地传达出商品的质感、形状、用途及使用对象、效果等。文字设计则详细说明了商品的牌号、品质、价格、成分、保存方法、制造与有效时间，以及一般技术性指标、用后处理方法等。色彩设计更有效地渲染了商品的特质与韵味、整体构成关系，最终传达出一种独特的文化氛围。

包装的另外一个信息传递的方式就是跟踪。一个良好的物料搬运管理系统能在收货、储存、取货、出运的各个过程中跟踪商品。这种对商品的积极控制，减少了商品的货差，而且有利于监控人员的工作效能。如果没有便携式条形码扫描仪和RF（射频）信息传递，那么对商品的跟踪成本可能过高。价格低廉的扫描设备和代码的标准化也提高了跟踪能力和效率。

三、包装成本的构成与计算

根据有关资料显示，包装成本一般约占物流成本的10%，但有些产品（特别是生活消费品）包装成本却高达50%左右。其构成包括材料成本、机械设备成本、技术成本、人工成本、辅助成本等。

1. 购入材料成本

企业的包装材料除少数自制外，大部分是通过采购取得的。购入的材料该如何计算？哪些项目包括在采购成本之内？对此，财政部颁布的《企业会计准则》和修订的《工业企业会计准则》均有所规定和说明，外购材料的成本主要包括以下内容。

（1）买价 即购买价格。若购货时存在折扣，应将购货折扣予以扣除，即购入的材料物资，按扣除折扣后的净额计价。

（2）材料入库前发生的各种附带成本

① 运杂费。包括运输费、装卸费、包装费、保险费等。

② 运输途中的合理损耗。指企业与供货部门或运输部门所签订的合同中规定的合理损耗或必要的自然损耗。

③ 入库前的挑选整理费用。主要包括挑选整理过程中发生的人工费用的支出和必要的损耗，减去回收的下脚废料价值后的金额。

④ 购入材料应负担的税金（不包括增值税）和其他费用，如进口关税、进口消费税和大宗材料的市内运费等。

由于每次采购不是一种材料，对于外购材料采购成本可按下列程序计算。

对于买价可直接计入各种材料的采购成本；对于各种附带成本，凡能分清归属的，可直接计入各种材料的采购成本，不能分清的，可根据各种材料的特点，采用一定的分配方法，分配计入各种材料的采购成本。其分配方法通常按材料的重量、体积、买价等分配。

【例 6-1】 企业从外购入甲材料 200 千克，不含税单价是 15 元，乙材料 100 千克，不含税单价 10 元，共支付运杂费 500 元。运杂费按材料重量比例分摊。

甲、乙两种材料的采购成本计算，如表 6-1 所示。

表 6-1 甲、乙两种材料的采购成本计算

材料名称	买价/元	运杂费分配率	应分摊运杂费/元	总成本/元	单位成本/元
甲材料	3 000	$\dfrac{500}{3\,000+1\,000}=0.125$	375	3 375	16.875
乙材料	1 000		125	1 125	11.25

2. 发出材料成本

由于企业的各种材料是分次分批分别由不同地点购进的，而每次购进的同种材料单价又往往不同，因此，在每次发料时，就存在到底按哪一批单价计价的问题，企业可以根据不同情况，采用不同方法计价。但是，不论采用哪种方法，都会对企业的财务状况损益计算以及缴纳所得税的数额产生影响。因而，计价方法一经确定，企业不得随便变动。

（1）先进先出法 先进先出法是材料成本的计价方法之一，指根据先入库先发出的原则，对于发出的材料采用以先入库材料的单价计算发出材料成本的方法。采用这种方法的具体做法是：先按材料的期初余额的单价计算发出的材料的成本，领发完毕后，再按第一批入库的材料的单价计算，依此从前向后类推，计算发出材料和结存材料的成本。采用这种方法，先购入的材料成本在后购入的材料成本之前转出，用先进先出法计算的发出材料成本和期末材料成本余额，比较接近市价。

现以甲材料为例，采用先进先出法计算发出材料和期末材料的成本。见表 6-2 所示。

表 6-2 甲材料明细账

20××年		摘要	收入			支出			结余		
月	日		数量/千克	单价/（元/千克）	金额/元	数量/千克	单价/（元/千克）	金额/元	数量/千克	单价/（元/千克）	金额/元
3	3	期初余额	—		—			—	400	30	12 000
	4	购入	500	40	20 000				400 500	30 40	12 000 20 000
	8	发出	—		—	400	30	12 000	500	40	20 000
	11	购入	600	50	30 000				500 600	40 50	20 000 30 000
	15	发出				500 400	40 50	20 000 20 000	200	50	10 000
	23	购入	100	60	6 000				200 100	50 60	10 000 6 000
	31	本月合计	1200	—	56 000	1 300	—	52 000	200 100	50 60	10 000 6 000

采用先进先出法，其优点是使企业不能随意挑选材料计价以调整当期利润，有利于均衡

核算工作。缺点是对发出的材料要逐笔进行计价并登记明细账的发出与结存,核算工作量比较烦琐,特别是对于材料进出量频繁的企业更是如此。而且当物价上涨时,会高估企业当期利润和库存材料价值,增加企业的税收负担,不利于企业资本保全;反之,会低估企业材料价值和当期利润。

(2) 月末一次加权平均法 月末一次加权平均法,是指以当月全部购进材料数量加上月初结存材料数量作为权数,去除当月全部购进材料成本加上月初结存材料成本,计算出材料的加权平均单位成本,以此为基础计算当月发出材料的成本和期末结存材料的成本的一种方法。计算材料的平均单位成本的公式如下:

$$材料月末加权平均成本 = \frac{月初结存材料金额 + 全月购入材料金额}{月初结存材料数量 + 全月购入材料数量} \quad (6-1)$$

$$本月发出材料成本 = 本月发出材料的数量 \times 材料加权平均成本 \quad (6-2)$$

$$月末库存材料成本 = 月末库存材料数量 \times 材料加权平均成本$$
$$= 月初库存材料的实际成本 + 本月购入存货的$$
$$实际成本 - 本月发出材料的实际成本 \quad (6-3)$$

仍以上述甲材料明细账为例,采用月末一次加权平均法计算发出材料和期末库存材料的成本。见表 6-3 所示。

表 6-3 甲材料明细账

20××年		摘要	收入			支出			结余		
月	日		数量/千克	单价/(元/千克)	金额/元	数量/千克	单价/(元/千克)	金额/元	数量/千克	单价/(元/千克)	金额/元
3	3	期初余额	—	—	—	—	—	—	400	30	12 000
	4	购入	500	40	20 000				900		
	8	发出				400			500		
	11	购入	600	50	30 000				1 100		
	15	发出				900			200		
	23	购入	100	60	6 000				300		
	31	本月合计	1 200	—	56 000	1 300	42.5	55 250	300	42.5	12 750

$$材料月末加权平均单位成本 = \frac{12\,000 + 20\,000 + 30\,000 + 6\,000}{400 + 500 + 600 + 100} = 42.5 (元/千克)$$

$$本月发出材料成本 = 1\,300 \times 42.5 = 55\,250 (元)$$

$$月末库存材料成本 = 300 \times 42.5 = 12\,000 + 56\,000 - 55\,250 = 12\,750 (元)$$

采用加权平均法,只在月末一次计算加权平均单价,所以比较简单。而且在市场价格上涨或下跌时所计算出的单位成本平均化,对存货成本的分摊较为折中。但是,月末一次加权平均法的缺点是平常无法从账上提供发出和结存材料的单价及金额,不利于加强对材料的日常管理。

(3) 移动加权平均法 是指每次购进材料的成本加上原有库存材料的成本,除以每次购进材料的数量加上原有库存材料的数量,据以计算加权平均单位成本,作为在下次购进材料前计算各次发出材料成本依据的一种方法。其计算公式为:

$$材料移动加权平均单位成本 = \frac{原库存材料金额 + 本批购入材料金额}{原库存材料数量 + 本批购入材料数量}$$

$$本次发出材料成本 = 本批发出材料数量 \times 材料移动加权平均单价$$

月末库存材料成本＝月末库存材料的数量×本月月末材料移动加权平均单价

仍以上述甲材料明细账为例，采用移动加权平均法计算发出材料和期末库存材料的成本，见表6-4所示。

表6-4 甲材料明细账

20××年		摘要	收入			支出			结余		
月	日		数量/千克	单价/(元/千克)	金额/元	数量/千克	单价/(元/千克)	金额/元	数量/千克	单价/(元/千克)	金额/元
3	3	期初余额	—	—	—	—	—	—	400	30	12 000
	4	购入	500	40	20 000	—	—	—	900	35.56	32 000
	8	发出	—	—	—	400	35.56	14 224	500	35.56	17 776
	11	购入	600	50	30 000	—	—	—	1 100	43.43	47 776
	15	发出	—	—	—	900	43.43	39 087	200	43.43	8 689
	23	购入	100	60	6 000	—	—	—	300	48.96	14 688
	31	本月合计	1 200	—	56 000	1 300	—	53 311	300	48.96	14 688

4日，第一批购入材料后的移动加权平均单位成本＝$\frac{12\,000+20\,000}{400+500}$＝35.56（元/千克）

8日，发出材料成本＝400×35.56＝14 224（元）

11日，第二批购入材料后的移动加权平均单位成本＝$\frac{17\,776+30\,000}{500+600}$＝43.43（元/千克）

15日，发出材料成本＝900×43.43＝39 087（元）

23日，第三批购入材料后的移动加权平均单位成本＝$\frac{8\,689+6\,000}{200+100}$＝48.96（元/千克）

月末库存材料成本＝300×48.96＝14 688（元）

采用移动加权平均法核算发出和库存材料成本，其优点在于能使企业管理者及时了解材料的结存情况，而且计算的平均单位成本以及发出和结存的材料成本比较客观。缺点是每次购买材料都要计算一次平均单价，计算工作量较大，对购买材料批数较频繁的企业核算工作量较大。

(4) 个别计价法 亦称个别认定法、具体辨认法、分批实际法，其特征是注重所发出材料具体项目的实物流转与成本流转之间的联系，逐一辨认各批发出材料和期末结存材料所属的购进批别或生产批别，分别按其购入或生产时所确定的单位成本作为计算各批发出材料和期末库存材料的成本。即按每一种材料的实际成本作为计算发出材料成本和期末结存材料成本的基础。其计算公式为：

发出材料的实际成本＝各批(次)材料发出数量×该批次材料实际进货成本

【例6-2】 某工厂本月生产过程中领用A材料3 000千克，经确认其中1 000千克属第一批入库，单位成本为25元；其中800千克属第二批入库，单位成本为26元；其中1 200千克属第三批入库，单位成本为28元。本月发出A材料的成本计算如下：

发出材料的实际成本＝1 000×25+800×26+1 200×28＝79 400（元）

采用这种计价方法的优点是计算发出材料的成本和期末库存材料的成本比较合理、准确，按其购入时价格计价。其缺点在于：实务操作的工作量繁重，困难较大。个别计价法适用于容易识别、材料品种数量不多、单位成本较高的材料计价。对于不能替代使用的材料、为特定项目专门购入或制造的材料（如珠宝、名画等贵重物品）以及提供劳务的成本，通常采用个别计价法确定发出材料的成本。

3. 包装机械设备成本

现代包装发展的重要标志之一是包装机械设备的广泛应用。包装机械设备不仅可以极大地提高包装的劳动生产率，改善劳动条件，也可大幅度提高包装的质量水平。包装机械设备成本包括包装机械的折旧费、维修费。

折旧是指包装机械设备由于在使用过程中的损耗而定期逐渐转移到包装中的那一部分价值。影响折旧的主要因素有包装机械设备的原值、折旧期限、净残值和计提折旧的起止时间，计提折旧的主要方法有：平均年限法、工作量法、双倍余额递减法和年数总和法。企业一旦选择某种折旧方法，就不能随意改变。包装机械设备的维修费是包装机械发生部分损坏而进行修理时支出的成本，分为中小修理和大修理。中小修理的成本直接计入当期成本，大修理的费用由于其支出额较大，可以分期计入包装成本。

4. 包装技术成本

商品在流通的过程中可能会受到外界的各种影响，这些影响因素可能会使商品受到损害，因此，商品在包装时要采取一定的技术措施。比如防震包装、防锈包装、防霉包装等。这些技术的设计、运用等所支出的成本，合称为包装技术费用。包装技术费用包括包装技术设计费用和包装辅助费用。

(1) 包装技术设计费用　包装技术设计费用是指在包装技术的设计过程中所发生的与设计包装技术有关的一切费用，主要包括设计人员的工资、设计过程中领用的材料或产品以及各种现金支出。

① 设计人员的工资。这包括设计人员的标准工资、奖金、津贴、补贴、加班加点工资及特殊情况下支付的工资。设计人员的工资，应根据其考勤记录和个人工资标准计算，计算公式为：

应付月工资＝月标准工资＋各种补贴＋加班加点工资＋各种奖金－事假或旷工日数×平均日工资－病假日数×平均日工资×病假应扣工资百分比－保险费－应缴个人所得税等

② 设计中领用材料或产品。设计人员在设计产品包装的过程中，经常需要经过反复试验。为试验领用的材料，其成本的计算与企业当期领用的材料（包装材料）成本计算方法相同；为试验领用的产品，其成本计算方法与企业产品成本计算方法相同。

③ 与设计有关的其他各种成本支出。与设计有关的其他各项成本支出均应以实际支出额为准。

当包装技术是通过购买专利等形式取得时，购买专利等的费用为包装技术购买成本。

(2) 包装辅助费用　主要是指实施包装技术所需的辅助包装而发生的费用。包装辅助费用主要包括包装标记、标志及标识、拴挂物的成本、一些低值易耗品、燃料、动力等支出。

5. 包装人工成本

包装人工成本是指从事包装的操作工人与其他有关人员的工资、奖金、津贴、补贴等成本的总和。

包装人工成本的计算，须有准确的原始记录资料，包括工资卡、考勤记录、工时记录、工作量记录等原始凭证，企业的会计部门根据劳动合同等有关规定和企业规定的工资标准、工资形式、奖励津贴等制度以及相关的工作考核结果计算每个包装工人及其他有关人员的工资。支付给所有包装工人及其他有关人员的工资总额即为包装人工成本。

四、降低包装成本的手段与方法

包装环节管理的好坏，包装费用支出的节约与否，直接影响着物流企业的经济效益。因此，对于物流企业来说，加强包装费用的管理十分重要。降低包装成本的手段与方法主要包括以下几个方面。

1. 优化包装设计，降低包装成本

包装设计环节主要是在试验阶段，通过反复试验，寻找最优包装设计。包装设计首先考虑的一个关键问题是对货物的保护程度。包装可起到保护货物的作用，包装设计决定了对货物保护程度的大小。有时甚至会出现包装设计不仅满足了对货物的保护功能，而且出现了剩余保护的情况，从而导致了包装成本的上升。

包装设计要考虑的另一个关键问题是包装同时也担负着营销的任务，有时为了满足营销的需要，在设计包装时，会导致包装成本的上升。

因此，根据包装要达到的目标，需要对包装的设计进行仔细的分析与研究，杜绝过剩包装，这是降低包装成本的主要方法之一。

优化包装设计，杜绝过剩包装出现的方法主要有两种。

① 实验室阶段确定包装设计是否合理。最终的包装设计可以在大量测试的基础上确定，以保证在包装成本最低的情况下，使设计达到功能、质量、品牌定位的要求。这些试验可在实验室里完成，也可在装运的过程中进行测试，进行改良。通过试验可以去掉包装设计中不合理的部分，使之既能达到企业对包装的要求，又能做到包装成本最低。

② 合理选择包装材料，降低包装费用。在保证产品功能不降低的前提下，可以选择有代替性的廉价材料，如用国产材料代替进口材料。采取合理的包装工艺，发挥专业人员的作用，博采众长，集思广益，开发一种更新的物美价廉的包装。这种方式，不仅在经济上合算，在技术上也是可行的。

2. 实现包装机械化，降低包装成本

近年来，随着生产与流通日益社会化、现代化，产品包装正以崭新的面貌崛起，受到人们的普遍重视。现代包装的基本含义是：对不同批量的产品，选用某种有保护性、装饰性的包装材料或包装容器，并借助适当的技术手段实施包装作业，以达到规定的数量和质量，同时设法改善外部结构，降低包装成本，从而在流通直至消费的整个过程中使之容易储存搬运，防止产品破损变质，不污染环境，便于识别应用和回收废料，有吸引力，广开销路，不断促进扩大再生产。

大量事实表明，实现包装的机械化和自动化，尤其是实现具有高度灵活性（或称柔性）的自动包装线，不仅体现了现代生产的发展方向，同时也可以降低包装成本，获得巨大的经济效益。具体表现在以下几个方面。

① 可提高包装作业效率，加速产品的不断更新。机械包装的生产能力往往比手工包装提高几倍，十几倍甚至几十倍，无疑这将会更好地适应市场的实际需要，合理安排劳动力，从而有利于降低包装成本。

② 能够节约原材料，减少浪费，降低包装成本。有些粉末、液体物料在手工包装过程中容易发生逸散、起泡、飞溅现象，若改为机械包装，不仅可以节约包装材料，而且会大大减轻损伤。

③ 可大大缩减劳动工资成本。实现包装机械化，以机械代替人工，企业可减少劳动工资成本。例如，就瓦楞纸箱而言，分别有纸箱组装机、装箱机、贴封签机、订合机等，将上述几种机器连接起来，组成全自动瓦楞纸箱生产线，这样便可节约劳动力 70% 左右，生产效率可大幅度提高，降低了劳动工资成本。

④ 能增加花色品种，改善产品质量，加强市场竞争能力。现代包装机械所能完成的工作已远远超出了简单地模仿人的动作，甚至可以说在很多场合用巧妙的机械方法包装出来的成品，在式样、质地或精度等方面，大都是手工操作无法胜任和媲美的，也就意味着同样的

包装材料可以产生更大的经济效益。随着商品的多样化，这一点越来越引起了人们的重视。另外，用机械手代替人手，就足以最大限度地避免操作人员同产品直接接触时可能产生的感染，从而保证食品药物的清洁卫生和金属制品的防锈防蚀，延长了产品的寿命。

⑤ 能改善劳动条件，避免污染、危害环境。对有剧毒、刺激性的、低温、潮湿性、易爆炸、发射性的以及必须放置在暗室的物品，实现了包装的机械化和自动化，便可大大改善操作条件，避免污染、危害环境。至于对需要进行长期、频繁、重复的以及其他笨重的包装工作，如能实现机械化和自动化，则能大大减轻体力劳动强度，保证工人身体健康和提高生产效率。

3. 实现包装规格的标准化

包装标准是以包装为对象制定的标准。我国现已制定包装国家标准500多项。实现包装标准化，可以保证包装质量，并使包装的外部尺寸与运输工具、装卸机械相配合，不仅方便物流过程的各项作业，同时也降低了包装成本。包装标准主要包括以下几部分内容。

① 包装术语。包括基础、机械、木容器、菱镁混凝土容器、金属容器印刷等术语。

② 包装尺寸。包括硬质直方体运输包装尺寸系列、圆柱体运输包装尺寸系列、袋类运输包装尺寸系列、航空货运集装单元技术要求、包装单元货物尺寸、运输包装件尺寸界限等规定。

③ 包装标志。包括危险货物包装标志、包装储运图示标志、运输包装收发货标志、通用商品条码、通用商品条码符号位置、条码符号印刷质量的检验、塑料包装制品的回收标志、货物类型、包装类型和包装材料类型代码等规定。

④ 包装容器。包括各类容器，如瓶、桶、袋、木箱等的标准和容器试验方法。

⑤ 包装印刷。包括平板装潢印刷品、凸版装潢印刷品、凹版装潢印刷品、纸和纸板印刷光泽度、印样的制备等规定。

⑥ 包装材料。包括各类包装材料，如纸、纸板、塑料薄膜、木材、各类包装袋等的标准和包装材料试验方法。

⑦ 包装管理。包括销售包装设计程序、纸箱制图、包装图样要求、危险货物运输包装类别划分原则、运输包装件抽样检验、放射性物质运输包装质量保证、危险化学品标签编写导则等规定。

⑧ 包装技术。包括防霉包装、现场发泡包装、托盘包装、防水包装、防锈包装、防潮包装、缓冲包装设计方法等规定。

⑨ 产品包装。产品包装标准是按行业进行划分的，如机电、电工、仪器仪表、邮电、纺织、食品、农产品、医药等行业均有相应的产品包装标准。一般包括包装技术条件、检查验收、专用检查方法、储运要求与标志等内容。

⑩ 相关标准。主要指与包装关系密切的标准，如集装箱技术条件和尺寸、托盘技术条件、尺寸系列、叉车规格等。

4. 包装物的回收和旧包装利用

我国生产企业每年产生的旧包装数量庞大，回收利用潜力巨大。包装物的回收是将使用过的包装物和其他辅助包装材料，通过各种渠道和各种方式进行回收，然后由有关部门进行修复、净化、改造以供再次使用。企业回收利用旧包装能解决企业的部分急需，降低生产成本，节省包装材料，节省加工劳动，节省因包装而造成的能源、电力的消耗等。另外，我国资源有限，不可再生资源的使用紧张。包装材料对资源的消耗数量较大，企业如能回收利用旧包装，能为国家节省大量的资源。

5. 组织散装运输，降低包装成本

散装运输是现代物流中备受推崇的技术，也被称为无包装运输。散装运输是将原来用桶装、袋装、瓶装的水泥、谷物等颗粒状、粉末状和液体货物，取消其包装，通过适当的工具和设备进行的运输。目前，美国、加拿大、澳大利亚等盛产小麦的国家，小麦的储存和运输，无论出口或内销，几乎都采用散装形式。其他如食糖和化肥等也多如此。中国于1961年在沿海港口开始接卸装运进口散粮的船舶；1964年，新疆水泥厂开始试运散装水泥，以后逐步得到推广。开展散装运输的优点如下。

① 减少工序，实现装卸、搬运机械化，改善劳动条件，提高劳动生产率。

② 节省包装材料，如包装一吨水泥，约需 6 千克的包装纸，而制造这些纸需要红白松优质木材约 0.033 立方米。散装后即可节约大量木材。粮食散装，比袋装可以节约大量麻、棉等包装材料。

③ 节省费用，降低成本，如每吨水泥的包装费约占水泥生产成本的 1/5，销售价格的 1/6。节省包装费用，就可显著降低生产成本。

④ 减少损失，保证质量，如袋装水泥，从生产到使用，一般要经过生产-装载-运输-卸载-储存-使用等几次作业，纸袋破损率一般为 10% 左右，有时高达 30%，水泥损失量一般为 2.5%～5.0%。散装水泥用密封容器运输，损失量可减少到 0.5%。同时，袋装水泥在储存过程中容易发生质变，特别是高标号水泥，袋装储存半年后，强度平均降低约 20%，而散装水泥密封储存，不易受潮、变质。粮食散装运输，在设备配套的情况下，损失和污染也较少。

第二节　客户服务成本

随着经济发展的全球化，在物流是"第三利润源"的观念逐渐被接受和证明的环境里，现代物流在我国越来越被各个行业所重视。面对激烈的市场竞争，物流企业如何在巩固老客户的基础上开拓新客户，如何为不同客户提供个性化的服务，如何降低客户服务成本，需要企业加以特别的关注。

一、客户服务的概念和组成要素

1. 客户服务的概念

物流企业提供给各种企业的是物流服务，从某种意义上说，"服务"是物流的性质，而一流的客户服务已成为高水平物流服务企业的标志。客户服务不仅决定了原有的客户是否会继续维持下去，而且也决定了有多少潜在客户会成为现实的客户。

那么什么是客户服务呢？一些学者认为，客户服务是发生在买方、卖方及第三方之间的一个过程，这个过程使交易中的产品或服务增值。这种增值意味着双方都得到价值的增加。在我国，普遍认为客户服务是：在合适的时间（Right Time）和合适的场合（Right Place），以合适的价格（Right Price）和合适的方式（Right Channel or Way）向合适的客户（Right Customer）提供合适的产品和服务（Right Product or Service），使客户的合适需求得到满足、价值得到提高的活动过程。其中，为合适的客户提供合适的产品和服务，以合适的方式提供产品和服务，使客户实现合适的需求是客户服务的核心内容。

2. 客户服务的组成要素

客户服务的组成要素十分繁杂，且不同性质的行业在客户服务上也存在很大的差别。但一般来说，客户服务要素根据存在阶段的不同，可将其划分为以下三类。

（1）交易前客户服务要素　交易前要素主要是为开展良好的客户服务创造适宜的环境。存在于交易前的客户服务要素不但与企业的客户服务策略有着十分密切的关系，而且在很大程度上影响到客户对企业的感觉及满意度。在执行和运作物流客户服务之前，企业必须保证所有交易前的要素都到位，为物流企业稳定持久地开展客户服务活动打下良好的基础。交易前客户服务要素包括以下内容：

① 客户服务书面指南。客户服务书面指南用来向客户陈述企业的客户服务政策与标准，是企业对客户做出的有关客户服务的书面承诺。客户服务书面指南以正式的文字说明形式表示，其内容应包括：如何为客户提供满意的服务、客户服务标准、每个职员的职责和业务等。给客户提供书面说明，一方面可以增进物流客户对公司的信任，另一方面可以减少客户对某些不切实际的服务存有期望。

此外，指南还必须为客户提供相关的沟通方式，以便客户在企业承诺的服务水平没有兑现的情况下，能及时与企业取得联系。

② 构建客户服务的组织机构。为保证客户服务政策的顺利实施，物流企业应构建相关的组织机构。合理的组织机构将有利于实施客户服务政策的各职能部门之间的沟通与合作，使企业在策略、运作和错误修正等方面的沟通都变得通畅，从而提高客户服务政策的实施效果。构建客户服务的组织机构时，必须明确各组织机构的权责范围，保障和促进各职能部门之间的沟通与协作，以求最大限度地实现客户服务的优质化，提高客户的满意度，必须建立激励机制，以便激励客户服务岗位中的工作人员与企业其他职能部门的员工密切合作。

③ 物流系统的应急服务。物流系统的应急服务就是指具有处理由于可能的意外事件导致的系统瘫痪或系统运行在短时间内剧烈变化的能力。在现实中，有时会出现一些让人意想不到的事件，为了使客户得到满意的服务，在缺货、自然灾害、劳力紧张等突发事件出现时，必须有应急措施来保证物流系统正常高效运作。

④ 增值服务。企业与客户之间的关系是互动的，增值服务是企业保障竞争力的重要武器。增值服务是为了巩固与客户的合作伙伴关系，向客户提供管理咨询服务及培训活动等。具体方式包括发放培训材料、开办培训班、专题讨论会、一对一或利用通信工具进行咨询等。一般来说，增值服务可以免费提供给客户，也可以根据实际情况采取收费的方式进行提供。

（2）交易中客户服务要素　交易中要素主要是指直接发生在物流过程中的客户服务活动。交易中客户服务要素对企业销售有直接的影响，因此，企业往往给予这些要素最大的关注。交易中客户服务要素包括以下内容。

① 缺货水平。缺货水平是对产品供应情况的一种测度。为了找出引起缺货问题的环节，缺货情况应当根据产品和客户来进行登记。当出现缺货时，可以通过加速发货或者安排合适的替代产品来维持与客户的良好关系。

② 订货信息。订货信息是指为客户提供关于库存情况、订单状态、预期发货和交付日期及延期交货情况的快速和准确信息的能力。这种能力使企业能够确定那些需要立即处理的订单，并建立相应的订单处理程序。

③ 订货周期。订货周期是指从客户开始发出订单到产品交付给客户的总时间。虽然客户主要关心的是订货周期的总体时间，但是控制和管理好组成订货周期的订单传递、输入、处理、分拣、包装和交付等每一个组成部分，用来确定订货周期变动的原因，对于客户服务来说是非常重要的。

④ 加急发货。尽管加急发货的成本要比正常发货的成本高出许多，但是可能仍然要比失去客户的成本要低。客户服务战略的策划应当考虑这些客户应当得到的服务。对于管理来说，决定哪些客户应该得到加急发货及哪些客户不适合采用加急发货，是非常重要的。一般来说，这样一种政策是根据某个特定客户对企业赢利的贡献大小决定的。

⑤ 特殊货物的运送。有些货物不能按常规方法运送，而需要采用特殊运送方式。提供

特殊运送成本比较高。但为了能够跟客户建立一种长期合作的关系，这一服务也是非常重要的，物流企业应力所能及地为客户排忧解难。

⑥ 订货的方便性。订货的方便性是指一个客户在下订单时所经历的困难的程度。一般来说，客户最喜欢同反应迅速、工作效率比较高的物流企业合作，如果在一些小细节上不注意，例如单据格式让人费解、让客户在电话中等待过久等，客户都会产生反感，从而对企业产生不良的影响，导致改变与物流企业的合作等情况的发生。一个比较合适的绩效衡量指标是，与方便性有关的问题数占订单数的百分比。这些问题可以通过对客户进行现场采访、问卷调查或电话回访的方式来识别、减少或消除。

(3) 交易后客户服务要素　交易后客户服务要素主要指产品的售后服务。从数量上讲，交易后的要素在所有客户服务要素中所占的比例较低，而且在客户对不良服务的投诉中，交易后的要素也要比其他类型的要素要少，因此交易后要素在物流客户服务要素中最容易被忽略。但现实是，努力使现有客户满意、留住现有客户比开发新客户更有效率，由此企业必须提高对这类要素的关注度。交易后要素主要内容如下。

① 设备安装、保修、更换及提供零部件。随着经济的发展和市场竞争激烈程度的加剧，该要素的重要性等级不断提升。特别是对于那些服务成本远远超过了产品本身成本的产品来说，该要素就显得更为重要。为了使客户满意，针对此方面的服务，企业应当努力做到：为客户提供高水平、周到的安装服务；确保零部件供应充足，当产品出现毛病时可及时提供修理服务；确保质量管理的有效执行。

② 产品跟踪。产品跟踪就是指企业对已经投放市场的产品，进行随时跟踪，如果发现产品存在隐患，企业应及时地从市场上收回所有存在问题的产品。企业实施产品跟踪，并且能够在产品出现问题时进行快速反应，这将有利于企业维护自己的声誉，使企业免于陷入法律诉讼的困境。

③ 客户退货、投诉和索赔的应对。企业对于客户退货、投诉和索赔的应对状况对于客户的满意度有很大的影响。如果企业能够对客户退货、投诉和索赔做出快速而恰当的反应，那么客户由于产品问题产生的不满意就会大幅度的减少，有时甚至会对企业更加信任。通常企业在设计物流系统时，都只考虑一个移动方向——产品由企业朝客户方向移动。但是，退货是每个企业都要面临的问题，这些退货产品的运动方向与正常产品的移动方向相反，是由客户流向企业的，由于这些逆向流动属于非正常日常性运作，没有规模效应，因此处理成本很高。为了降低处理退货的物流成本，加快反应速度，企业在物流系统设计时，应该考虑这部分逆向物流。此外，企业还应当设计一套便利快捷的在线信息系统，以便能够更好地应对客户投诉。最后，企业还应保留有关索赔、投诉和退货方面的数据，以便为日后的产品开发、市场营销、物流等方面的决策提供有价值的信息。

④ 临时性替代产品的可获性。临时性替代产品的可获性是指当客户先前购买的产品出现问题而不得不进行修理时，企业能够为客户提供临时性的替代产品，以不影响客户的正常使用。例如，一些手机生产厂商在客户的手机因故障需要接受修理时，可以免费借给客户备用手机，以不影响客户的正常工作或生活。较高的临时性替代产品的可获性能够带来较高的客户满意度，这对于企业培养出更长远的客户是十分有利的。

二、客户服务成本的概念和构成

客户服务成本是广义物流成本的重要组成部分，是一种隐性成本，是指当物流客户服务水平令客户不满时产生的销售损失。该成本影响着客户对企业物流服务的感受、客户满意水平及最终能否产生客户信任。

客户服务成本不仅包括失去现有客户所产生的相关损失，还包括失去潜在客户所带来的损失。曾有调查显示，每个不满意的客户平均会向9个人所说这种不满，而这种诉说有可能使这些听众放弃选择该企业产品或服务的想法，从而使企业丧失原本可以获得的潜在的销售机会，丧失提高市场份额的机会。

三、物流客户服务成本管理

1. 客户服务与成本的关系

一般来讲，服务质量与成本是一种此消彼长的关系。客户服务质量提高，物流成本就会相应的上升。但是也不能因为成本，而忽略了客户服务的质量。概括起来，客户服务与成本的关系有以下四种类型。

① 服务不变，成本下降。在客户服务质量不变的前提下考虑降低成本，这是一种尽量降低成本来维持一定服务水平的办法。如一份科学的产品说明书可以让很多客户大量的自行解决问题，这就意味着客户服务人工成本的降低；客户能在网上解决问题，则意味着电话服务成本的降低。

② 服务提高，成本增加。为了提高客户服务质量，不惜增加服务成本，这是许多企业提高服务水平的做法。使企业在特定客户或其特定商品面临竞争时，所采取的具有战略意义的方针。

③ 服务提高，成本不变。在成本不变的前提下提高客户服务水平，这是一种追求效益的办法，也是一种有效的利用物流成本性能的办法。从企业的长远发展来看，这种办法有利于提高企业的竞争力。

④ 服务较高，成本较低。用较低的服务成本，实现较高的客户服务，这是增加销售、提高效益、具有战略意义的办法，也迎合了消费者的心态。要实现高服务低成本的局面，企业须从基础做起，详细规划产品的每个环节，提高科技含量。

企业应通盘考虑商品战略和地区销售战略、流通战略和竞争对手、客户服务成本、客户服务系统所处的环境，以及客户服务系统负责人所采用的方针等具体情况，选择企业所适合的类型。

2. 物流客户服务成本管理

物流客户服务成本是十分难以估计和衡量的。通常采取以下办法解决这一难题：根据一定的策略制定出最适合的物流客户服务水平，然后在达到该物流客户服务水平的前提下，寻求其他物流成本及狭义物流成本之和的最小化。

企业在制定客户服务策略是应当以客户的真实需求为基础，并且支持整个市场营销战略。确定客户服务策略有很多种方法，着重介绍以下三种。

(1) 熟悉客户需求　各种中间商和产品的最终用户是企业的客户，而企业通常不同终端消费者直接接触，产品一般是从零售商处转销到客户中。因此，企业难以及时地了解产品和客户的需求是否相符，零售环节客户服务水平对销售影响很大，为此，必须明确最终客户的反应模式。

企业的客户服务策略重要的一点是保证客户能方便及时地了解和购买到所需要的商品，为客户提供人性化的服务。企业工作人员可通过问卷调查、电话访问、个人访问等方式及时掌握客户的最新需求，并反映给产品开发生产相关部门，研制新产品，开发新市场。

(2) 成本与收益的权衡　产品实际上是向消费者传送服务的工具。它也就展现了这样一个事实：人们不是为了产品的实体而买产品，而是通过购买某种产品实体能够获得自己所需要的服务。简单说来就是购买行为的目的就是获得服务。因此，企业的价值就在于提供的服务。再看这样一个公式：

$$顾客让渡价值 = 顾客总价值 - 顾客总成本$$

其中，顾客总价值包括产品价值、服务价值、人员价值和形象价值等。而顾客总成本包括货币成本、时间成本、精神成本和体力成本等。而消费者进行购买行为的时候，绝对是选择顾客让渡价值最大的产品。

然而，技术的普及，使得企业通过提高产品价值、降低货币成本的途径提高顾客让渡价值获得竞争优势的可能变的很低。相反，企业却可以以极小的成本改善服务，更容易地通过提高服务价值、人员价值和形象价值降低时间成本、精神成本和体力成本，提高顾客让渡价值，从而增加企业的竞争力。

回顾几年前家电行业大打价格战，最终的结果却是两败俱伤，市场秩序混乱，导致产品质量下降、客户流失。再看现在，从海尔的客户服务中心到春兰的 24 小时金牌服务。这些都充分证明企业最终需要依靠提升服务水平增强竞争力，服务竞争必将取代价格竞争。所以，将服务提到了关系企业生存的高度绝不是危言耸听。

企业在物流客户服务上的开支，其目标是在市场组合要素之间合理分配资源以获得最大的长期收益，也就是以最低的成本实现给定的客户服务水平。

(3) ABC 分类法　ABC 分类法又称帕累托分析法，它是指根据在技术或经济方面的主要特征，进行分类排队，分清重点和一般，从而有区别地确定管理方式的一种分析方法。由于它把被分析的对象分成 A、B、C 三类，所以又称为 ABC 分析法。

ABC 分析法由意大利经济学家帕累托首创的，1879 年，帕累托在研究个人的分布状态时，发现少数人的收入占全部人口收入的大部分，而多数人的收入却只占一小部分，他将这一关系用图表示出来，就是著名的帕累托图，该分析方法的核心思想是在决定一个事物的众多因素中分清主次，识别出少数的但对事物起决定作用的关键因素和多数的但对事物影响较少的次要因素。

后来帕累托法被不断应用于管理的各个方面，1951 年，管理学家戴克将其应用于库存管理，命名为 ABC 法。1951~1956 年，朱兰将 ABC 法引入质量管理，用于质量问题的分析，被称为排列图。1963 年，德鲁克将这一方法推广到全部社会现象，使 ABC 法成为企业提高效益的普遍应用的管理方法。

ABC 分析法在管理中可普遍应用，ABC 分析法的基本程序如下。

① 收集数据。即确定构成某一管理问题的因素，收集相应的特征数据。

② 计算整理。即对收集的数据进行加工，并按要求进行计算，包括计算特征数值，特征数值占总计特征数值的百分数，累计百分数；因素数目及其占总因素数目的百分数，累计百分数。

③ 根据一定分类标准，进行 ABC 分类，列出 ABC 分析表。各类因素的划分标准，并无严格规定。

④ 绘制 ABC 分析图。以累计因素百分数为横坐标，累计主要特征值百分数为纵坐标，按 ABC 分析表所列出的对应关系，在坐标图上取点，并联结各点成曲线，即绘制成 ABC 分析图。除利用直角坐标绘制曲线图外，也可绘制成直方图。

⑤ 确定管理方式。这是"分类管理"的过程。根据 ABC 分类结果，权衡管理力量和经济效果，制定 ABC 分类管理标准表，对三类对象进行有区别的管理。

在客户管理中，根据客户与产品对企业的价值不同，为不同的客户与产品组合提供恰当的物流客户服务水平。从理想的顾客关系管理角度说，企业应该用同一标准对待所有客户，不应该存在把客户分为三六九等区别对待的情况。而现实情况恰恰相反，企业经营的目的就是赢利，所以必须将客户按价值分成不同的等级和层次，只有这样企业才能将有限的时间、精力、财力放到高价值客户身上。

ABC 分析法的基本原理已经在第五章介绍过，这里介绍其在客户管理中的应用。

某公司根据统计数据将产品客户名称依据产品销售金额大小进行相应的排序。如表 6-5

为其六月份客户 ABC 分析表。

表 6-5 某公司六月份客户 ABC 分析表   单位：元

客户名称	销货金额	累积销货金额	级别	客户名称	销货金额	累积销货金额	级别
顺正	131 000	131 000	A	联合	18 000	813 000	B
思凡	66 000	197 000	A	丰祥	17 000	830 000	B
竹英	54 000	251 000	A	元泰	17 000	847 000	B
七圆	48 000	299 000	A	存德	16 000	863 000	B
太昌	44 000	343 000	A	金泉	16 000	879 000	B
富宇	39 000	382 000	A	佳良	16 000	895 000	C
连荣	37 000	419 000	A	好家园	15 000	910 000	C
东亚	34 000	453 000	A	德兴	15 000	925 000	C
宏利	28 000	481 000	A	全新	13 000	938 000	C
文化	28 000	509 000	A	祥德	11 000	949 000	C
东市	27 000	536 000	A	振裕	11 000	960 000	C
文记	27 000	563 000	A	瑞隆	10 000	970 000	C
信昌	26 000	589 000	B	中央	10 000	980 000	C
丽元	26 000	615 000	B	一成	10 000	990 000	C
正发	25 000	640 000	B	仁美	10 000	1 000 000	C
仁记	25 000	665 000	B	永昌	9 000	1 009 000	C
北埔	24 000	689 000	B	三泰	8 000	1 017 000	C
新光	22 000	711 000	B	大正	6 000	1 023 000	C
嘉而新	21 000	732 000	B	太平	6 000	1 029 000	C
大信	21 000	753 000	B	信元	6 000	1 035 000	C
泰昌	21 000	774 000	B	振荣	5 000	1 040 000	C
信成	21 000	795 000	B				

① 制表方法：首先将客户按业绩大小顺序排列，从第一名排到最后一名；其次，将全部客户的进货金额予以累计；然后，把累积的总金额在 55% 以内的客户称为 A 级客户；其累计总金额在 55%～85% 的客户称为 B 级客户；其累计总金额在 85%～100% 的客户称为 C 级客户。

② 分析：经过"客户 ABC 分析"，就能知道本公司当前"销售通路"绩效的好坏。"客户 ABC 分析"可作为规划巡回路线的依据之一。例如：A 级客户每月拜访 3 次；B 级客户每月拜访 2 次；C 级客户每月拜访 1 次。生产工业品的厂家可以以拜访 A 级客户为中心，顺道拜访附近的 B、C 级客户；A 级客户尽量排在月初第一周优先拜访；C 级客户可运用电话以减少拜访次数。

使用 ABC 分析法对客户进行分析时，要注意如下几个问题：首先，A、B、C 各类因素的划分标准，可以根据企业具体情况确定；其次，不能过于忽视 B、C 级客户，每个企业将来都有可能发展成为 A 级客户，应培养潜在的客户；最后，企业的产品销售是一个动态的过程，在进行分析时，要注意同一客户的发展变化。

第三节 理赔成本

一、理赔的概念与产生原因

1. 理赔的概念

理赔,即保险的赔偿处理,是指保险人履行保险赔偿和给付责任,被保险人或受益人享受保险权利的具体表现,是保险补偿职能的体现。理赔是保险业务中一个极其重要的环节,是实现保险补偿职能的集中体现。保险理赔的基本程序有:出险通知;损失检验;审核各项单证;审核损失原因;核定损失程度和数额,赔付结案。

2. 理赔产生的原因

对于物流公司而言,与客户产生矛盾和纠纷更多地出现于流通环节,因此本节主要介绍流通环节的理赔成本。由于货物在流通过程中多环节作业的情况下,货运事故及流通纠纷也时有发生,因此产生了理赔。产生理赔的原因可分为以下几种。

(1) 货物灭失 造成货物灭失的原因很多,一是由于各种事故造成的灭失,如物流公司的运输工具发生交通事故,使得货物连同运输工具一起灭失;或是物流公司相关人员的过失,在车辆存在不安全因素、船舶不适合航行的状况下,仍然运行导致在途事故;或者运输工具的驾驶人员的过失引起的;二是因不可抗拒因素如自然灾害、战争等行为等造成的货物灭失;三是因盗窃造成的灭失;四是因物流公司货物管理过失造成的灭失,如装运积载不当,货物损毁使货物灭失,或是相关手续混乱造成错装错卸,使货物无法交给收货人。

(2) 货损货差 货损包括货物破损、水湿、汉湿、污染、锈蚀、腐烂变质、虫蛀鼠咬等。货差即货物数量的短缺。造成货损货差的原因,一是由于货主自身的过失,如货物本身标志不清、包装不良、货物自身的性质和货物在交付物流公司之前的数量、质量与运输凭证不符等造成的;二是物流公司的过失,如积载不当、装卸操作不当、未按要求控制货物在流通过程中的温度、载货舱室不符合载货要求等原因造成;三是装运后、途中及卸货前的期间保管不当;四是自然灾害,如台风、海啸等人力无法控制和预测的灾害造成的运输货物受损;五是由于货物固有的缺陷、计重方式不同等造成的货差。

(3) 货物的延迟交付 货物延迟交付的原因很多,如承运货物的交通工具发生事故引起货物的延迟交付,或因物流公司在接受托运时未考虑到本班次的载货能力而必须延误到下一班期才能发运,或者因流通中的道路发生阻塞,或在货物中转时因物流公司的过失使货物在中转地滞留,或因物流公司为自身的利益绕航而导致货物晚到卸货地。在航空货运中,由于天气原因和海关扣关等造成延迟交付。

(4) 单证纠纷 单证纠纷是物流公司未及时签发提单,或客户未要求签发提单而造成托运人受损的纠纷;物流公司应客户的要求倒签、预借提单,从而影响到客户的利益,客户在得知后向物流公司提出索赔;或因物流公司(或其代理人)在单证签发时的失误引起双方的纠纷等。

二、理赔处理

在货物流通中物流公司和客户产生纠纷是常有的事。正确解决这些纠纷不仅要找到真正的过失方,还要清楚物流公司或客户的过失责任问题。这是一个复杂的问题,而且其中牵涉到理赔成本的金额大小。

1. 纠纷的解决办法

物流公司和客户之间的纠纷出现后,大多数情况下,纠纷双方会考虑到多年的或良好的合作关系和商业因素，互相退让，争取友好协商解决，同时为以后的进一步合作打下基础。但也有的纠纷因双方之间产生的分歧较大，无法友好协商。双方可以寻求信赖的行业协会或组织进行调解，在此基础上达成和解协议，解决纠纷。但还会有一部分纠纷经过双方较长时间的协商，甚至在行业协会或其他组织介入调解还是无法解决，双方只能寻求司法途径。目前，解决纠纷的方法是协商、调解、仲裁和诉讼。

(1) 协商　是产生纠纷的双方在自愿互谅的基础上，按照国家政策法律和合同规定，直接进行磋商，达成协议，以解决合同纠纷的方法。这是一种有效的方法，它有利于迅速平息争议，有利于问题的迅速解决。

(2) 调解　是由第三者主持，合同争议双方当事人参加，通过调停，达成调解协议，解决合同纠纷的方法。调解的程序是：由争议一方向相关部门提出调解申请书及相应的证明材料；相关部门进行审核，符合法律规定即可受理；调解主持人通过与双方交谈，弄清事实，核实证据，分清是非，判明责任，提出调解方案。经过调解，争议双方同意调解人提出的调解方案，由主持调解部门制作调解协议书。

(3) 仲裁　仲裁是一种重要的纠纷解决手段。如果纠纷双方在纠纷发生后一致同意就该纠纷寻求仲裁，或在订立相关合同时已选择仲裁作为纠纷解决机制时，可以就该纠纷申请仲裁。仲裁申请人向指定的仲裁机构提出仲裁申请，并按仲裁规则指定1名或多名仲裁员，仲裁员通常是与该行业有关的商业人士或专业人士。仲裁员根据仲裁规则对该纠纷做出的裁决对双方都具有约束力，而且只要是仲裁过程符合仲裁规则，则该仲裁是终局的。用仲裁解决纠纷，由于仲裁员具有该行业的专业知识、经验和相应的法律知识，因此所做出的裁决通常符合商业精神，而且仲裁速度较快，费用也较法院诉讼节约。

(4) 诉讼　如双方对纠纷的解决方法进行约定，或事后无法达成一致的解决方案，则通过诉讼是解决纠纷的最终途径。各种运输纠纷可以按照我国的诉讼程序，由一方或双方向有管辖权的法院起诉，然后由法院根据适应法律和事实进行审理，最后做出判决。当然，如果某一方乃至双方对一审判决不服的，还可以根据诉讼法进行上诉、申诉等。通常法院诉讼解决纠纷，耗时长且费用高。

2. 理赔的原则

处理理赔案件时，应掌握好以下原则。

(1) 实事求是　按照事故的实际情况，分析造成事故的原因，确定损失的程度或准确数量。对应该赔偿的货物，应该给予客户相应的补偿，这有利于提高物流公司的信誉，也有利于和客户建立一种长期合作的关系。

(2) 有根有据　处理理赔案件，要进行深入细致地调查研究，掌握货损货差的有效证据。根据合同的规定，尊重有关的国际惯例，做到有根有据，这是处理货物理赔的基础。

(3) 合情合理　在处理复杂案件时，根据造成损失的各种因素，合理地确定物流公司应承担的责任。从有利案件的及时解决的立场出发，必要时可做些让步，做到合情合理，以留住现有客户，发展潜在的客户。

3. 保险金额及保险费

国内产品运输保险的保险金额，采取定值的方法加以确定并写明在保单中，以此作为保险方对保险内容遭受损失时，给予赔偿的最高限额，根据保险条款的规定，国内水路、陆路产品运输保险的保险金额，按货价加运杂费、保险费之和确定，产品运输保险的费率由赔付率决定，但由于它与其他财产保险不同，因此其费率的制定要考虑以下因素。

(1) 运输方式　运输方式分为"直运""联运"和"集装箱运输"三种。运输方式不同，运输产品保险的种类也不一样，保险费率也千差万别。其中联运的费率是按联运中使用的运输工具中费率最高的一种运输工具再加0.5%确定的；采用集装箱运输方式的，可减少产品的损失，运输风险相对较小，保险费率通常按规定费率再减50％确定。

（2）运输工具　运输工具的不同导致产品可能出事的概率不同。例如火车出事的概率要小于汽车。一种运输工具由于载重量不同，费率也有差异，例如吨位小的费率要高于吨位大的。

（3）运输距离　运输距离的长短关系到运输所需时间的多少。相对而言，产品在运输途中的时间越长，受损的概率越大，其费率比运输距离短的要高一些。由于运输距离的不同，会有时间上和地域上的差别，这也会对运输保险的费率产生影响。

（4）产品的性质　产品性质的不同往往决定了产品的受损程度和受损概率的不同。保险方承运易燃易爆易腐有毒的产品风险较大，其发生损失的可能性明显要大于一般产品，因此费率较高。我国国内水路、陆路的产品运输，根据产品的特性将产品运输保险分为五类，类别越高风险越大，费率相应也就越高。综合保险的费率要高于基本保险。

4. 赔偿处理

在对国内水路、陆路和航空产品运输保险进行赔偿处理时，应注意以下方面。

（1）处理方法　在计算赔款时，应针对全额和不全额保险情况分别处理。对于全额保险即被保险方是按起运地货价确定保险金额的，保险方根据实际损失计算赔偿；如果被保险方是按货价加运杂费确定保险金额的，保险方根据实际损失按起运地货价加运杂费计算赔偿。但两种的最高赔偿金额均已保险金额为上限。

对于不全额保险，保险方在赔偿产品损失金额和支付救援费用时，要按保险金额与产品实际价值的比例计算赔偿。

（2）保险计算　保险方对产品损失和救援费用的赔偿应分别计算，但均以不超过保险金额为限。

（3）代位求偿　当产品遭受的保险责任范围内的损失是由第三方的责任造成时，会涉及代位求偿问题。被保险方可以向责任方提出索赔，也可以向保险方要求赔偿。但是，如果向保险方索赔，则应该在获得赔偿后，签发权益转让书，将向责任方要求赔偿的权利全部转让给保险方，还有义务协助保险方做好追偿工作。

（4）保险时效　国内被保险方的有效索赔时效为180d。

第四节　物流信息系统成本

一、物流信息系统

1. 物流信息的概念及技术

我国国家标准《物流术语》对物流信息（Logistics information）的定义是：反映物流各种活动内容的知识、资料、图像、数据、文件的总称。从物流信息包含的内容和对应的功能方面，可对其进行狭义和广义两方面的考察。

从狭义范围来看，物流信息是指与物流活动（如运输、保管、包装、装卸、流通等）有关的信息。在物流活动的管理与决策中，如运输工具的选择、运输线路的确定、最佳库存量的确定、订单管理、如何提高服务水平等，都需要详细和准确的物流信息。

从广义范围来看，物流信息不仅指与物流活动有关的信息，而且包含与其他物流活动有关的信息，如商品交易信息和市场信息等。在现代经营管理活动中，物流信息与商品交易信息、市场信息相互交叉、融合，有着密切的联系。如零售商根据对消费者需求的预测以及库存状况制订订货计划，向批发商或直接向生产厂家发出订货信息。批发商在接到零售商的订货信息后，根据实际库存水平，向物流部门发出发货配送信息。广义的物流信息不仅能连接整合从生产厂家、经过批发商和零售商最后到消费者的整个供应链的作用，而且在应用现代信息技术的基础上能实现整个供应链活动的效率化，具体说就是利用物流信息对供应链各个企业的计划、协调、各个服务和控制活动进行更有效的管理。

物流信息技术一般是指与物流要素活动有关的专业技术的总称。在物流信息传递的过程中，常用到的物流信息技术有：销售时点信息（Point of Sale，POS系统）、条形码（Bar code）技术、射频技术（Radio Frequency，RF）、电子自动订货系统（Electronic Ordering System，EOS）、电子数据交换（Electronic data interchange，EDI）系统、地理信息系统（Geographical Information System，GIS）、全球定位系统（Global Positioning System，GPS）、决策支持系统（Decision Support System，DSS）、事务处理系统（Thing Process System，TPS）。现代物流信息技术对物流信息系统的高效运行发挥着十分重要的作用。

2. 物流信息系统的概念及作用

物流管理包括了对物料由供应商送至制造商、产品从制造商送至批发商/零售商，最后送到顾客手中的整个物流过程的管理。

当今的物流管理增加了更多新的内涵：成本可视化程度增加、顾客对服务的期望值不断增加、管理的集中化趋势、不断发展的信息技术等。因此物流在企业管理中的地位越来越重要。同时，物流管理也出现了一些新的挑战和难点：交货周期变短、信息缺乏集中、库存过大、资金周转时间长等。这些问题的解决，需要依赖新的物流管理手段——物流信息系统。

物流信息系统是为了实现现代化的物流管理而设立的一套对物流相关信息进行记录、收集、整理、分析，并将该信息在各部门或相关企业之间进行有效的传递和交换，以实现信息的共享与应用，并为企业提供信息分析和决策支持的人机结合的系统。用系统的观点来看，物流信息系统是企业管理信息系统的一个子系统，是通过对与企业物流相关的信息进行加工处理来实现对物流的有效控制和管理，并为物流管理人员及其他企业管理人员提供战略及运作决策支持的人机系统。

物流信息系统可分为物流作业信息系统和物流管理信息系统。物流作业信息系统包括运输作业信息系统、仓储作业信息系统、配送作业信息系统、货代作业信息系统和报关作业信息系统等。物流管理信息系统包括客户管理信息系统、结算管理信息系统和统计管理信息系统等。由于启动物流作业系统的正是从物流信息系统得到的信息，因此物流信息系统在整个物流系统中占主导地位。

物流信息系统是提高物流运作效率、降低物流总成本的重要基础设施，也是实现物流信息化管理的最重要的基础设施。因此，物流信息系统效率的高低、信息质量的好坏将会对物流作业系统和整个物流系统的运行起着至关重要的作用。

① 物流信息系统是物流企业及企业物流的神经中枢。如果没有先进的信息系统来支持，物流企业的功能就不能体现。物流企业为企业提供功能健全的物流服务，面对众多的企业和零售商甚至是客户，如此庞大的服务，只有在一个完善的信息系统的基础上才可能实现。

② 为建立以顾客为中心的服务战略提供实施依据，确立正确的顾客服务水平和物流保障系统。物流中心向社会提供的产品是一种无形的产品——物流服务，只有服务质量好了才能吸引客户。因此，现代物流中心必须保证按照客户的要求提供高质量的物流服务，以最少的时间和最低的商品损耗将商品送达合适的地点。为了保证向客户提供高质量的物流服务，必须建立一个高速通畅、动态互联的标准化信息系统。如果信息流通不畅，就不可能形成对物流服务需求全面及时地了解，更难以达到对物流过程的合理、有效的控制，也就很难满足货主的要求。

③ 物流信息系统建设是节约物流成本的重要手段。物流是"第三利润源"，其中物流信

息要素在挖掘物流领域利润中的作用非常明显。许多国内外现代物流中心都建立了先进的信息系统，通过对商品信息的标准化操作，建立有关ID（账号）代码、条形码或磁性标签等的参考体系，实现了对商品配送的自动化控制，节约了大量人力成本，提高了服务效率。

物流信息系统为企业及时地了解产品市场销售信息和产品的销售渠道、开拓市场和搜集信息、加快供应链的物流响应速度、及时掌握商品的库存流通情况也发挥了重大的作用。

在实际操作过程中，可以看看沃尔玛的经营策略。

零售业巨人沃尔玛连锁店，以每年两千余亿美元的销售额稳居全球企业五百强的前三位。沃尔玛旗下在美国已拥有连锁店约3 500家，在其他国家约1 100家，全球雇员1 200多万。如此庞大的"商业帝国"，如果没有一套完善的物流信息系统，那么其工作量之巨是无法估计的，也是不可能完成的。实际上，沃尔玛的信息系统是极其完备和先进的，在这一点上，沃尔玛居世界前列。

有资料表明，到20世纪90年代初，沃尔玛在电脑和卫星（物流信息系统的硬件设施）通信系统上就已经投资了7亿美元，而它只不过是一家纯利润只有2%～3%的折扣百货零售公司。1983年，沃尔玛与休斯公司合作的花费2 400万美元的人造卫星发射升空。到20世纪80年代末期，沃尔玛配送中心的运行完全实现了自动化。每个配送中心约10万平方米面积，每种商品都有条形码，由十几公里长的传送带传送商品，由激光扫描器和电脑追踪每件商品的储存位置和运送情况。沃尔玛在全球的4 000家门店通过它的物流信息系统网络可以在1小时之内对每件商品的库存、上架、销售量全部盘点一遍。在公司的通信卫星室里看上一两分钟就可以了解一天的销售情况，可以查到当天信用卡入账的总金额，可以查到任何地区或者任何商店、任何商品的销售数量，并且根据销售的历史纪录以及目前状况和趋势，预测出未来的销售情况，为库存和采购提供准确及时的决策依据。整个沃尔玛公司的信息系统可以处理工资发放、顾客信息和订货——发货——送货，并达成了公司总部与各分店及配送中心之间的快速直接通信。

二、物流信息系统成本分析

物流信息系统在现代物流系统中的巨大作用和耗费大的特点，决定了物流信息系统成本是现代物流成本中的一个重要组成部分，有必要对物流信息系统成本进行核算管理。

1. 物流信息系统成本的概念

物流信息系统成本是企业在收集、储存、加工、输出有用物流信息以及系统建设、维护、人员培训等过程中发生的各种费用。如各种单据在传递、打印等过程中的费用，各种信息技术和设备的购置或维护费用、管理费用等。

2. 物流信息系统成本的概念

在物流信息系统中所发生的物化劳动和活劳动的消耗，就构成了物流信息系统的成本。它是为采集、处理、传递和管理各种物流信息而发生的成本。

3. 物流信息系统成本的构成

物流信息系统成本的来源主要是物流信息系统建设和物流信息系统使用两个方面所产生的各种费用支出。物流信息系统建设成本大多形成企业的资产项目；物流信息使用成本大多数是支持企业日常物流工作的开支。

（1）物流信息系统建设成本　物流信息系统建设成本包括硬件建设费用、软件开发费用和人员培训费用。

① 物流信息系统硬件建设成本。主要包括企业物流信息中心控制系统硬件建设等基础设施的购置费用，如设备的购买。

② 物流软件开发成本。主要包括软件自行开发成本和软件购置成本。软件开发成本可以分解为软件信息调研成本、人工成本和物料成本。软件购置成本指企业购买用于物流信息

系统作业的软件所支付的费用。

③ 人员培训费用。物流信息系统建设成本中有很大一项是人员培训费用。物流信息系统建设人员培训费主要包括培训人员的工时费、材料费、被培训人员的工时费等。人员培训是物流信息系统建设的一个重要内容。如果一个企业购买了先进设备，但是不重视设备使用人员的技术培训，结果使设备闲置或者不能被充分利用，就其本质而言是最大的浪费。

(2) 物流信息系统使用成本　物流信息系统使用成本主要包括物流信息系统的生产成本、物流信息传递成本和物流信息处理成本。

① 物流信息系统的生产成本　物流信息系统生产成本的产生来自于物流系统内部信息和物流系统外部信息的使用。来自于物流系统内部的信息主要包括物料流转信息、物流作业层信息、物流控制层信息和物流管理层信息，这部分信息的成本主要表现在产生源头物流信息的人工费用和设备使用费用；来自于物流系统外部的信息主要有供货人信息、顾客信息、订货合同信息、交通运输信息以及来自有关企业内部生产、财务等部门的与物流有关的信息，这部分信息的成本主要是信息采集成本。

② 物流信息的传递成本　物流信息传递成本是物流信息使用中的一项重要成本。物流现代化主要表现在物流信息传递上的高速、准确、高效方面。这部分的支出，主要表现在通信费用、能源动力费用和设备使用维护费用方面。

③ 物流信息的处理成本　物流现代化最为核心的内容就是物流信息处理现代化。有了好的物流信息源和好的物流信息传递方式，没有好的物流信息处理，也不会产生良好的经济效益。所以，物流信息处理是物流信息现代化的最终环节和根本内容。

物流信息处理成本主要有直接物流信息处理成本和间接物流信息处理成本。直接物流信息处理成本是指支持日常工作中物流信息处理活动的各种费用开支。直接物流信息处理活动就是从大量产生的物流信息中分清有用信息、无用信息、有意义信息和无意义信息。物流信息处理成本与物流信息量成正相关关系：物流信息量越大，物流信息处理成本就会越高。间接物流信息处理成本是指由于物流信息处理不当造成物流信息失真而增加的物流费用。

4. 物流信息系统成本的内容

对于一个现代化的物流企业来说，一些现代化的信息技术的应用是必需的且是可以实现的，物流信息成本应包括以下内容。

(1) POS 系统的成本　POS 系统的成本指企业采用 POS 系统发生的费用。主要包括：系统的开发或购置费、系统的使用及维护费、有关人员的培训费等。其中系统的开发或购置费可分期计入成本；系统的使用及维护费可在发生当期直接计入有关成本；有关人员的培训费若数额较大，可分期摊入成本，数额不大可直接计入当期损益。

(2) 信息识别成本　信息识别成本是指物流企业采用先进的信息识别技术，准确、快速地获取数据所发生的相关耗费。主要包括：购买条形码识读及打印设备、射频设备及其他信息识别设备的成本和在使用这些设备的过程中所发生的材料费、人工费等。如果这些信息识别设备的购买成本较高，可作为固定资产以每期提取折旧费的形式计入成本。而在使用过程中发生的材料费、人工费等可直接计入当期损益。

(3) 物流软件费用　物流软件费用是指企业为了提高信息传递速度和管理水平而购买或开发的信息系统各种管理软件[如 ERP、LMIS（物流管理信息系统）等]的费用。主要包括软件的购买或开发费用、软件的使用和维护费、有关人员的培训费等。

(4) 网站搭建及维护和使用的费用　网站搭建及维护和使用的费用是指企业为了利用电子商务开展经营活动，提高企业的经营效率和服务水平而进行电子商务网站搭建所发生的耗费（包括相关的计算机设备）以及为了使网站能够正常运行所发生的维护费和使用费及有关人员的培训费。网站的搭建费一般分期摊入有关成本，而维护和使用费在发生的当期直接计入有关成本。有关人员的培训费若数额较大,可分期摊入成本,数额不大可直接计入当期损益。

(5) 运用电子订货系统 (EOS) 和数据交换系统 (EDI) 的费用　运用 EOS 和 EDI 的费用是指企业为了能够与供应链上的其他企业(主要是供应商和客户)进行标准数据的传送和交流,做到及时配送和及时补货而引进电子订货系统 (EOS) 和数据交换系统 (EDI) 的费用。该项费用较大,一般分期摊入成本。而每期发生的 EDI 的使用费,可直接计入当期损益。

(6) 运用全球卫星定位系统 (GPS) 和地理信息系统 (GIS) 的费用　运用全球卫星定位系统 (GPS) 和地理信息系统 (GIS) 的费用主要包括:系统的购置费、系统维护和使用费、有关人员的培训费等。系统的购置费可按受益期分期摊入成本;系统的维护和使用费则可在发生的当期直接计入有关成本;而有关人员的培训费可根据数额的大小分期摊销或计入当期损益。

【例 6-3】 某物流企业为了提高物流经营管理水平,于 2007 年购置数台新设备。新增计算机 10 台,共支付 4 万元(预计使用年限为 5 年),搭建电子商务网站发生相关耗费 20 万元(摊销期限为 10 年),网络维护费用为 5 000 元,员工培训费用共 4 000 元。

则该企业 2007 年信息系统的总成本为:
$$4/5+20/10+0.5+0.4=2.7(万元)$$

本章小结

本章介绍了包装成本的概念、功能与核算与计算的特殊性,介绍了客户服务成本的概念、组成要素、核算方法。介绍了理赔成本的概念、产生原因。最后,介绍了物流信息系统成本的构成要素,以及物流信息系统成本的分析方法。

包装成本是设计出来的——A 公司的 CPS 应用案例

CPS 是英文 Complete Packaging Solutions 的缩写,意思是整体包装解决方案。

A 公司是一家生产汽车零部件的企业,年产值 15 亿元。去年,某公司的 CPS 项目组为该公司的一款产品进行了包装改进。为了调研包装改进项目的效果,以及改进后出现的新问题,时隔一年,CPS 项目团队再次拜访 A 公司。令人始料不及的是受到了 A 公司董事长的亲自接待,他对项目组非常感激,连连讲:"你们的包装改进非常成功,不但提升了品牌形象,而且每年至少为我们节约了 120 万元!"

在实施包装改进前,A 公司的产品还是采用外支撑的方式进行包装。由于汽车零部件自身较重,而且主要销往美国市场,需要经过长时间的海上运输。为了确保货物在运输途中不发生坍塌,该公司将包装好的产品放入木箱进行保护。CPS 项目组在现场发现,木质外箱高约 1.5 米,包装工人无法直接把产品放入箱内。需要先有一个人跳进木箱,再把产品从外面传递给他,直到摆放到木箱高度的 1/3 左右。采用这种方式,不但包装效率很低,而且还不可避免地使产品受到踩踏。每个木箱中总有 7～10 个产品包装上有明显的踩踏痕迹。作为弥补,A 公司一般在木箱里放置 20 个空纸盒,待产品运输到目的地之后用以更换,曾导致 A 公司在美国的销售展示架上的产品歪歪扭扭不成样子,根本没有品牌形象可言。根据调研的结果,CPS 项目组对该项目进行了立项可行性分析。首先,将调研出来的基础数据与可能遇到的条件输入公司的包装受力分析系统进行分析。结果发现,A 公司的产品,按每个托盘 72 个(以横向 8 个、码高 9 个)计算,每个托盘的重量为 1 440 公斤,仓储三个托盘堆高、运输两个托盘堆高的情况下,最底层最大压力为 4 320 公斤。按照存储和运输整个过程经历三个月进行计算,每个盒子可能需要承受的最大压力为 1 620 公斤。这个数值小于纸板的密集堆积抗压强度,所以可以采用内支撑的方式进行包装改进。同时,考虑到海运可能遇到的盐雾高湿环境,需要进行密封保护。可行性分析完毕之后,项目组向部门报告，成立工作小组开始工作。在项目管理部的协调下，从各部门抽调相关项目人员开始包装改进工作。

首先，对A公司的产品进行受力分析。因为只有好的受力分析，才能够有效地确定支撑点。专家建议："最好能够将一部分压力分散到零件本身。"因为分散到零件本身，支撑问题将简化为缓冲问题。而且，因为这个零件不是易碎件，缓冲问题很容易就能解决。根据要求，项目组很快做出了零件的三维受力分析模型。接着，项目组对A公司的整个作业过程、储运条件、销售方式、营销战略及公司的发展战略进行系统的考察，对设计与检测的任务进行分工，并在整个过程中进行信息的反馈。幸有A公司的共同参与，为项目的顺利进行提供了便利。经过六周的努力，终于将CPS解决方案提交给了A公司。方案落实后，进行现场使用试验。样品将按照包装解决方案说明书的要求进行实际使用，项目组将对整个过程出现的问题进行记录和评估。

货物从国内经宁波港运输到波士顿，进入营销网络并受到零售商和最终用户的欢迎。在项目实施过程中，根据试单的进度记录，有条不紊地进行生产工艺转化，进行质量点确定，并进行成本核算，当客户接受的同时，也完成了接单生产的全部准备。试单跟踪记录表明，包装改进大大简化了A公司进行包装作业的工艺，提高了包装作业效率。原来包装工序需要23个人才能完成，经过改进只要11个人就能够轻松地完成整个过程。大大降低了因使用木箱和随箱附带包装产生的额外费用，减少了因为木箱的海关免疫处理所需要的时间和费用。降低了托盘的体积，使得每个集装箱多装了6个托盘。这些费用加起来，就是A公司所讲的"每年节约了120多万元"。而且，里面还有一项是无法直接用数字计算的，就是产品品牌形象的提高。在今年的报告里面，A公司有这样的一段描述："鉴于我司产品形象的改进以及成本优势的增强，明年的销售额在今年基础上增加20%"

[资料来源：侯象洋. 包装成本是设计出来的——
深蓝公司的CPS应用案例 [J].《包装世界》，2008（1）：49-50.]

习 题

一、判断题

1. 包装的首要功能是方便运输。（　　）
2. 包装发出材料成本的计价方法有：先进先出法、月末一次加权平均法、移动加权平均法、个别计价法和先进后出法。（　　）
3. 客户服务成本是一种显性成本。（　　）
4. 订货周期属于交易后客户服务要素。（　　）
5. 当货物在流通过程中出现问题时，应由负责物流的公司负全部责任。（　　）
6. 物流信息系统中的有关人员的培训费用，不论其金额的大小，都应计入当期损益。（　　）

二、单项选择题

1. 按包装层次不同可分为（　　）、内部包装和外部包装三种。
    A. 中层包装　　B. 整件包装　　C. 整体包装　　D. 单件包装
2. 瓦楞纸盒内衬一层细瓦楞，起衬垫作用，适用于（　　）。
    A. 高档名酒　　B. 搪瓷烧锅　　C. 高档玩具　　D. 玻璃器皿
3. 下列不能计入外购材料成本的是（　　）。
    A. 装卸费　　B. 增值税　　C. 合理损耗　　D. 入库前整理费用
4. 特殊货物的运送属于（　　）。
    A. 交易前服务要素　　B. 交易中服务要素
    C. 交易后服务要素　　D. 售后服务
5. 保险方在赔偿产品损失金额和支付救援费用时，要按保险金额与产品实际价值的比例计算赔偿的是（　　）。
    A. 不全额保险　　B. 全额保险　　C. 代位求偿　　D. 计提损失
6. 下列哪项不属于物流信息系统建设成本（　　）。

A. 硬件建设成本　　B. 信息采集成本　　C. 软件开发费用　　D. 人员培训费用

三、多项选择题

1. 运输包装又称工业包装、外包装、具有（　　）。
   A. 保护功能　　B. 方便功能　　C. 促销功能　　D. 加工功能
2. 包装机械设备成本包括（　　）。
   A. 折旧费　　B. 维修费　　C. 买价　　D. 人工费
3. 交易后客户服务要素包括（　　）。
   A. 设备安装、保修、更换及提供零部件
   B. 客户退货、投诉和索赔的应对
   C. 产品跟踪
   D. 临时性的替代产品的可获性
4. ABC分析法的基本程序有（　　）。
   A. 收集数据　　　　　B. 计算整理　　C. 列出ABC分析表
   D. 绘制ABC分析图　　E. 确定管理方式
5. 纠纷的解决方法有（　　）。
   A. 协商　　B. 调解　　C. 诉讼　　D. 仲裁
6. 物流管理信息系统包括（　　）。
   A. 客户管理系统　　　　B. 结算管理信息系统
   C. 统计管理信息系统　　D. 仓储作业信息系统

四、填空题

1. 折旧是指包装机械设备由于_____中的损耗而定期逐渐转移到包装中的那一部分_____。
2. 按包装的主要功能不同，可以将包装技术分为_____和_____。
3. 客户服务的组成要素有_____和_____。
4. 客户交易后的服务要素有_____、_____、_____和_____。
5. 理赔产生的原因有_____、_____、_____和_____。
6. 物流信息成本的来源主要是_____和_____两个方面所产生的各种费用支出。

五、简答题

1. 降低包装成本的手段与方法有哪些？
2. 物流客户服务有哪些？
3. 物流客户服务成本管理的策略是什么？
4. 理赔产生的原因有哪些方面？
5. 如何进行保险金额的计算？
6. 物流信息系统成本的内容包括哪些方面？

第七章 物流成本分析、预测与决策

> 【学习目标】
> 这一章的学习中,将在了解运输、仓储等各项物流活动成本构成、计算方法的基础上,熟悉并掌握物流成本项目的分析方法;学习如何根据以往的成本资料和企业目前的经济指标预测未来一段时间内的成本额;学习如何根据成本分析和预测的结果,科学地进行物流决策。

第一节 物流成本分析

一、物流成本分析

1. 物流成本分析的含义

物流成本分析主要是利用成本资料与其他相关资料,全面了解成本变动情况,系统研究影响成本升降的因素及形成的原因,寻求降低成本的途径,挖掘降低成本的潜力,以取得更大的经济效益。

物流成本是反映企业物流管理水平的综合指标。物流过程中原材料、能源消耗的多少,劳动生产率的高低,技术应用状况,设备和资金利用效率等,都会直接或间接地反映在成本中,因此,加强物流成本分析,有利于揭示企业物流过程中存在的问题,总结经验,改善管理。通过物流成本分析,可以查明影响成本升降的原因,挖掘降低物流成本的潜力,为社会提供更多更好的产品,为企业积累更多资金,降低产品价格,增强企业竞争力。物流成本分析不只是对过去成本管理工作的总结和评价,更重要的是通过了解过去企业物流成本支出的规律,正确评价企业物流成本计划的执行结果,揭示物流成本升降变动的原因,为编制物流成本预算和成本决策提供重要依据,指导未来成本管理工作。

2. 物流成本分析的原则和一般程序

(1) 物流成本分析的原则 首先需要说明的是,目前在企业物流成本管理中,所需数据主要来自会计核算指标和企业关于运营情况的统计,目前虽然已经出现了专门的物流成本核算标准(由行业协会和物流标准化技术委员会共同推出的物流成本核算标准,国家标准GB/T 20523—2006《企业物流成本构成与计算》)。但是,这些方法还没有得到广泛应用,本章后面的很多分析都是建立在前面成本核算的基础上的。

物流成本分析要遵循以下原则。

① 物流成本分析必须与经营指标的变动相结合。整个物流过程往往可以分为若干项作业,每一项作业都有相应的经营指标,例如订单处理的平均时间,运输过程的货损率等,脱离了这些经营指标,单纯考虑物流成本支出的多少是毫无意义的,成本分析一定要在相应的经营指标下完成。

② 物流成本分析必须与经济责任制相结合。在企业内部，建立健全完善的经济责任制，把物流成本分析工作与物流各部门经济效果和工作质量的考核、评比和奖惩结合起来，是物流成本分析工作深入持久的必要保证。在完善的经济责任制下，企业应依据各物流部门的特点和责任范围，开展功能成本分析、构成成本分析和总成本分析，把物流成本分析植根于广泛深入的调查研究之中。

(2) 物流成本分析的一般程序　物流成本分析主要包括主要产品单位成本的分析、技术经济指标变动对单位成本影响的分析、降低成本的主要措施分析和成本效益分析。成本分析工作是有目的、有步骤、按程序进行的，一般遵循以下基本程序。

① 制定计划。就是根据成本分析的要求，拟定分析工作计划，列出分析提纲，明确分析的主要问题和要求、分析时间、参加人员、所需资料、分析形式、调查内容以及组织分工等。

② 收集资料。就是收集与成本有关的各种计划资料、定额资料、核算资料等，必要时还要进行专门的调查研究，收集有关信息，以保证分析结果的准确性。

③ 具体分析。就是在占有资料、信息的基础上，采用技术分析的方法，对成本指标进行分析，找出差距，查明原因。

④ 总结报告。就是对分析的结果进行综合概括，写出书面分析报告。

3. 物流成本定量分析方法

常用的物流成本定量分析方法有以下几种。

(1) 指标对比法　指标对比法，是将两个有内在联系的可比经济指标在时间上和空间上进行对比的一种方法。采用这种方法可以确定差异、评价业绩、掌握动态、寻求潜力，达到降低成本、提高经济效益的目的。进行指标对比，主要有以下几种形式。

① 实际与计划对比。主要了解计划完成情况，找出脱离计划的差距及差距产生的原因。

② 本期实际与上期或历史先进水平的实际数据对比。主要了解成本变化的动态，找出差距，总结经验，吸取教训，不断改进成本管理工作。

③ 本企业实际与国内外同类先进企业的相同指标实际数据对比，主要了解本企业与国内外先进企业之间的差距，以便采取措施，挖掘潜力，提高竞争能力。

采用指标对比法进行成本分析，必须注意指标的可比性，如注意指标计算的口径、计价基础一致等。在进行国内外同行业的指标对比时，尤其应注意它们在技术经济上的可比性。举例说明如表7-1所示。

表7-1　某配送中心加工作业单位成本实际资料和有关资料　　　　　单位：元

成本项目	本期计划	本期实际	上期	上年同期	历史最好水平	同行业水平	国外同行业水平
直接材料	42	40	41	44	37	35	32
直接人工	5	5	5	7	5	5	3
制造费用	7	6	6	9	5	6	4
合计	54	51	52	60	47	46	39

根据上述资料，将本期的实际单位成本与各有关单位成本指标进行对比分析，编制单位成本对比分析表，如表7-2所示。

通过计算分析，可以看出企业实际成本水平有所下降，已完成成本计划。直接材料实际比计划降低2元，比上期降低1元，比上年同期降低4元，但仍未达到历史最高水平，与国内同行业和国外同行业相比，还有很大的差距。因此应进一步查明原因，采取措施，赶上或超过国内外同行业水平。

表 7-2 单位成本对比分析表   单位：元

成本项目	本期计划		上期		上年同期		历史最好水平		同行业水平		国外水平	
	节约或超支数	节约或超支比例/%	节约或超支数	节约或超支比例/%	节约或超支数	节约或超支比例/%	节约或超支数	节约或超支比例/%	节约或超支数	节约或超支比例/%	节约或超支数	节约或超支比例/%
直接材料	-2	-4.76	-1	-2.44	-4	-9.09	3	8.11	5	14.29	8	25.00
直接人工	0	0.00	0	0.00	-2	-28.57	0	0.00	0	0.00	2	66.67
制造费用	-1	-14.29	0	0.00	-3	-33.33	1	20.00	0	0.00	1	50.00
合计	-3	-5.56	-1	-1.92	-9	-15.00	4	8.51	5	10.87	12	30.77

（2）连环替代法　连环替代法是一种因素分析的方法，它是把综合性指标分解为各个相互联系的因素，并测定各个因素变动对综合性指标影响的数值，借以为深入分析提供依据。连环替代法的计算程序如下。

① 指标分解。即将综合性指标分解为相互联系的各个因素，并按一定顺序排列，使其成为能用数学公式表达的因素分解式。

② 依次替代。即以计划指标体系为基础，顺序地将每个因素的计划数替换为实际数，一直替换到指标全部为实际数为止。

③ 比较替代结果。即将每次替代的结果与替代前的指标数据相比较，这一差额即为该因素变动对综合性指标影响的数值。

④ 综合影响数值。即将各个因素变动对综合性指标影响的数值相加，其代数和应等于综合性指标实际数与计划数的总差异。

举例说明如表 7-3 所示。

表 7-3　某配送中心包装作业直接材料消耗表

项　　目	计划数	实际数	项　　目	计划数	实际数
包装产品数量/件	300	350	材料单价/元	5	5.5
单位产品材料消耗/kg	10	8	材料费用/元	15 000	15 400

根据上述材料，利用连环替代法分析如下。

分析对象：15 400－15 000＝400（元）

因素分析：材料费用＝包装产品数量×单位产品材料消耗×材料单价

计划材料费用＝300×10×5＝15 000（元）

第一次替换：350×10×5＝17 500（元）

17 500－15 000＝2 500（元）包装产品数量带来的影响

第二次替换：350×8×5＝14 000（元）

14 000－17 500＝－3 500（元）单位产品材料消耗带来的影响

第三次替换：350×8×5.5＝15 400（元）

15 400－14 000＝1 400（元）材料单价带来的影响

各因素变动影响合计＝2 500－3 500＋1 400＝400（元）

通过上述计算分析可知，包装作业材料费用超支 400 元的原因是：由于产量增加 50 件，材料费用增加 2 500 元；由于单位产品材料消耗量下降，使材料费用减少 3 500 元；由于材料价格提高，使材料费用增加 1 400 元。三个因素共影响材料费用增加 400 元。

采用连环替代法应注意因素分解的正确性。根据分析的目的和要求，将经济指标分解为相互联系的几个因素时,各因素与指标之间必须存在着内在的联系,否则就会失去其存在的价值。例如材料费用分解为工人人数和平均每个工人耗料数两个因素,就不具有任何经济意义。

三个因素变动的差异之和与前面计算的实际成本脱离计划成本的总差异是一致的,这就确定了各个因素对成本指标升降的影响程度,确定各个因素所带来差异的比重,为物流成本决策提供可靠的依据。

二、物流成本效益分析

计算出物流成本之后,可以计算出各种比率,再用这些比率和企业前期比较来考察物流成本的实际状况,还可以与同行业其他企业比较,或者与其他行业比较来发现问题,找出差距,为企业未来改进物流系统,提高物流效益提供依据。

1. 物流成本的全面分析

全面分析是以企业整体的物流成本为依据,通过物流成本和其他要素的相关关系来评价企业物流成本的。

(1) 物流成本率

$$物流成本率 = \frac{物流成本}{销售额} \times 100\%$$

该指标用来说明每单位销售额需要支出的物流成本。在用本指标进行成本分析的时候,可以把物流部门作为独立利润中心进行考核,物流成本直接与销售部门业绩挂钩,考核销售部门所发生的物流成本。

由于没有统一的成本划分标准,很多隐性的物流成本被划入生产成本和销售成本,这里的物流成本是完成特定物流活动所发生的真实成本,包括采购成本、运输成本、配送成本、库存成本和包装成本等,是以物流活动为基础的所有与完成物流功能有关的成本之和。这个比率越高则其对价格的弹性越低,说明企业单位销售额需要支出的物流成本越高,从企业历年的数据中,大体可以了解其动向,另外,通过与同行业和行业外进行比较,可以进一步了解企业的物流成本水平。该比率受价格变动和交易条件变化的影响较大,因此作为考核指标还存在一定的缺陷。

(2) 单位物流成本率

$$单位物流成本率 = \frac{物流成本}{企业总成本} \times 100\%$$

该指标用来评价企业物流成本占企业总成本的比重。在用该指标进行分析时,我们把物流部门作为一个成本中心来考核,物流成本仍然按统计的企业物流活动的全部成本计算。这是考察物流成本占总成本比率的一个指标,一般作为考核企业内部的物流合理化或检查企业是否达到合理化目标的指标来使用。该指标越大,说明物流成本在企业总成本支出的比重越大,应分析原因,找出改进的方法。

(3) 单位营业费用物流成本率

$$单位营业费用物流成本率 = \frac{物流成本}{销售费用 + 管理费用} \times 100\%$$

该指标用来分析物流成本占营业费用的比重。物流成本还是以统计的企业物流活动的全部成本为依据,销售费用指企业销售过程中发生的全部支出,管理费指企业日常经营过程中发生的支出。通过物流成本占营业费用的比率,可以判断企业物流成本的比重,而且,这个比率不受进货成本(主要是进货价格)变动的影响,得出的数值比较稳定,因此,适合于作为企业物流合理化的评价指标。

(4) 物流功能成本率

$$物流功能成本率 = 物流功能成本/物流总成本 \times 100\%$$

该指标用来分析各项物流功能成本占物流总成本的比例。企业应合理划分企业的物流职能，采用科学可行的方法统计和计算各项物流功能成本，为提高物流管理水平提供依据。该指标可以明确包装费、运输费、保管费、装卸费、流通加工费、信息处理费、物流管理费等各项物流功能成本占物流总成本的比率。为企业物流成本控制提供依据。

（5）产值物流成本率

$$产值物流成本率 = \frac{物流成本}{企业总产值} \times 100\%$$

该指标用来分析企业创造单位产值需要支出的物流成本。产值物流成本率是一定时期生产一定数量产品物流成本与企业总产值的比率。该指标表明每产生 100 元产值所需耗费的物流成本。一定时期的产值物流成本率反映了该时期物流成本的经济效果，企业投入产出率高，物流成本耗费低，产值物流成本率也低。通过与不同时期或与计划指标的比较，可以说明企业生产耗费经济效果变动情况。

（6）物流成本利润率

$$物流成本利润率 = \frac{利润总额}{物流成本} \times 100\%$$

物流成本利润率分析一定时期生产和销售一定数量产品获得的利润总额与所发生的物流成本的比率。该指标表明在物流活动中，耗费一定量的资金，获得利润的能力。物流效率高，市场竞争能力强，产品成本水平低，则盈利能力增强，该指标也相应提高。通过不同时期或与计划指标的比较，可以说明企业物流成本经济效益的状况。

该指标受到众多复杂因素的影响。主要有：各功能物流成本的大小，生产和销售产品的结构，销售产品价格，产品销售数量，产品销售税金以及其他销售收支和营业外收支的情况。值得指出的是：物流成本的变动，不仅影响该指标的分母，同时也影响该指标的分子，且影响的性质相反，因而该指标对于企业物流成本水平的变化反应是十分敏感的。另外，由于企业生产的连续性以及产销平衡关系协调性，本期销售的产品并不一定全部是本期的劳动成果，本期获得的利润总额也不一定完全是本期生产经营的经济利益；同样，物流成本也不一定完全是本期发生的资金耗费。因而，不能把该指标的变动完全归结为本期资金耗费经济效益的体现。

（7）物流效用增长率

$$物流效用增长率 = \frac{物流成本本年比上年增长率}{销售额本年比上年增长率} \times 100\%$$

该指标主要分析企业物流成本变化和销售额变化的关系，说明物流成本的随销售额的变化而变化的水平。合理的比率应该小于 1，如果比率大于 1，说明物流成本增加的速度超过销售额的增加速度，应引起企业的重视，考核物流费用控制具有的可降低的空间。

2. 物流功能成本分析

通过全面分析，可以了解物流成本的变化情况及变化趋势，但是对引起物流成本变化的原因，还要进一步按照职能分类，进行详细分析，然后提出对策。在详细分析过程中，将更多地采用定性分析的方法，以发现问题，提出对策。

（1）采购成本分析 采购环节是企业经营管理中最薄弱的环节，也是企业实现利润的重要环节。提高采购物流管理水平，对保证生产经营的顺利进行，提高产品质量，增加产品产量，加快资金流转，减少资金占用，降低财务费用和产品成本，提高利润都具有重要作用。

以美国为例，为采购材料所支出的款项，1945 年平均占销售收入的 40%，1960 年增为 50%，目前增加到 60%，而用于支付工资的劳务费用仅占销售收入的 15%～20%，两者的比例约为3∶1。资源短缺的日本，投入在材料上的支出在销售收入中所占的比重比美国和欧洲各国还多5%左右。如一个企业，年销售收入为1 000万元，其中60%用于购买材料，20%用于支付工资，扣除其他费用和税金以后，年利润为销售收入的10%，为100万元。如果在下年度计划增加利润10万元，必须增加销售收入10%，或降低工资费用5%，但如减少材料费1.67%就可达到同样的目标。比较以上三种选择，从节约材料消耗入手，收效最大，最易于实现降低成本、增加盈利的目标。

如果再考虑可以减少的仓储作业和运输搬运等费用，则可以节省的物流费用就更多。由此可见，材料管理对促进企业再生产过程的顺利进行，节约资金占用，降低产品成本，提高企业盈利能力，起着举足轻重的作用。

实际工作中，可以采用价值分析的方法来降低采购成本。价值分析是将产品各部件功能与成本联系起来进行综合分析的方法。

在材料采购中，根据价值分析的基本原理，进行如下操作。

① 计算功能评价系数，计算式为：

$$功能评价系数 = \frac{某部件功能分数}{全部功能分数之和}$$

从上式可以看出，功能评价系数是反映某部件重要程度的指标。显然，该部件的成本高低应该与它的重要程度相匹配。假如某部件成本较高，但其功能在产品中相对较低，应降低这个部件的成本。

功能的重要程度，通常是一个定性的概念，如何进行量化评价？可以采用逐一比较的方法确认各部件的相对重要程度，并计算各部件功能评价系数。

为使功能评价系数客观合理，可以由若干专业人员（产品设计者、材料定额人员、采购员等）分别进行评价，用平均得分来表示部件的功能分数。

【例7-1】 某产品由A、B、C三个部件组成，由甲、乙、丙三位专家进行评价，甲专家评价见表7-4所示。

表7-4 功能评价表　　　　　　　　　　　　　　评价人：甲

序　号	部件名称	一对一进行打分			各零件得分情况
		A	B	C	
1	A	—	1	1	2
2	B	0	—	0	0
3	C	0	1	—	1
合计得分					3

汇总三位专家的结果，A部件功能分数为5分，B部件1分，C部件3分，总分数为9分，分别得到功能评价系数A为0.56，B为0.11，C为0.33。

② 计算成本系数

$$成本系数 = \frac{某部件成本}{所有部件总成本}$$

成本系数反映各部件成本占总成本的比例，例7-1中A部件成本4元，B部件成本3元，C部件成本3元，则分别得成本系数A为0.4，B为0.3，C为0.3。

③ 计算价值系数

$$价值系数 = \frac{功能评价系数}{成本系数}$$

分别得到价值系数A为1.4，B为0.36，C为1.1。

价值系数反映各部件与成本之间的匹配情况,理论上讲,某部件价值系数接近于1表明功能和成本相匹配,如果偏大,说明成本匹配不足,反之说明成本匹配过剩,显然,成本匹配过剩的部件是成本控制的重点。

④ 功能评价系数还有一个功效,假如已经设定了预期的目标成本,可以通过以下公式分别计算每个部件应达到的成本降低额。

$$某部件成本降低额=总目标成本×该部件功能系数-该部件目前成本$$

(2) 库存成本分析 库存成本,是指为保持库存而发生的成本。它可以分为固定成本和可变成本。固定成本与库存数量的多少无关,如仓库折旧、仓库员工的固定工资等;可变成本与库存数量的多少有关,如库存占用资金的应计利息、破损和变质损失、保险费等。

对库存成本的分析采用第五章介绍的 ABC 分类分析的方法,在此不再赘述。

(3) 物流运输成本分析 运输成本是物流成本管理与节约的关键所在。运输成本在物流活动成本中所占的比重很高。对大多数企业来讲,通常代表物流成本中最大的单项成本。运输成本占商品价格的4%~10%,详细分析运输成本构成和增减变动情况,为运输方式的选择和路线设计提供依据。

运输服务涉及许多成本,如人工成本、燃油成本、维护成本、端点成本、线路成本、管理成本等。这些成本可以人为地分成随服务量或运量变化的可变成本和不随服务量或运量变化的固定成本。当然,如果考察的时期足够长,运量足够大,所有的成本都是可变的。具体而言,固定成本包括获取路权的成本和维护成本、端点设施成本、运输设备成本和承运人管理成本。可变成本通常包括线路运输成本,如燃油和人工成本、设备维护成本、装卸成本、取货和送货成本。

举个例子来说明,线路运费有两个重要决定因素:运距和运量。如图7-1所示,总的服务成本随货物运送距离的不同而变化。因为燃油的用量取决于运输距离,使用人工的数量是距离(时间)的函数,而站点费用、管理费则不随运距、运量变化,所以会有这样的成本结构。固定成本和可变成本的总和就是总成本。

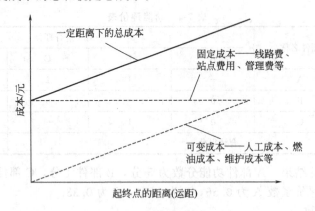

图7-1 成本与运距的关系

不同运输方式的固定成本和可变成本结构如表7-5所示。

表7-5 不同运输方式的固定成本和可变成本结构

运输方式	固定成本	可变成本	运输方式	固定成本	可变成本
铁路	高(车辆及轨道)	低	航空	低(飞机、机场)	高(燃料、维修)
公路	高(车辆及修路)	适中(燃料、维修)	管道	最高(铺设管道)	最低
水路	适中(船舶、码头)	低			

三、物流效率分析

物流成本分析最终的目的还是要提高效率，强调成本分析一定要在相同的效率指标下进行，下面就根据进出货物流过程、储存物流过程、盘点物流过程、拣货物流过程、配送物流过程及整体物流过程的分析顺序，提出各个效率分析指标并给出评价标准。

1. 进出货物流过程效率分析

进货是货物进入物流中心的第一阶段，而出货则是货物准备移出物流或配送中心的最后阶段物流过程。一进一出的动作是否正确有效率，关系到其他物流过程，因此，对于人、出库货物资料的掌握特别重要

（1）每小时处理进出货量及进出货时间率

$$每小时处理进货量 = \frac{进货量}{进货人员数 \times 每日进货时间 \times 工作天数}$$

$$每小时处理出货量 = \frac{出货量}{出货人员数 \times 每日出货时间 \times 工作天数}$$

$$进货时间率 = \frac{每日进货时间}{每日工作时数}$$

$$出货时间率 = \frac{每日出货时间}{每日工作时数}$$

若进出货人员共用，则以上指标应将进出货量、时间合并加总。

$$每小时处理进出货量 = \frac{进货量 + 出货量}{进出货人员数 \times 每日进出货时间 \times 工作天数}$$

$$进出货时间率 = \frac{每日进出货时间}{每日工作时数}$$

若每小时处理进出货量高，且进出货时间率也高，表示进出货人员平均每天的负担不轻，原因应出在公司现今的业务量非常大，应当考虑增加进出货人员来减轻工作人员的工作负担。

若每小时处理进出货量低，但进出货时间率高，表示虽公司一日内的进出货时间长，但每位人员进出货负担仍轻。其原因可能在于：进出货物流过程人员过多，货物进出货处理较繁杂或进出货人员物流过程效率较低，以至于花费较多的时间来完成工作，而使得整个进出货速度变慢，应当考虑缩减进出货人员，对于效率差的问题，除了随时督促、训练人员外，应尽量想办法减少劳力及装卸次数。

若每小时处理进出货量低，且进出货时间亦低，表示人员每天的进出货物流过程负担并不重，相对于业绩，进出货人员数量可能过多，应当积极加强业绩，否则考虑缩减进出货人员，以节省部分人事成本。

若每小时处理进出货量高，但进出货时间率却低，表示上游进货及下游出货的时间可能集中于某时段，以致物流过程人员必须在此时段承受较高的物流过程量，应当为平衡人员的劳力负担着想，且为免造成车辆太多月台拥挤的现象，应考虑分散进出货物流过程时间。

（2）每台进出货设备的装卸货量

$$每台进出货设备每天的装卸货量 = \frac{进货量 + 出货量}{装卸设备数 \times 工作天数}$$

该指标用来评估每台进出货设备的工作量。

若此指标数值较低，表示设备利用率差，资产过于闲置。此情况有以下两种原因：进出货量低或装卸设备增添，但进出货量无相对增长，对应的策略是积极拓展业务，增加进出货量。业绩若无扩大趋势，应可考虑将部分装卸设备移至他用（出租或转至其余物流过程）。

若每台进出货设备的装卸货量过高,表示装卸设备的分担负荷及运作效用高,则可以考虑加速设备的折旧,或加强维修作为公司今后注意的重点。

$$每台进出货设备每小时的装卸货量 = \frac{进货量 + 出货量}{装卸设备数 \times 工作天数 \times 每日进出货时数}$$

该指标用来评估每台进出货设备的工作效率。

若每台进出货设备的装卸货量较低,原因可能是设备运作效率出了问题,必须要多的设备才能应付如今的业务量。在进出货的物流过程中,最耗费时间、劳力的部分莫过于将出货物由码头月台装上卡车及将进货物由卡车搬至码头月台的工作,而其间最需要克服的关键即在于从卡车到码头月台间的时间,因此,要使进出货能够有效率地进行,若无法由加强现有设备效能或改善物流过程方式来达成,则考虑置换其他设备来解决时间问题,减少装卸搬运的阻碍。

2. 储存物流过程效率分析

(1) 储区面积率 这类指标用来衡量厂房空间的利用率是否恰当。

$$储区面积率 = \frac{储区面积}{物流中心建筑面积}$$

储区是物流过程不可或缺的部分,因而掌握储区占整个物流厂区的比率,可使整体物流过程更顺畅。

一般来说,理货区约占物流建筑物面积的30%~50%,储区面积则应占50%~70%。因此,一旦储区面积率小,应检查整个物流中心的布置规划,是否未充分利用空间(或各物流过程区的配置是否恰当)。

(2) 可供保管面积率 这类指标用于判断储区内通道规划是否合理。

$$可供保管面积率 = \frac{可保管面积}{储区面积}$$

可供保管面积率为扣除通道后货物的可保管面积占整个储区面积的比例,不合理的储区通道设计将影响到整个库内货物的进出效率。

一般好的通道设计应注意以下几点:流量经济性;空间经济性;设计顺序;分支通道、内部通道、工作空间通道及安全设施通道的存在;通道宽度。

(3) 储位容积使用率和单位面积保管量 该指标用以判断储位规划及使用的料架是否适当,以有效利用储位空间。

$$储区容积使用率 = \frac{存货总体积}{储位总体积}$$

$$单位面积保管量 = \frac{平均库存量}{可保管面积}$$

储位容积使用率及单位面积保管量偏低,一般有两种可能:一是由于每一储位都有一定的重量限制,若在库品较重,则无法堆叠太高或摆放太密;第二种可能是存货量相对于储区较小,以至储位剩余太多。若由于货物重量而无法储满储位,则必须调低储位高度,在可使用高度下增加储位数量或置换负重较高的料架。例如:在地板平置堆叠上,考虑到货物可堆叠高度,若多属重物,则可堆放的高度不可能太高,在三度空间的利用率上将造成浪费,因而在此情况下,若能以栈板料架等大型料架作为储存的工具,则较能发挥空间利用率,充分利用高度。若原因出在存货量较少,而非季节性的问题,则应尽量将货物集中存放,以免造成过多搬运移动时间。而剩余空间可供其他物流过程使用或方便将来扩充配销新产品之用。

储位容积使用率低但单位面积保管量较高,表示在库品体积较小,但存货量不少,则可能因货物类别多而未做好简易有效的储位管理,即使体积小或周转率不快,也不希望太多种货物放在同一储位上,以至于每一储位实际使用的容积空间并不高。针对这种情况,可以考虑置换其他种较小型料架。降低每一储位容积,降低料架每层高度或使用隔板隔间方式来使料架储位数增加。依照各项货物的体积、重量、货量大小,来选择最适用的不同型号料架,使空间的投资效益达到最高。

储位容积使用率高但单位面积保管量低,此状况有两种可能:在库品体积较大;若非货物体积较大,则表示如今所使用的料架高度较低,储区的高度可能未有效利用,以至于虽料架上储位容积已充分使用,但每单位面积的货物储存量仍偏低。若因货物体积大而使得花费在搬运移动的物流过程时间多,则应考虑改善搬运方法或搬运制度,并配合物流过程流程管理、工作管理,以提高综合性效率的效果。如此才能以最短的时间完成搬运,减少物流过程工时。若由于如今储区实际使用高度不高,则应增加储区料架高度,进而可增加储位数量、容积,以三度空间利用率的提升来减少储区的规划面积,缩短搬运距离。

(4) 库存周转率　库存周转率可用来检查公司营运绩效以及作为衡量现今货物存量是否适当的指标。

$$库存周转率 = \frac{出货量}{平均库存量} = \frac{营业额}{平均库存金额}$$

周转率愈高,库存周转期间愈短,表示用较少的库存完成同样的工作,使积压在存货上的资金减少。换句话说,即表示资金的使用率高,利润也会因货物的周转率提高而增加。

一旦库存周转率低,显示公司存在多数货物的周转速度慢,库存品有过多的现象,很容易造成原材料的陈腐、库存品耗费增加、保管费用和利息激增、收益相对恶化、资金调度困难等问题。因此,若不是为要增加库存品、必须近期内大量交货、预测价格将会上涨而先行购货,则公司目前的存货相对于出货量、出货金额的收益确实有偏高的趋势,应力求改善。假如出现这种情况,可以考虑缩减存货量、增加出货量及营业额。一旦缩减了原有在库品的存量后,应将多余的储位空间用以拓展更多客源,以增加期间出货量及营业额。因此,应设法控制货物的出入货时间,尽量缩短原有在库品的在库时间,而将多余的储位空间用来容纳更多样性的货物,以增加出货配送的次数机会。若公司存货太多起因于货物自订购到取得的前置时间太长,则应更确实掌握最佳的订购点,或考虑更换供货商,以减少存货积压。前置时间的长短对库存量的增减有很大的影响,许多厂家往往由于进货商不能及时配合进货,而必须增加前置时间,使得在库品存货大量增加。

一旦库存周转率大,显示公司多数货物的周转速度快,此现象虽好,但有时可能发生存货不足以至缺货的情况。对此,采购期间及次数应尽量配合此周转率,最好每月能控制采购次数约等于库存周转率,且每次采购量也能配合期间销货量,如此才能较好的控制存货,不致造成存货资金积压、浪费储区空间,或存货不足的情况。而库存周转率与采购次数关系如下:

若库存周转率>采购次数,则可能会造成货物在库期间过久的浪费。

若库存周转率<采购次数,每次采购都是少量,则可能会与低价购进、供应不间断的目标相冲突。且过于频繁的少量采购,往往会增加采购业务所支出的人事及事务费,将使采购费用提高许多。

(5) 库存掌握程度　该指标作为设定产品标准库存的比率依据,以供存货管理参考。

$$库存掌握程度 = \frac{实际库存量}{标准库存量}$$

若库存掌握程度远大于1,表示实际库存超出原先预设的标准库存,原因可能在于:标准库存量定得太低,未参照实际状况;实际库存太高,存货未能有效控制管理。若库存掌握程度等于1或小于1,表示公司的确已将库存控制在预期之内。但此时若发现库存周转率指标太小时,则表示公司实际库存相对于出货量仍太高,因而可判断现行标准库存量定得太高,可能会出现误以为已达目标,但实际对公司运作并无成效的假象存在。针对上述两种状况,可以配合库存周转率,修正目前设定的标准库存,以符合实际营运需求。或者加强实物管理:在仓库的料架上,设计标签以载明货物编号、商品名称、最高库存量及最低库存量,然后每天定时巡视,凡达到订货点的,就以红笔做记号;然后在订货传票上将已到货,以蓝笔做记号。如此随时掌握库存情形,将使库存控制在预期之内。

(6) **库存管理费率** 该指标用来衡量企业每单位存货的库存管理费用。

$$库存管理费率 = \frac{库存管理费用}{平均库存量}$$

一旦此指标数值过高,表示公司对于库存管理费用并无良好控制。应对库存管理费用的内容逐一检查,发现问题所在予以改进。此外,尽可能少量、频繁的订货也有助于减少库存管理费用,但过于频繁的少量订货亦会增加采购订购费用。因此应仔细衡量两者间的关系。

(7) **呆废料率(数量、金额)** 该指标用来测定物料耗损对资金积压的影响状况。

$$呆废料率 = \frac{呆废料件数}{平均库存量} = \frac{呆废料金额}{平均库存金额}$$

一般来说,若物料停滞仓库时间超出其周转期间,则可视为呆料处理。一旦此指标过高,应检查呆废料发生的原因。一般仓库中呆废料发生原因有下列几种:验收疏忽;产品变质;仓储管理不善,保管欠妥;存量过多、过久;变更设计或营业项目改变(出现新物料,致使旧物料废弃不用;订单取消或客户退货等)。对此,应根据物料本质,采用不同控制方法,并以此决定储存方法与设备,防止物料变质。验收时力求细心,防止不合格物料混入。尽量将原有物料用完,除非不得已,否则不要中途使用新物料。推行标准化与简单化,增加物料用途,从而使发生呆料的可能性减小。妥善储放物料,防止物料损毁。随时注意市场趋势,以免造成过多物料的滞销。

3. 盘点物料过程效率分析

(1) **盘点数量误差率** 盘点数量误差率可以衡量库存管理优劣,作为是否加强盘点或改变管理方式的依据,以减低公司的损失机会。

$$盘点数量误差率 = \frac{盘点误差量}{盘点总量}$$

若公司很少实施盘点,则损失率将无法确切掌握,而损失率不知道则实际毛利便无法知道,实际毛利无法知道则实际损益也将无法知晓。连损益都不清楚的业务,其经营也就变得无意义了。

若盘点误差数量过高,显示公司对于库存品的管理仍有很大缺失。必须加强注意可能造成盘点误差的原因:记账员的疏忽(看错字);运送过程发生损耗;盘点计数错误;单据遗失,进出货未过账;捆扎包装错误,应确实予以改进。此外,盘点误差常在货品出入库作业时的传票输入、检查点数错误中产生,因此一旦出入库作业次数较多时,误差也会随之增大许多。因而对于每次进出货的处理,更应特别小心。

(2) **盘点数量误差率和盘点品种误差率** 由盘点误差数量及误差品种两者间指标数据的大小关系,来检测盘点误差主要的发生原因。

$$盘点数量误差率 = \frac{盘点误差量}{盘点总量}$$

$$盘点品种误差率 = \frac{盘点误差品种数}{盘点实施品种数}$$

盘点数量误差率高,但盘点品种误差率低,表示虽然发生误差的货品品种减少,但每一发生误差品种的数量却有提升趋势。应检查负责这些品种货物的人员有无尽责以及这些货物的置放区域是否得当。有无必要加强管理。

若盘点数量误差率低，但盘点品种误差率高，表示虽然整个盘点误差量有下降趋势，但发生误差的货物种类却增多。误差品种太多将使后续的更新修正工作更为麻烦，且可能影响出货速度，因此应对此现象加强管制。

4. 拣货物流过程效率分析

(1) 拣货人员装备率

(2) 拣货设备成本产出率

这两项通常可以分析企业对拣货作业的投资程度以及检查有无相对贡献的产出。

$$拣货人员装备率 = \frac{拣货设备成本}{拣货人员数}$$

$$拣货设备成本产出率 = \frac{出货品体积数}{拣货设备成本}$$

当进行机械设备投资时，要仔细地做投资的经济计算及利用率计算，并且引进设备后，应设法充分加以利用。

拣货人员装备率高，但拣货设备成本产出率低，表示公司对于拣货的投资不小（拣选自动化程度高），但拣货设备并无相对贡献的产出。原因则可能在于：市场条件改变以至于无法按预期预定销售，拣选货量低。未充分利用现有设备，导致设备利用率低。若设备利用率不低，表示使用的拣货设备并不适合拣取现今货品，以至于虽利用率高，但体积产出却不多。若因品种复杂而自动化，则此情况未尝不可，减少设备数量或降低自动化程度，将设备转移至其他作业、单位使用，以充分利用设备产能。依据拣货区的货品形式，改用最适当的拣货设备。

拣货人员装备率低，但拣货设备成本产出率高，表示企业目前对拣货的投资不高（拣选自动化程度低），但产出达到预期销售。但花费较多时间及人力，因而此时可考虑提高自动化程度，来追求更高工作量。

拣货人员装备率及拣货设备成本产出率都低，表示公司目前自动化或机械化程度较差，且产出也不佳。此时再观察反映效率的指标。应积极拓展业绩。加强业绩的同时，要考虑提高自动化或机械化程度，以便能更迅速地适应成长的业绩。

(3) 每订单投入拣货成本

(4) 每订单笔数投入拣货成本

(5) 每取货次数投入拣货成本

(6) 单位体积投入拣货成本

这四项可以用拣货成本与产出的拣货效益做比较，以控制拣货成本，提高拣取效益。

$$每订单投入拣货成本 = \frac{拣货投入成本}{订单数量}$$

$$每订单笔数投入拣货成本 = \frac{拣货投入成本}{订单数量}$$

$$每取货次数投入拣货成本 = \frac{拣货投入成本}{拣货单位累计总件数}$$

$$单位体积投入拣货成本 = \frac{拣货投入成本}{出货总体积}$$

拣货是物流过程一项非常重要的作业，其所耗费的成本也不少，因而要特别重视。一般拣货投入成本包括人工成本、拣货设备折旧费、信息处理成本等。

若此四项指标数值都高,表示拣货成本有投入过高的趋势,因拣货成本包括拣货设备折旧、拣货人员工资福利费及各项相配合的信息处理费用,因而可能原因在于:拣货设备投资过高;拣货设备损耗太快;拣货员作业效率差,以至于投入许多工时但却无多大产出,而导致比例过高的管理支出。连线、纸张等信息处理花费高,表示信息系统未确实发挥速度功效。

与每订单的金额做比较,每订单投入拣货成本很高,表示每张订单的成本效益仍差。每订单投入拣货成本不高,但每取货次数投入拣货成本却高,表示客户订单虽多,但每订单的订购量却不高,此情况多采用批量拣货方式,因而可能花费较高的信息处理费用及分货工时成本。若觉得目前拣货成本太高,应先减少信息处理费用及分货工时成本。

每取货次数投入拣货成本高,但单位体积投入拣货成本不高,表示虽拣取动作不多,但拣取的物品体积却很大,此情况拣货作业应多以设备为主,设备折旧费用应较高。

5. 配送物流过程效率分析

(1) 平均每人负责的配送量
(2) 平均每人负责的配送距离
(3) 平均每人负责的配送重量
(4) 平均每人负责的配送车次

这四项主要用于评估配送人员的工作分摊(距离、重量、车次)及其物流过程贡献度(配送量),以衡量配送人员的能力负荷与物流过程绩效;同时判断是否应增添或删减配送人员数量。

$$平均每人负责的配送量 = \frac{出货量}{配送人员数}$$

$$平均每人负责的配送距离 = \frac{配送总距离}{配送人员数}$$

$$平均每人负责的配送重量 = \frac{配送总重量}{配送人员数}$$

$$平均每人负责的配送车次 = \frac{配送总车次}{配送人员数}$$

由于配送人员常负担装卸货的劳力,因此配送人员的流动率很大,且常因情绪不佳而与客户发生争执及影响送达时效,对公司营运品质造成很大的影响。所以,对于配送人员所负担的工作量应随时掌握并予以调整,才能减少配送人员的抱怨以降低流动率,提高客户的服务品质。

若平均每人负责的配送量、平均每人负责的配送重量过高,将使配送人员出车装货与客户卸货的劳力加重,且连带使配送时间变长。考虑增加配送人员来减轻负荷。

若平均每人负责的配送量、平均每人负责的配送重量过低,表示配送人员出车装货与客户卸货的劳动强度仍轻。考虑减少配送人员或进一步积极扩大业务量。

若平均每人负责的配送量高,平均每人负责的配送重量低,可推测虽客户订货量很大,但多属轻负荷的劳动。考虑增加每次配送的装载量,而减少配送次数及人员数。

平均每人负责的配送距离过高,表示每位配送人员所负担的配送距离很远,将使每位人员所负责的配送时间加长,而导致工作时间增加。考虑增加配送人员,调整配送范围。

若平均每人负责的配送量、平均每人负责的配送距离、平均每人负责的配送重量都不高,但平均每人负责的配送车次很高,表示公司每位配送人员累积配送的数量、重量及距离并不大,但每个人配送的次数却不少,表示针对客户的即时需求,即使量不多,公司也经常出货。对此,应检查服务水准策略,降低配送次数。若无法降低配送次数,则应考虑增加配送人员，以减轻配送时间太长、次数太多的负担。

(5) 平均每台车的吨公里数

(6) 平均每台车配送距离

(7) 平均每台车配送重量

以上三项主要用于评估配送车辆的负荷，以判断是否应增减配送车数量。

$$\text{平均每台车的吨公里数} = \frac{\text{配送总距离} \times \text{配送总重量}}{\text{自车数量} + \text{外车数量}}$$

$$\text{平均每台车配送距离} = \frac{\text{配送总距离}}{\text{自车数量} + \text{外车数量}}$$

$$\text{平均每台车配送重量} = \frac{\text{配送总重量}}{\text{自车数量} + \text{外车数量}}$$

平均每台车的吨公里数用来统计每台车的配送距离和配送重量，用来估计车辆负担，一旦出问题则应从距离及重量来考核。

平均每台车的吨公里数高的情况下，表示每台车每期所负担吨公里数已过高。可能原因在于：一台车本期的配送距离已过远。公司货物重量重，以至于同辆车本期负担的配送重量过重。为防止折旧、损耗速度过快以及可能发生额外的成本（过高的维修费，耗油费等），应考虑增加配送车辆。

平均每台车的吨公里数低，表示每台车每期所负担的产能（吨公里数）仍轻。可观察每次发车的重量，若超过一次负荷重量的负担（超重载运）或配送频率要求超高才增添车辆，否则维持现状即可。若每次发车的重量及装载率仍不高，则在现阶段业务下，可考虑缩减车辆数。

(8) 公里配送成本

可以衡量配送成本花费多少。

$$\text{配送成本比例} = \frac{\text{自车配送成本} + \text{外车配送成本}}{\text{物流总费用}}$$

$$\text{单位配送成本} = \frac{\text{自车配送成本} + \text{外车配送成本}}{\text{配送总量}}$$

$$\text{每体积配送成本} = \frac{\text{自车配送成本} + \text{外车配送成本}}{\text{出货体积数}}$$

$$\text{每车次配送成本} = \frac{\text{自车配送成本} + \text{外车配送成本}}{\text{配送总车次}}$$

$$\text{每公里配送成本} = \frac{\text{自车配送成本} + \text{外车配送成本}}{\text{配送总距离}}$$

配送成本包括自车配送成本及委托外车配送成本。而一般委托外车的运费计算方式可有以下几种：以配送重量计算；以配送量计算；以配送车次计算；以距离（客户点）计算；以配送物品价值计算。而除了配送品价值外，其余四因素对自车配送的效果也有不同影响。因此，可由每吨重、每配送体积、每车次、每公里距离的配送成本来寻求配送总成本花费过高的原因。

当配送成本比率过高，再观察平均每单位、每配送体积、每车次、每公里的配送成本，以找出问题所在。因此，以下便由"配送成本比率过高"的前提开始分析。

当每单位、每体积的配送成本高，但每次、每公里的成本低，表示如今所配送的重量与体积不大，但配送车次、距离较大。此状况有两种可能：若是采用自行配送的部分成本偏高，表示以如今的配送方式，在重量及体积的处理上可能有较多的劳力及其他资源的花费，或是虽如今配送次数、距离过大，但却无体积与重量的相对贡献，因而造成成本过高。其对策如下：与其他厂家采用"共同配送"策略以降低较远距离、较少出货量的配送成本；改良配送技术，减轻每吨的资源投入，或减少配送车次，使配送处理总成本降低；若是委托外车的部分成本偏高，则应是与委托商计价的方式出问题，可能如今是以车次或距离（客户点）计价，以至于虽运出货物重量不重、体积不大，但因配送车次或距离较高，以至于托运费用的付出较多。其对策如下：如能改为以重量或体积量来计价，将能减少外车配送的花费。增加一次运送的重量或规划更顺道的配送路程，以减少总配送车次及距离，亦可节省托运费用。若如今已是以吨或体积计价，则原因可能出在计价费率偏高，应与委托商调整费率。

若每车次、每公里的配送成本高，但每吨、每体积的成本低，表示如今所配送的车次与距离不多，但重量、体积却很高。此状况亦分自、外车辆来讨论：若是采用自行配送的部分成本偏高，其配送车次、距离不多但花费成本高，原因应出在车辆耗油费或折旧费高，可能是由于配送品重量较重或是车辆太过老旧所引起，以致花费较高的燃料及维修成本。其对策如下：降低一次的配送重量，以减少可能因超重而导致的成本耗费；更新车辆。若是委托外车的部分成本偏高，则原因仍应在于与委托商计价方式的问题，可能如今是以重量或体积计价，以至于虽出货车次、距离不高，但因重量、体积量不低仍须付出较高的托运费用。其对策如下：如能改为以车次或距离计价，则可能减低一些运费。若公司已是根据车次、距离计价但费用过高，表示距离费率或车次费率偏高。若是因配送重物或体积量大之故，觉得合理便不宜改善；但若仍觉如今配送费用花费不值，则可与委托商协调，重新调整距离费率或车次费率。

若每吨重、每体积、每车次、每公里的配送成本皆高，表示配送成本相对于配送的重量、体积、车次、距离四因素都偏高。若是采用自行配送的部分成本偏高，则目前所采用的配送技术确需重新评估。此时应检查发现问题并予以解决。若是委托外车的部分成本偏高，表示如今不论是采用何种计价方式其费率都偏高，应再与委托商确实协商价格。

6. 整体物流过程效率分析

(1) 人员生产量

(2) 人员生产力

以上两个指标用于了解人员对公司的营运贡献是否合理及观察该商品价格的趋势概况。

$$人员生产量 = \frac{出货量}{公司总人数}$$

$$人员生产力 = \frac{营业额}{公司总人数}$$

人员生产量、人员生产力过低，可能原因在于：员工人数太多或是营业额过低。面对这种情况，可以考虑有效利用现代化生产设备，开发新产品与开拓新市场，提高售价或与上下游重议仓租、配送费用，改善推销方式，加强推销力。降低公司员工人数，一般会先考虑削减间接人员。尤其当直接人员与间接人员的比例不高时，更应以删减间接人员为先。至于直接人员，必须先衡量其工作效率及公司未来的发展趋势才可决定。

(3) 固定资产周转率

该指标用于衡量固定资产的运作绩效，评估所投资的资产是否充分发挥效用。

$$固定资产周转率 = \frac{营业额}{固定资产总额}$$

固定资产周转率衡量的是公司厂房与设备等固定资产的使用效率，亦即测试每一元固定资产收回的程度。此周转率愈高，则表示固定资产已发挥有效营运。

固定资产周转率高，显示固定资产对公司收益已发挥极大贡献。此时如发觉资产设备有缺乏的现象，则应加强投资。

固定资产周转率低，显示固定资产对公司收益的增加并未充分发挥作用。而对固定资产过大的投资，必然引起折旧、维护费、保险费、利息增加而影响到企业的收益能力。对此不应再企图增添资产设备，而应尽快调整营运策略：增加业务量，充分使用既有设备资产，以提升营业额来加速固定资产的周转。检查既有设备资产的效能是否应予以置换。出租闲置设备、资产，以平衡收支。

若固定资产总额本期较上期有所提升，表示公司增加对有形固定资产的投资。但是否其对产出有所贡献，应再观察固定资产周转率。若公司固定资产周转率也有提升趋势，足见公司的固定资产增添量在此月有相对的产出，并无浪费；但若固定资产周转率反而下降，则固定资产增添对此月产出并无多大帮助。应彻底追究原因，分析是由于再增添资产未有效运用，还是业务量仍太小的问题。

若固定资产总额本期较上期减少，表示此月公司的原有固定资产有些报废或淘汰的情形，或原租用的资产有退租的情况，继续观察固定资产周转率。若固定资产周转率有下降趋势，则可能是受固定资产减少的影响，应再设法购置或租用资产设备。若固定资产周转率增加或不变，表示公司产出并未受固定资产减少的影响，因而可考虑保持现状。

（4）产出与投入平衡

该指标用于判断是否维持低库存量，与零库存差距多远。

$$产出与投入平衡 = \frac{出货量}{进货量}$$

产出与投入平衡即指进出货件数比率，而若要以低库存作为最终目标，且不会缺货，则产出与投入平衡的指标数据最好在每一期间都尽量保持在1左右。但在计算此指标时，应注意出货量与进货量的单位大小要一致。

产出与投入平衡大于1，表示公司此期进货少、出货多，原因可能在于上一期销货较少，以至于上月底库存变多，因而在此期不需大量补货之故。此情况虽然显示上一期存货量中多是周转不差的商品，才能以少量进货应付多量出货，但为何上期存货会过多，也是检讨重点。

产出与投入平衡小于1，表示公司此期进货多、出货少，则可能造成期末库存过多的情况。应检讨进货量多的原因，是否上期末库存过少而在此期补货，或公司本身无法控制存量而任凭上游进货（多指以仓储配送为主，本身不负责行销的公司）。

企业应该切实做好销售预测：根据过去的销售记录以设定未来的销售情况，这个方法是假定销售的波动为循环性或季节性。根据各分区销售员或销售单位的估计，予以汇总而成预期总销售量，这种方法是假定各分区的销售员或销售单位对当地的未来情况非常了解。根据购买力估计，也即如能决定一个客户可花多少钱来购买物品，则可大致指出该货物的销售情形。根据全国商业或政治趋势的资料，可以估计未来的销售情况，此方法是假定税率、劳工法或一般商业经济情况等环境因素，对未来的销售具有重要的影响。

（5）每天营运金额

用于衡量公司营运物流过程的稳定性。

$$每天营运金额 = \frac{营业额}{工作天数}$$

由各月的"每天营运金额"数值可观察公司经营的稳定性。若能减少销售量的变动，则对于物流中心将有稳定人员、设备开工率及降低成本的作用。

若各月"每天营运金额"差别很大，表示公司经营情况并不稳定。应尽可能确保交易稳定：就是要有稳定的交易对象，以便任何时候都有一定量的订货。选择稳定的商品：要在种类繁多的货物中做选择，以确保货物能够稳定、畅销。调和不同种类的货物：对季节性供求变动明显的货物，要通过调和有相反倾向的商品来谋求供求的平衡。调整不同种类的交易对象；与出售不同商品的厂家进行交易来谋求订货量的平衡。

(6) 营业成本占营业额比率

应用目的是衡量营业支出占营业额比率是否过高，测定营业成本费用负担对该期损益的影响程度。

$$营业成本占营业额比率 = \frac{营业成本}{营业额}$$

营业成本包括：推销费用、管理和总务费用、包装费（销售包装费、输送包装费）、运送费（营业运送费、公司本身运送费）、保管费（营业保管费、公司本身保管费）、搬运费、流通加工费、信息流通费。状况陈述：营业成本占营业额比率过高，表示营业成本占营业额比率过重，将使公司营业利益获利率变低因而努力降低此指标值对公司的营运非常重要。可以有针对性的提高售价。开发附加价值高的产品；集中配送，减少进货—物流过程—销货过程中的各项费用。加强淘汰不良商品，降低管理、库存成本。提高工作效率及车辆设备等使用率。降低缺货率、退货率。强化物流功能（商物分离）。选择有利的销路来节约营运经费，增大利润率；降低资本费（包括利息、折旧、租金、税金等）。

第二节　物流成本预测

一、物流成本预测的含义及作用

1. 物流成本预测的含义

物流成本管理的重要意义在于通过加强管理，降低物流成本，增加盈利。为提高企业物流成本管理水平，就不能只停留在烦琐的成本计算和分析上，而更应着重于未来，在事前进行成本预测，对不同物流运作方案成本水平进行预测、选优，做出正确的决策，据此制定物流目标成本。

所谓物流成本预测就是运用统计学和预测科学的方法，根据历史和现在的信息资料，通过分析对未来物流成本水平及发展趋势进行预计和测算。物流成本预测是物流成本管理的起点，对于把握未来物流成本发展变化方向、妥善安排资金有重要的作用，对挖掘节约成本的潜力，提高经济效益以及正确的物流决策都具有十分重要的意义。

2. 物流成本预测的作用

(1) 物流成本预测为物流成本决策提供依据　企业以盈利为目的，追求利润最大化。要想实现这一目标，其方法之一就是对成本的控制。通过对物流成本的分析和预测，及时采取有效的措施，将成本控制在经济合理的范围内。在决策之前，对物流成本进行分析和预测，就可以为决策提供可靠的依据，从而减少因此而给企业带来的经营风险，使企业在激烈的竞争中立于不败之地。

(2) 物流成本预测是企业制定物流目标成本的依据　企业根据自身的特点和优势，确定企业的经营规模，通过对物流成本的分析和预测，科学地制定出物流成本目标，从而为科学管理物流成本提供依据。

(3) 物流成本预测可确定最佳的物流成本投入方案　随着人们生活水平的不断提高，人们的需求也将会不断发生变化，企业为了适应这种需求的变化，就要改变经营方式和手段以满足市场需求，这必然会给企业增加一定的投资。这就要求企业在为了满足市场需求而进行投资之前，就要对由于投资而将要增加的成本进行分析和预测，从而采取相应的措施与手段，以适应不断变化的市场需求。

二、物流成本预测的分类和步骤

1. 物流成本预测的种类

① 物流成本预测按对象的范围可分为宏观预测和微观预测。宏观预测是指对大系统的综合的、总体的预测，例如对整个流通领域物流成本的预测。它要求对物资流通的整个过程中所消耗的成本进行预测，常见的预测物流成本占GDP的比例就属于宏观预测。微观预测是对个别具体的物流企业物流过程中所支付的成本进行预测，例如基层企业所做的运输成本、仓储成本、配送成本的预测等。

② 物流成本预测按时间的长短可分为近期预测和远期预测，也即短期预测和长期预测。一般把一年或一年以内的预测称为短期预测，短期预测由于预测的时间短，不肯定因素和影响因素较少，所以预测结果比较准确。一般把一年以上的预测统称为长期预测，长期预测由于预测的时间比较长，有许多不确定因素的影响，所以预测结果一般不很精确，需要经常搜集新的信息或数据对预测方案和预测结果不断地进行完善和修补。

③ 物流成本预测按预测所用方法不同可分为定性预测和定量预测。定性预测是通过对现象的调查和了解，凭预测者个人的实践经验、理论水平和分析能力，对事物未来的发展所做出的判断。定性预测不要求结果非常准确，只是对事物的发展变化做出一个大致的估计。在定性预测法中有经济指标法、调查预测法等。定量预测是根据过去和现在的资料，运用一定的数学方法，建立预测模型，对现象未来的变化数值做出预测。定量预测法包括因果回归分析预测法、时间序列分析预测法等。

实际应用中，应从预测对象的发展规律出发，正确地选择和运用预测方法。一般来说，当能够占有较多的数据资料时可以采用各种定量预测的方法。而当缺乏足够的数据资料时，只能采用定性预测的方法。在实际预测时，往往根据掌握的情况采用多种方法同时预测，以获得较为可靠的结论。

2. 物流成本预测的步骤

为了保证预测结果的客观性，企业在进行物流成本预测时，通常分为以下几个具体步骤。

（1）确定预测目标　进行物流成本预测，首先要有一个明确的目标。物流成本预测的目标又取决于企业对未来的生产经营活动所欲达成的总目标。物流成本预测目标确定之后，便可明确物流成本预测的具体内容。

（2）收集预测资料　物流成本指标是综合性指标，涉及企业的生产技术、生产组织和经营管理等各个方面。在进行物流成本预测前，必须尽可能全面地占有相关的资料，并应注意去粗取精、去伪存真。

（3）建立预测模型　在进行预测时，必须对已收集到的有关资料，运用一定的数学方法进行科学的加工处理，建立科学的预测模型，借以揭示有关变量之间的规律性联系。

（4）评价与修正预测值　以历史资料为基础建立的预测模型可能与未来的实际状况之间有一定的偏差，且数量方法本身就有一定的假定性，因此还必须采用一些科学方法对预测的结果进行综合的分析判断，对存在的偏差及时予以修正。

三、物流成本预测的方法

物流成本的预测方法很多，既有定性的预测方法，又有定量的预测方法，这里讨论利用历史资料进行物流成本预测的几种方法，即高低点法、回归直线法、加权平均法以及量本利分析法的方法。

1. 高低点法

高低点法是以某一时期的最高业务量（高点）的物流成本与最低业务量（低点）的物流

成本之差，除以最高业务量和最低业务量之差，求得单位变动物流成本，然后代入高点或低点的物流成本公式，据以求出物流成本中变动成本和固定成本数额，建立物流成本模型的一种方法。

用 y 代表某一时期某项物流成本总额，x 代表物流业务量，a 代表物流成本中的固定成本总额，b 代表物流成本中的单位变动成本，则物流总成本公式可表示为：

$$y=a+bx$$

根据高低点的基本原理，a、b 可按下列公式计算：

$$b=\frac{最高点业务量的成本-最低点业务量的成本}{最高点业务量-最低点业务量}$$

$$a=最高点业务量的成本-b\times最高点业务量$$

或　　　　　$a=最低点业务量的成本-b\times最低点业务量$

【例 7-2】　某配送公司上半年包装业务成本资料如表 7-6 所示。

表 7-6　某配送公司上半年包装业务成本资料

月份	包装业务量/次	物流成本/元	月份	包装业务量/次	物流成本/元
1	400	540	4	430	570
2	380	510	5	450	565
3	530	660	6	480	578

预测当包装业务量为 600 次时的物流成本总额是多少。

解　由上述成本资料表 7-6 可知，该公司物流业务量的最高点为 530 次，业务量的最低点为 380 次，最高点业务量的成本为 660 元，最低点业务量的成本为 510 元。则：

$$b=\frac{660-510}{530-380}=1\text{（元）}$$

$$a=510-1\times 380=130\text{（元）}$$

根据计算出的 a、b 的值，物流成本模型可写成：

$$y=130+x$$

则当物流业务量为 600 次时的物流成本总额为：

$$y=130+1\times 600=730\text{（元）}$$

高低点法简便易行，便于理解和掌握，但由于它从诸多历史资料中只选取了两组数据为计算依据并建立了成本模型，故可能不具有代表性，误差较大。因此该法只适用于成本变化趋势较稳定的情况。

2. 回归直线法

回归直线法是根据过去一定期间的物流业务量和物流成本的历史资料，运用数学上的最小二乘法的原理，计算能代表平均成本水平的直线截距和斜率，以其作为固定成本和单位变动成本的一种成本分解法。

假设共有 n 期的物流业务量和物流成本的资料，用 x 代表业务量，用 y 代表某项物流业务的成本，a 代表物流成本中的固定成本部分，b 代表物流成本中的单位变动成本，它们之间的关系可以用直线方程式 $y=a+bx$ 来表示，只要 x 与 y 之间基本上保持线性关系，就可以运用最小二乘法的原理求出 a 和 b 的值，最终确立该项业务的成本与变量之间变动趋势的直线方程式。a、b 的值可按如下公式计算：

$$a=\frac{\sum y-b\sum x}{n}$$

$$b = \frac{n\sum xy - \sum x \sum y}{n\sum x^2 - (\sum x)^2}$$

【例 7-3】 长运公司下半年某项物流业务的成本资料如表 7-7 所示。

表 7-7 长运公司下半年某项物流业务的成本资料

月份	物流业务量/小时	物流成本/元	月份	物流业务量/小时	物流成本/元
7	6.5	120	10	8	130
8	8.5	130	11	10	140
9	5	110	12	6	125

预计次年元月份物流业务量为 13 小时，预测该月该项物流业务成本。

解 制作成本计算表如表 7-8 所示。

表 7-8 成本计算表

月 份	物流业务量/小时	物流成本/元	xy	x^2
7	6.5	120	780	42.25
8	8.5	130	1 105	72.25
9	5	110	550	25
10	8	130	1 040	64
11	10	140	1 400	100
12	6	125	750	36
$n=6$	$\sum x=44$	$\sum y=755$	$\sum xy=5\ 625$	$\sum x^2=339.5$

$$b = \frac{n\sum xy - \sum x \sum y}{n\sum x^2 - (\sum x)^2} = \frac{6\times 5\ 625 - 44\times 775}{6\times 339.5 - 1936} = 5.25\ （元/小时）$$

$$a = \frac{\sum y - b\sum x}{n} = \frac{755 - 5.25\times 44}{6} = 87.33\ （元）$$

根据上述计算结果，采用回归直线法计算出的该项物流业务成本直线方程为：

$$y = 87.33 + 5.25x$$

当业务量为 13 小时时，成本为：

$$y = 87.33 + 5.25x = 155.58\ （元）$$

与高低点法相比，回归直线法由于运用了最小二乘法的原理，其计算过程更科学，结果更准确。

3. 加权平均法

根据若干期物流固定成本总额和单位变动成本的历史资料，按照事先确定好的权数进行加权，计算加权平均的成本水平，从而确定物流成本预测模型，预测未来物流总成本的一种定量分析方法。计算公式为：

$$y = \bar{a} + \bar{b}x = \frac{\sum aW}{\sum W} + \frac{\sum bW}{\sum W}x$$

式中，W 代表权数。

此法适用于对那些具有详细固定成本与变动成本历史资料的物流活动进行成本预测，计算结果比按总成本时间序列法计算的结果误差相对小些。

【例 7-4】 达发物流公司第一季度运输业务成本资料如表 7-9 所示，4 月份运输业务总量 5 000 吨公里。

表 7-9 达发物流公司第一季度运输业务成本资料

月份	运输业务固定成本/元	运输业务单位变动成本/元/(吨·公里)
1	12 500	15
2	15 000	13
3	16 000	12

试用加权平均法求 4 月份运输业务总成本和单位成本。

解 假设以上各月的权数分别为 1、2、3

物流总成本为

$$y = (12\,500 \times 1 + 15\,000 \times 2 + 16\,000 \times 3) \div (1+2+3)$$
$$+ (15 \times 1 + 13 \times 2 + 12 \times 3) \div (1+2+3) \times 5\,000$$
$$= 15\,083 + 12.83 \times 5\,000$$
$$= 79\,233 \text{（元）}$$

单位物流成本 = 79 233 ÷ 5 000 = 15.85（元）

4. 量本利分析法

量本利分析全称是产量成本利润分析，也叫保本分析又叫盈亏分析，即为生产成本-营业量-销售利润，是通过研究一定时期的成本、业务量和利润之间的规律，进行各项分析的一种技术方法。通过量本利分析，可预测企业未来的目标利润，以此作为企业目标规划或决策的依据。

量本利分析的关键在于正确认识成本、业务量和利润之间的规律性联系。一般说来，这里的业务量是引起成本和收益变动的成本动因。在物流行业，最重要的成本动因是货物的周转量。所以量本利分析首先要分析这些成本和业务量之间的数量关系，在此基础上再分析业务量、成本和利润之间的关系。

物流成本、物流周转量和赢利是相互联系的。周转越快，成本越低，企业的赢利则越多；反之，周转越慢，成本越高，企业的赢利则越少。当物流收入与物流成本相等时，即达到企业的盈亏平衡点（或称保本点）时，在这平衡点之上的各值皆为赢利，在平衡点之下的各值皆为亏损。

具体的量本利分析方法就是根据物流成本、周转量和利润三者之间的相互制约关系来分析周转量对企业成本和赢利的影响程度。

下面以运输企业的平衡点来进行分析。盈亏平衡点示意图（如图 7-2）以 y 轴表示收入与成本，以 x 轴表示货物的运输周转量。任何一个企业的生产活动都会牵涉到收入与成本的问题，不外乎有以下三种情况：

经营收入＞经营成本，企业赢利；

经营收入＜经营成本，企业亏损；

经营收入＝经营成本，企业不亏不盈（保本）。

所以物流企业盈亏平衡点的基本作用就是明确量本利三者关系的数量模型，并根据数量模型来确定经营保本点的周转量、收入、固定成本与变动成本。目标成本实际上就是在物流周转量和利润既定的情况下倒算出来的。

下面对运输业务的各项指标进行成本预测分析。首先说明，在运输业务中的固定成本是指在一定时期内该类成本的支出总额与周转量及车辆行驶里程的增减无关，基本上不发生变化；变动成本分为两类，即车公里变动成本和吨公里变动成本。

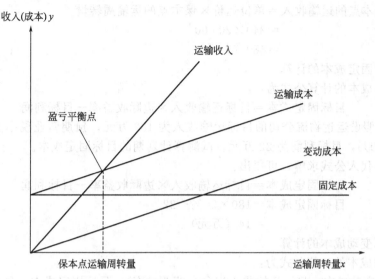

图 7-2 盈亏平衡点示意

(1) 保本点的运输周转量的计算

保本点的运输周转量的计算公式为：

$$保本点的运输周转量 = \frac{固定成本}{单位运价 \times (1 - 营业税率) - 单位变动成本}$$

【例 7-5】 运达运输公司 9 月份计划周转量 20 000 千吨·公里，单位运价为 240 元/(千吨·公里)，预计运输收入 480 万元，营业税率为 5%，单位变动成本为 220 元/(千吨·公里)，变动成本总额为 80 万元，固定成本为 16 万元。试预测运达公司的保本点运输周转量。

解 根据题意，已知该公司固定成本 16 万元，单位运价 240 元/(千吨·公里)，营业税率 5%，单位变动成本 220 元/(千吨·公里)。将各条件代入公式求解，可得出：

$$保本点的运输周转量 = \frac{固定成本}{单位运价 \times (1 - 营业税率) - 单位变动成本}$$

$$= \frac{160\ 000}{240 \times (1 - 5\%) - 220} = 20\ 000（千吨·公里）$$

将成本用 $y = a + bx$ 的直线方程式来表示。在这个方程式中，只要求出 a 与 b 的值，就可预测在任何物流量（x）下的物流总成本（y）。

(2) 保本点的运输收入的计算

保本点的运输收入的计算公式为：

$$保本点的运输收入 = \frac{保本点变动成本 + 固定成本}{1 - 营业税率}$$

或

$$保本点的运输收入 = \frac{单位变动成本 \times 保本点的运输周转量 + 固定成本}{1 - 营业税率}$$

或   保本点的运输收入 = 单位运价 × 保本点的运输周转量

在例 7-5 中，已知该公司周转量 20 000 千吨·公里，单位运价 240 元/(千吨·公里)，营业税率 5%，单位变动成本 220 元/(千吨·公里)，固定成本 16 万元。将各条件代入公式求解，可得出：

$$保本点的运输收入 = \frac{单位变动成本 \times 保本点的运输周转量 + 固定成本}{1 - 营业税率}$$

$$= \frac{220 \times 20\ 000 + 160\ 000}{1 - 5\%} = 480（万元）$$

或　　　　　保本点的运输收入＝单位运价×保本点的运输周转量
　　　　　　　　　　　　＝240×20 000
　　　　　　　　　　　　＝480（万元）

（3）目标固定成本的计算

目标固定成本的计算公式为：

　　　　　　目标固定成本＝目标运输收入×边际收益率－目标利润

例 7-5 中假设运达物流公司的目标运输收入为 180 万元，预期营业税率为 5%，预期边际收益率为 20%，目标利润为 22 万元。试测算计划期的目标固定成本。

将各条件代入公式求解，可得出：

　　　　　　目标固定成本＝目标运输收入×边际收益率－目标利润
　　　　　　目标固定成本＝180×20%－22
　　　　　　　　　　　　＝14（万元）

（4）目标变动成本的计算

目标变动成本的计算公式为：

　　　　　目标变动成本＝目标运输收入×（1－营业税率）－目标固定成本－目标利润

例 7-5 中，若现又知目标固定成本为 14 万元，若其他条件不变，则可测算出该公司的目标变动成本为：

　　　　　目标变动成本＝目标运输收入×（1－营业税率）－目标固定成本－目标利润
　　　　　　　　　　　＝180×（1－5%）－14－22
　　　　　　　　　　　＝135（万元）

第三节　物流成本决策

物流成本决策是指根据物流成本分析与物流成本预测所得的相关数据与结论，运用定性与定量的方法，选择最佳成本方案的过程。具体说来，就是以物流成本分析和预测的结果为基础建立适当目标，拟定几种可以达到该目标的方案，根据成本效益评价从几个方案中选出最优方案的过程。

一、以物流总成本最低为依据的决策方法

以物流总成本最低为依据的决策方法是指在物流系统所要提供的客户服务水平既定的前提下，对各类物流成本进行权衡，将能够实现物流成本之和最小的方案作为最佳方案。

通过物流成本分析，企业可以发现哪些物流成本过高、存在问题，并可以采取相应的手段与措施来降低该成本。但是由于各类物流成本之间存在悖反关系，一类物流成本的下降往往以其他物流成本的上升为代价。因此，在进行物流成本决策时，绝不能只关注某一类物流成本，而是必须要在物流成本预测的基础之上，将各类物流成本综合在一起加以考虑，以物流总成本最低作为方案取舍的标准。

同样，当企业为了适应市场需要，要在物流运作方面进行某些改变时，由于各类物流成本之间存在的悖反关系，也应当以物流总成本最低来作为方案取舍的标准。

1. 各类物流成本之间的悖反关系

各类物流成本之间有着密切的关联，总的说来就是呈悖反关系，即：一种物流成本的下降，往往以其他几种物流成本的上升为代价。物流成本之间的悖反关系决定了企业管理层在进行物流决策时，必须要在各种物流成本之间进行权衡，以物流总成本最小作为选择物流运作方案的依据。

（1）库存持有成本与批量成本之间的关系　库存持有成本和批量成本随着采购（生产线启动）次数或采购（生产）批量的变化而呈反方向变化，起初随着采购（生产）批量的增加，批量成本的下降比库存持有成本的增加要快，即批量成本的边际节约额比库存持有成本的边际增加额要多，使得总成本不断下降。当采购（生产）批量增加到某一点时，批量成本的边际节约额与库存持有成本的边际增加额相等，这时总成本最小。此后，随着采购（生产）批量的不断增加，批量成本的边际节约额比库存持有成本的边际增加额要小，总成本便会不断增加。总之，随着采购（生产）批量的增加，库存持有成本会增加，而批量成本会降低，总成本线呈U形。其关系如图7-3所示。

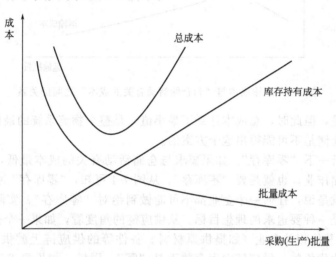

图7-3　总成本、库存持有成本和批量成本的关系

（2）运输成本与"和仓储活动有关的成本（库存持有成本与仓储成本）"之间的关系　企业对运输的要求是：运费最低、运输时间最短、运输速度最快；对仓储的要求是：使仓库的建设和运营成本最低、降低库存水平、加快库存周转，最理想的目标是实现"零库存"。

从运输和仓储本身来看，这些要求都是最希望达到的目标。但是，站在物流的角度来看，任何一个企业，它的仓储系统和运输系统不可能同时达到各自的上述要求的，即：运输成本、和仓储活动相关的成本（库存持有成本与仓储成本）不可能同时达到最低。

从实际运作情况看，仓储和运输是互相影响的，它们的目标甚至是矛盾的。以一个企业为例，假设某种产品一年的销售量是固定的，那么从生产地运往销售点的年总发货量也是固定的。如果要使运输成本最低，就要使每次的发运量达到经济规模，如果用火车发运，能够装满整车车皮的发运规模就是经济规模，用其他发运工具也如此。也就是说，只有通过整车发运才能达到发运的经济规模，才能不浪费运力，并能最大限度地提高运输工具的使用效率，减少运输次数，最后的结果是运输成本最低。

如果想使与仓储有关的成本最低，仓库里存的货物应越少越好，最好是没有仓库或者实现"零存货"，这就必须做到随要随送，这样就会增加运输的次数，降低每次发运的批量，相当于将一次整车运输变成多次零担运输。整车的运价低于零担运价，零担凑整需要更多的集结时间，待运期较长，最后的结果是，要完成全年的发运量，实现即时运送，全年的总运输成本会比整车发运时大幅度增加，这就是它们互相矛盾的地方。运输成本与"和仓储活动有关的成本（库存持有成本与仓储成本）"之间的关系如图7-4所示。

随着每次运量的增加，运输成本逐渐降低，和仓储活动相关的成本逐渐上升，反映这两种关系的两条线只有一个交点，该交点对应的数量对运输来讲不是最大运量，对仓储来讲，

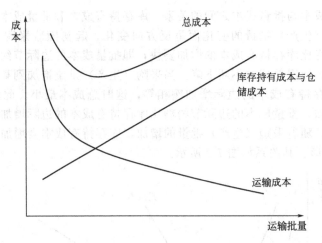

图 7-4 运输成本与"和仓储活动有关的成本"之间的关系

也不是最小库存量,但此时,总成本达到了最小值,是整个物流系统的最佳方案。如果单考虑运输或单考虑仓储是不可能得出这个方案的。

接下来,分析一下"零库存"。如果要求与仓储活动有关的成本最低,那么最佳的状态就是企业没有仓储作业,也就是要"零库存"。从图 7-4 可知,"零库存"状态下的运输成本趋于无穷大。也就是说,任何一个企业都不可能做到绝对"零库存",实际上"零存货"是一种理想状态,是一种要追求的理想目标。从供应链的角度看,如果一个企业实现了"零库存",那一定是以其他相关企业(如提供原材料、备件等的供应链上游供应商或卫星工厂)的相关成本提高为代价的,供应链中库存并不是"零"。同样,如果要求运输成本趋于极限最低点,那就要求无限增大存储量,从图 7-4 中可以看出,运输成本可以趋近于某一值,但不可能等于该值,在运输成本接近于该值的过程中,和仓储有关的成本趋近于无穷。

(3) 包装成本与其他物流成本的关系

① 包装与运输的关系。运输的主要功能是使产品产生空间位置转移,具有流动性。物料、产品运输的基本要求是安全、迅速、准确、方便。包装直接关系着运输过程中产品的安全、运输载体的容积利用的充分程度。所以,不同的运输方式对包装有不同的要求。包装的设计必须考虑产品特性、产品特征、运输方式、运输工具、运输距离等因素,才能提高运输效率,并避免产品损失。

② 包装与装卸搬运的关系。装卸搬运是产品运输和仓储过程中必不可少的作业环节,产品的装上和卸下以及水平移动都会受到包装的影响。因此,包装的设计要适应装卸搬运工作中的装上卸下、搬运的需要,以提高装卸搬运效率、防止产品的损坏。

③ 包装与仓储活动的关系。仓储可以解决产品流通过程中时间要求不一致的矛盾。它是维持并扩大社会再生产必不可少的条件,可以说,没有产品的仓储,就没有产品的流通。产品的任何仓储方式都与包装有着密切的关系:例如,在潮湿的环境下,需要对产品进行防湿、防潮包装;户外堆放,需要采用"茧式封存包装";一般产品储存,为了适应高层堆码,需考虑采用耐堆码负荷(又称堆压)的耐压包装。各类仓储作业也都与包装关系密切:库存货品盘存控制依赖人工或自动化识别系统的准确性,而识别系统与产品包装密切相关;备货的速度、准确性和效率都要受包装标识、形状和操作的简便程度的影响。

由此可以得出结论:包装成本与其他各类物流成本呈悖反关系。高质量的包装会带来包装成本的提升,但是会带来其他物流成本的下降,这种下降来源于两个方面:一方面是好的包装可以提高其他物流作业(如运输、仓储)的效率,降低对这些作业的要求;另一方面是好的包装可以降低这些物流作业中可能产生的损耗（被盗、丢失、毁损等）。同样，降低包装成本，也会带来其他物流成本的提升。因此，在进行物流决策时，必须将包装成本与其他物流成本进行权衡，以寻求总成本最低的物流运作方案。

（4）订单处理及信息系统成本与其他物流成本的关系　订单处理及信息系统成本与其他物流成本呈悖反关系。以建立先进的计算机订单系统为例，建立先进的订单处理系统会带来订单处理及信息系统成本的大幅攀升，但该系统能够节省大量的时间，从而带来其他物流成本的降低。

首先，由该系统带来的订单通信、订单输入和订单处理时间的减少，可以使企业的销售预测和生产计划部门更早地获得销售信息，同样主管仓储、运输和库存管理等物流活动的经理们也可以提前得到相关的信息，信息流的提前可以提高仓库分配订单的效率，让物流经理们有更充裕的时间计划仓库作业，从而实现仓储成本的降低。

其次，订单通信、订单输入和订单处理时间的大幅度减少可以提高订货周期的稳定性，对降低安全库存水平有重要作用，因此有助于降低库存持有成本。再次，计划时间的增加往往导致了运输时间的缩短和运输货品准时送达率的提高，有利于运输成本的降低。

2. 通过差量分析法进行物流成本决策

通过差量分析法进行物流成本决策就是计算不同被选方案下，物流总成本的数值，将总成本最低的那个方案作为最终的方案。

差量分析法还有一种变形，就是当企业想要实施某一方案时，可以计算实施该方案后，有哪些物流成本会下降，下降的数值是多少，有哪些物流成本会上升，上升的数值是多少，如果上升的成本数值低于下降的成本数值，则该方案可取。

（1）以物流总成本为依据，进行仓库租赁决策

【例 7-6】　某企业的生产地点设于甲地，其产品的消费者分散于较为广泛的地理区域。开始企业将产品直接送往各个零售店，如图 7-5 所示。

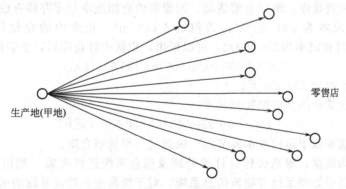

图 7-5　企业将产品直接送往各零售店

由于零售店没有充足的仓储空间，因此企业必须进行多频次、小批量供货，根据统计，企业平均每年要运输 2 010 次，每次运输的量平均在 200 件左右，每件产品的平均运输成本为 9.8 元，每次运输的平均成本为 1 960 元。由于每次运输的货品的批量越大，则单位货品所分摊的运输成本就越低，所以企业希望通过建立中转仓库来降低运输成本。经过考察，企业在乙地找到了一个可以租赁的仓库。如果租赁了该仓库空间，企业便可以按以下方式进行产品的运输。

如图 7-6 所示，在租赁了仓库之后，企业先将产品以 8 000 件/次的批量从甲地运往乙地，此时，由于运输批量的加大以及运输距离的缩短，每件产品的运输成本降为 2.9 元，这样每批产品从甲地至乙地的运输成本为 23 200 元，在产品进入仓库后，企业再根据零售店的

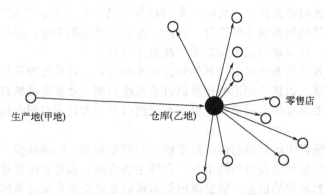

图 7-6 由租赁的仓库将商品送往各零售店

要求将产品配送至各零售网点，此时每次依然运送 200 件，年平均运送 2 010 次，但由于运输距离的缩短，每件产品平均的运输成本变为 2 元，每次运送的平均成本为 400 元。

在没有租赁中转仓库，实行工厂至零售网点的直接运输时，企业一年的运输成本为：

$$9.8 \times 200 \times 2\,010 = 3\,939\,600 \text{（元）}$$

当企业租赁了中转仓库，采取从工厂到中转仓库，再至零售网点的方式以后，企业一年的运输成本为：

$$200 \times 2\,010 \times (2.9 + 2) = 1\,969\,800 \text{（元）}$$

由此可见，通过建立中转仓库实行集运，在保持原有客户服务水平的前提下，运输成本节约了：

$$3\,939\,600 - 1\,969\,800 = 1\,969\,800 \text{（元）}$$

但是，应当看到，运输成本的节约是以仓储成本和库存持有成本的增加为代价的。

是否租赁该仓库，决不能只以运输成本的降低为决策依据。为了最终做出决策，还必须计算一年中因为租赁仓库，增加仓储活动，而带来的仓储成本与库存持有成本，如果一年中租赁仓库空间的成本为 700 元/m^3，共租赁 1 000/m^3，仓库中的仓储作业共耗费成本 450 000 元，库存持有成本为 250 000 元，可以得出，租赁中转仓库后，企业的仓储成本增加：

$$700 \times 1\,000 + 450\,000 = 1\,150\,000 \text{（元）}$$

库存持有成本增加 250 000 元。

因此，由于租赁仓库共增加物流成本：

$$1\,150\,000 + 250\,000 = 1\,400\,000 \text{（元）}$$

由于增加的成本低于运输成本的节约，因此应当租赁该仓库。

(2) 以成本为依据，对是否建设订单处理及信息系统进行决策　利用计算机与网络技术，兴建先进的订单处理系统与物流信息系统，对于提高企业物流系统的运作效率，改善企业物流管理水平有重大的意义。但是，应当注意的是，并不是每一个企业都适合进行订单处理系统与信息系统方面的投资与建设，适合建设的企业，也要根据自己的实际情况，确定建设的规模与等级。

为了确保投资的合理性，企业应在进行投资建设之前，进行成本决策：先进的订单处理及信息系统，可以降低订单处理成本、运输成本、仓储成本、库存持有成本及其他物流成本。与手工系统相比，计算机与网络化的订单处理及信息系统的固定成本相对较高（固定成本包括系统的开发成本和启动成本等），变动成本相对较低。由于订单处理及信息系统的固定成本，是在该系统建设初期，在某一时间点一次性投入的，因此，在进行成本决策时，应当将系统使用年限内，建设运行该系统所带来的现金流入折现。该现金流入是指由于使用新系统而产生的成本的节约，具体来说包括：由于新系统带来的订单处理成本、运输成本、仓储成本、库存持有成本的节约。折现计算完毕后,应当将该折现值与初始投资进行比较,如果折现值大于投资初始值,则该系统是可以进行建设的;如果折现值小于投资初始值,则说明建设该系统得不偿失,不应进行建设。

经验表明,如果企业处理的订单数量十分巨大,这时建设先进的订单处理系统往往可以起到降低企业物流总成本的作用。当企业的规模比较小,需要处理的订单数目较少,如果建设先进的订单处理系统便会大大超过企业的需要,从而增加企业物流成本的总支出。

二、利用量本利分析进行物流成本决策

量本利分析的基本内容在第二节中已有介绍,下面再看看量本利分析在物流成本决策中能发挥什么样的作用。

为了使量本利分析的思想更加形象化,实践中常常会使用到量本利分析图。所谓量本利分析图就是在平面直角坐标系上,使用解析几何模型反映量本利关系的图像。量本利分析图不但能够反映固定成本、变动成本、营业量、营业额和盈亏平衡点、亏损区和利润区,而且还可以反映贡献边际、安全边际及其相关范围,甚至可以提供单价、单位变动成本和单位贡献边际的水平。

在量本利分析图(图7-7)中:x 轴为营业量;y 轴为销售额与成本。通过该图,可以看出:

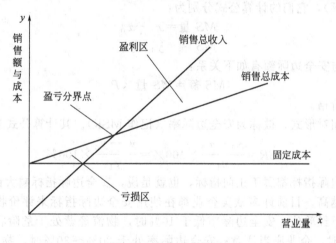

图7-7 量本利分析图

当企业的营业量恰好为盈亏平衡点的营业量,企业处于盈亏平衡的状态,既不盈利也不亏损;如果企业在达到盈亏平衡的基础上多出售一个单位的产品或服务,即可获得盈利,进入盈利区,其盈利额等于一个单位边际贡献,企业的营业量越大,能实现的盈利也就越多。如果企业的营业量低于盈亏平衡点。则企业出现亏损,进入亏损区,其业务量低于盈亏平衡点一个单位,就会亏损一个单位边际贡献,营业量越少,亏损额就越大。

量本利分析中的盈亏平衡点降低,盈利区的面积就会扩大,亏损区的面积就会缩小,这时企业产品或服务会比以前更容易获得盈利。在营业量不变的情况下,盈亏平衡点降低,依赖于单位边际贡献的提高。反之,亦然。

通常,单价、单位变动成本和固定成本的变动都会影响盈亏平衡点的位置,目标利润和营业额发生变化则对盈亏平衡点无影响。

单价变动会引起单位边际贡献或边际贡献率的同向变动,从而使得盈亏平衡点业务量计算公式的分母发生变化,从而改变盈亏平衡点:当单价上涨时,单位边际贡献(边际贡献率)上升,从而使盈亏平衡点降低,这时物流经营状况向好的方向发展;单价下降时,情况恰好相反。

单位变动成本变动会引起单位边际贡献或边际贡献率的反向变动,从而引起盈亏平衡点的变动;当单位变动成本上升时,会提高盈亏平衡点,这时物流经营状况向不好的方向发展;单位变动成本下降时,情况恰好相反。

固定成本单独变动会引起盈亏平衡点计算公式的分子的变动,从而引起盈亏平衡点的变动;固定成本增加会使盈亏平衡点提高,这时物流经营状况向不好的方向发展;固定成本下降时,情况恰好相反。

另外,还可以利用量本利分析进行物流经营安全程度的评价。

当物流作业的营业量(额)超过盈亏平衡点以后,企业还要对物流经营的安全程度进行评价,当安全度较低时,企业也需要采取相应措施提高营业量(额),以保证物流经营的安全性。

所谓安全边际指标是指将现有或预计的物流作业营业量(既可以用营业量 x_1 表示,也可以用营业额 y_1 表示)与处于盈亏平衡状态下的营业量进行比较,并由两者之间的差额确定的定量分析指标。

安全边际指标包括两种形式:绝对形式和相对形式。安全边际的绝对形式,又可分为安全边际营业量(以下简称安全边际量,记作 MS 量)和安全边际营业额(以下简称安全边际额,记作 MS 额),它们的计算公式分别为:

$$MS 量 = x_1 - x_0$$
$$MS 额 = y_1 - y_0$$

安全边际量与安全边际额有如下关系:

$$MS 额 = MS 量 \times P$$

式中,P 为价格。

安全边际的相对形式,被称为安全边际率(记作 MSR)。其计算公式为:

$$MSR = \frac{x_1 - x_0}{x_1} \times 100\% = \frac{y_1 - y_0}{y_1} \times 100\%$$

所有的安全边际指标都属于正向指标,也就是说,安全边际指标越大说明该项物流作业的经营安全程度越高。目前许多欧美企业都在使用安全边际指标来评价物流经营的安全程度,并提出了以下经验值:安全边际率低于 10% 时,物流经营处于危险状态;安全边际率处于 10%~20% 时,企业应当注意;安全边际率处于 20%~30% 时,物流经营较为安全;安全边际率处于 30%~40% 时,物流经营安全;安全边际率处于 40% 以上时,物流经营十分安全。

与安全边际率相连的另一个衡量物流经营安全的指标是保本作业率指标。保本作业率又称为"危险率"(记作 dR),是盈亏平衡状态下物流作业的营业量占现有或预计营业量的百分比,其计算公式为:

$$dR = \frac{x_0}{x_1} \times 100\% = \frac{y_0}{y_1} \times 100\%$$

$$MSR + dR = 1$$

与安全边际指标不同,保本作业率是一个负向指标,该指标越小说明现有或预计营业量距离盈亏平衡状态下的营业量越远,因而物流经营也就越安全。

本章小结

在前面物流成本核算的基础上,本章主要对各项与物流成本有关的会计、统计数据进行分析，介绍物流成本分析的一般程序、几种常见的分析方法以及物流效益、效率分析涉及的具体指标；随后，本章在成本分析的基础上，通过物流成本预测，利用历史数据和一些简单的数学方法，估算未来的成本水平，为成本管理和决策提供支持；最后，介绍以物流总成本最低为依据的决策方法和几种常见的模型。

美达公司的仓储成本决策

美达公司于 1998 年在某沿海城市成立，是一家中日合资企业，主要采用日本技术，生产适用超市使用的制冷设备，员工 600 人。现在年销售额 6 亿元，每年以 30% 的速度递增。美达公司从 1998～2005 年市场占有率一直稳居同行业龙头老大的地位。

美达公司为了保证生产的连续进行，储存了多种零部件。用来存放零部件的库房面积为 6 800 平方米，三层货架，有效高度 2.5 米，人工上架。保管员总计有 18 人，每天处理 2 000 个零部件，人均月工资 1 500 元。其他费用（仓库经营所需费用）每年约 40 万元。

由于在散货区采用液压手动叉车或平板车摆放移动托盘，部分存放区堆放拥挤，采用先进先出，经常会遇到为了取出里面的零部件，需要先把后面后到的零部件搬出再摆回的情况。有的存货区通道狭窄，货物摆放不整齐，取货困难。

成品包装成本约为 12 万元/年。成品运输费用 1 500 万元。

改进方案如下。

方案一：

仓库增加 4 台电动叉车，保管员数量调整为 5 人，叉车工 4 人。更换多层存货架，充分利用仓库高度。在散货区和发货区也全部使用货架。全部使用托盘，便于叉车作业，节省拣料时间，提高拣料速度，最大限度实现机械化。

新增的叉车每台采购价格为 15 万元，每年的运行费用、维修费用和人员工资是 2 万元。增加和改造货架需要资金 30 万元。

方案二：

在公司附近租赁新的仓库，将数量多、体积大，方便使用叉车操作的零部件转移到此仓库，由相关供应商支付仓库租金，派人管理。库存数量由供应商根据美达公司生产计划自行确定。公司内原仓库任务减少，工作人员减少到 4 人，3 人负责老仓库日常工作，1 人负责处理与租用仓库之间的协调和零部件接收工作。

方案三：

将公司的零部件库、成品库、采购、运输全部外包。通过招标，确定一家物流公司，物流公司的计算机系统与美达公司的计算机系统对接，物流公司共享美达公司的生产计划、采购物料清单、领料单、供应商信息、客户信息及定退货情况等数据。

美达公司仅负责成品的保管费、发货费，直接从物流公司购买零部件，零部件的保管费、运费美达公司不负责。公司将成品库、零部件库取消，原库房人员减少为 3 人，1 人负责成品出厂，2 人负责零部件的接收。采购人员 1 人，负责与物流公司的协调和结算。将以上人员组成一个新部门，增加 1 个主管负责总体协调。撤销产品包装人员。

（资料来源：周德科《物流案例与实践》．北京：高等教育出版社，2005.）

习　　题

一、判断题

1. 存货的成本减少，也可以减少缺货成本，即缺货成本与存货成本成正比。（　　）

2. 运输成本可分为随运输吨公里变动的成本和与运输吨公里无关的成本，车辆折旧一定是与运输吨公里呈正相关的关系。（　　）

3. 虽然各项物流成本之间存在此消彼长的悖反关系，但通过物流成本管理降低物流成

本相对水平还是十分可能的。（ ）

4. 在确定配送方案时，目前建立区域性的配送中心一定比直接从生产厂家运输节约成本。（ ）

5. 包装主要是为了使产品美观大方，方便消费者购买，与物流过程基本无关。（ ）

6. 进行物流效率分析的原因是只有在一定效率水平下的物流成本总额才有相互比较的意义。（ ）

二、单项选择题

1. 现代物流的一个显著特征，是追求（ ）的最小化。
   A. 物流效益　　B. 物流价格　　C. 物流总成本　　D. 物流价值

2. 在全面分析企业物流成本效益时，受商品价格变动和交易条件变化影响较大，可能影响考核准确度的是（ ）。
   A. 物流成本率　　　　B. 单位物流成本率
   C. 物流功能成本率　　D. 产值物流成本率

3. （ ）是根据有关成本数据和企业具体的发展情况，运用一定的技术方法，对未来的成本水平及其变动趋势做出科学的估计。
   A. 物流成本预测　　B. 物流成本分析　　C. 物流成本决策　　D. 物流成本核算

4. （ ）是指运用预算的方法，设定成本费用标准，将实际物流成本（费用）与预算标准作比较，发现并纠正不利差异，提高经济效益。
   A. 物流成本降低　　B. 物流成本控制　　C. 物流成本预测　　D. 物流成本分析

5. 根据相关数据，运用定性、定量分析的方法选择最佳方案的过程，叫作（ ）。
   A. 物流成本核算　　B. 物流成本预测　　C. 物流成本分析　　D. 物流成本决策

三、多项选择题

1. 指出下列不属于物流成本定量分析方法的一项（ ）。
   A. 指标对比法　　B. ABC分析法　　C. 经济订货批量　　D. 连环替代法

2. 进行物流成本预测时，可采用下列哪些方法？（ ）。
   A. 高低点法　　B. 回归直线法　　C. 加权平均法　　D. 量本利分析法

3. 物流成本分析的原则是（ ）。
   A. 与经济责任制相结合的原则
   B. 与技术经济指标变动相结合的原则
   C. 实际与标准一致的原则
   D. 一切从实际出发的原则
   E. 以历史最高水平为依据的原则

4. 进行物流成本分析时，要遵循以下哪些原则？（ ）
   A. 物流成本分析与经济责任制相结合
   B. 物流成本分析与企业规模相结合
   C. 物流成本分析与经营指标的变动相结合
   D. 物流成本分析与企业所处地区整体物流发展水平相结合

5. 下列属于量本利分析中应用的指标有（ ）。
   A. 保本点的运输周转量　　B. 目标固定成本
   C. 目标变动成本　　　　　D. 经济订货批量

四、填空题

1. 物流成本分析的一般程序包括_____、_____、_____、_____。

2. 连环替代法计算程序包括_____、_____、_____、_____。

3. 单位营业费用物流成本率可通过物流成本占营业费用的比率判断企业物流成本的比重，这个比重不受_____的影响，比较稳定。

4. 在量本利分析中，当企业经营收入与成本相等时，就认为企业处在_____点上。

5. 将现有或预计物流营业量和处在盈亏平衡状态下的营业量进行比较，由两者的差额确定的定量分析指标叫作_____。

五、简答题

1. 试说明如何在采购成本分析中应用价值分析理论。
2. 说明库存周转率指标在管理整个物流过程中发挥什么样的影响。
3. 物流成本预测有哪些作用。
4. 说说物流各功能成本之间存在什么样的悖反关系。
5. 简单叙述以物流总成本为依据，进行仓库租赁决策时要考虑哪些因素。

第八章 物流成本控制

> 【学习目标】
> 本章主要讲授物流成本控制的方法,通过本章学习,要求学生了解什么是物流成本控制、物流成本控制的内容和方法,特别是目标成本法、责任成本法的基本内容和在日常成本控制中的运用。

第一节 物流成本控制概述

一、物流成本控制及分类

1. 物流成本控制的含义

物流成本控制是以物流成本计划为目标,对物流运行过程中发生的实际成本进行审核发现差距,找出原因,针对具体原因采取相应措施,缩小差距到允许范围的一系列活动。物流成本控制是物流成本管理不可缺少的环节。这是因为物流成本计划对物流运行提出了成本要求,它是建立在对未来预测、决策基础上的计划,管理者能够根据事物发展的规律,预知事物发展的趋势,但不能预知事物发展的细节,计划不可避免地带有主观色彩;影响计划执行的因素很多,且这些因素还处于永恒的发展变化之中,尤其是有些不利因素增加的时候,如市场竞争激烈、能源原材料价格超过预计的范围等,都会使物流成本上升。管理者应适时掌握变化的因素和它对物流成本的影响,调整物流要素的组合,"以变应变",才能保证物流成本目标不变。

2. 物流成本控制的分类

(1) 物流成本的控制,从控制时间对其进行分类,可以分为前馈控制、同期控制和反馈控制。

① 前馈控制。它是这样一个控制系统:它能够在问题发生之前就告诉管理者,使管理层能够立即采取措施,使问题不会发生。前馈控制注重对输入进行监督,查明输入是否符合计划的要求,如果输入不同于计划中的要求,则要改变输入或改变过程,以保证计划目标实现,其显著特点使企业运营中防患于未然。例如,要使运输成本符合运输计划的成本要求,则运力利用要充分,车辆要满载运行,这就对货物包装尺寸、包装质量提出了一定的要求,如果包装尺寸、质量不合要求,要么再包装,要么更换车辆,要么改变运输工具和装卸方法。

② 同期控制。同期控制又称同步控制或实时控制,即对活动过程中的人或事进行指导监督而实施的控制。同期控制多用于对物流现场、过程的控制,主要由基层管理者或物流直接责任者执行,通常包括现场指导和监督两种控制形式。它是一种面对面的领导,目的在于及时纠正物流活动中的偏差。在同期控制中,应区分控制对象所从事的是定制性的工作还是

创造性工作,对前者可以进行严格的现场监督,如对装卸进展缓慢,车辆不能正点到位、发车等;对后者则只能提供管理服务,为它创造良好的工作环境、轻松活泼的工作氛围。例如对物流运行软件开发工作者的管理就应当这样。

③ 反馈控制。这是把系统输出的信息送到输入端或中间环节,与输入信息和工作标准进行比较,在比较、分析中发现偏差和纠正偏差的过程。过去,人们认为反馈控制有"时滞",其作用是"亡羊补牢"。现代社会信息化程度越来越高,信息产生、传输的速度越来越快,信息的作用越来越大,反馈控制应用得越来越广泛。如 EDI 的使用,就使得超市销售商品的信息能及时反馈到配送中心和生产企业,使配运中心配什么、配多少,生产企业生产什么、生产多少变得非常主动。

(2) 对物流成本控制按控制主体分类,可以分为自控和他控

① 自控即物流成本责任主体的自我控制。保证物流成本计划实现,物流企业人人有责。物流企业每个员工都有其岗位和岗位责任制,都有劳动定额、工时定额、工作质量及能源、原材料消耗定额要求,这些都使和物流成本紧密相关的每个员工都应当进行自我管理,履行好岗位责任制。发现了偏差,不管产生偏差的原因是主观方面的还是客观方面的,只要是通过主观努力可以克服的,都应当发挥主观能动性,保证成本计划实现。如果确属自己不可克服的原因造成的偏差,则要及时反映问题并提出解决问题的建议供领导决策,以求得偏差的纠正。

② 他控是物流领导者和管理者实施的控制。它是物流领导者和管理人员,深入现场观察,参与操作,收集分析物流报表、数据、信息,发现问题、解决问题的过程。

(3) 以物流成本形成过程为对象的物流成本控制 以物流成本形成过程为对象的物流成本控制,就是从物流系统(或企业)投资建立,产品设计(包括包装设计),材料物资采购和存储,产品制成入库和销售,一直到售后服务等发生物流成本费用的各个环节,实施有效的成本控制。

① 投资阶段的物流成本控制。投资阶段的物流成本控制主要是指企业在厂址选择、设备购置、物流系统布局规划等过程中对物流成本所进行的控制。其内容如下。

一是合理选择厂址。厂址选择合理与否,往往从很大程度上决定了以后物流成本的高低。例如,把廉价的土地使用费和人工费作为选择厂址的第一要素时,可能会在远离原料地、消费地的地点选点建厂,这对物流成本的高低会造成很大的影响。除了运输距离长以外,还需要在消费地点设置大型仓库,而且运输工具的选择也受到了限制。如果在消费地附近有同行业的企业存在,在物流成本上就很难与之竞争,即使考虑到人工费和土地使用费的因素在内,也很难断定是否有利。所以工厂选址时应该重视物流这一因素,事先要搞好可行性研究,谋求物流成本的降低。

二是合理设计物流系统布局。物流系统布局的设计对物流成本的影响是非常大的,特别是对全国性甚至全球性的物流网络设计而言,如何选择物流中心和配送中心的位置、运输和配送系统的规划、物流运营流程的设计等,对于整个系统投入运营后的成本耗费有着决定性的影响。在物流系统布局规划时,应通过各种可行性论证,比较、选择多种方案,确定最佳的物流系统结构和业务流程。

三是优化物流设备的购置。优化物流设备投资是为了提高物流工作效率和降低物流成本。企业往往需要购置一些物流设备,采用一些机械化、自动化的措施。但在进行设备投资时,一定要注重投资的经济性,再研究机械化、自动化的经济临界点。对于一定的物流设备投资来说,其业务量所要求的条件必须适当。一般来说,业务量增加时,采用机械化和自动化有利,而依靠人工作业则成本提高。相反,如果超时限度搞自动化,那么将不可避免地会增大资金成本,同样是不可取的。

②产品设计阶段的物流成本控制。物流过程中发生的成本大小与物流系统中所服务产品的形状、大小和重量等密切相关，而且不仅局限于某一种产品的形态，同时还与这些产品的组合、包装形式、重量及大小有关。因此，实施物流成本控制有必要从设施阶段抓起，特别是对于制造企业来说，产品设计对物流成本的重要性尤为明显。具体而言，设计阶段的物流成本控制主要包括如下几方面的内容。

一是产品体积和形态的优化组织。产品体积和形态对物流成本有着直接的影响。如方便面规格和包数改变后，直接影响了纸箱成本的核算，改变了生产的批量，同时对运输工具也提出了较大的要求，进而影响到物流成本控制。因此，在设计产品的形态和体积的时候，还必须考虑如何降低纸箱的成本，如何扩大生产批量，如何减小运输成本等后续影响。

二是产品批量的合理化。当把数个产品集合成一个批量保管或发货时，就要考虑到物流过程中比较优化的容器容量，如一个箱子装多少件产品，箱子设计成多大，每个托盘上堆码多少个箱子等。

三是成品损耗率。企业在设计产品时，还必须考虑产品的包装材料、耐压力、搬运、装卸、运输途中的损耗对产品设计的影响。

③供应阶段的物流成本控制。供应与销售阶段是物流成本发生的直接阶段，这也是物流成本控制的重要环节。供应阶段的物流成本控制，主要包括以下内容。

一是优选供应商。企业应该在多个供应商中考虑供货质量、服务水平和供货价格的基础上，充分考虑其供货方式、运输距离等对企业物流成本的综合影响，从多个供应商中选取综合成本低的供货商，以有效降低企业的物流成本。

二是运用现代化的采购管理方式。JIT采购和供应可以减少供应库存量，降低库存成本。另外，供应链采购、招标采购、全球采购、集中采购等采购管理方式的运用，特别对于集团企业或连锁经营企业来说，是非常重要的降低供应物流成本的管理模式。

三是控制采购批量的再订货点。每次采购批量的大小，对订货成本与库存持有成本有着重要影响。采购批量大，则采购次数减少，总的订货成本就可以降低，但会引起库存持有成本的增加；反之亦然。因此，企业在采购管理中，对订货批量的控制是很重要的。企业可以通过相关数据分析，计算其主要采购物资的最佳经济订货批量点和再订货点，从而使得订货成本与库存持有成本之和最小。

四是供应物流作业的效率。企业进货采购对象及其品种很多，接货设施和业务处理要讲求效率。例如，总公司的各分公司需购多种不同物料时，可以分别购买、各自订货；也可由总公司根据各分公司进货要求，由总公司统一负责采购和仓储的集中管理，在各分公司有用料需要时，由总公司仓储部门按照固定的线路，把货物集中配送到各分公司。后面这种有组织的采购、库存管理和配送管理，可使企业物流批量化，减少繁杂的采购流程，提高配送车辆和各公司的进货工作效率。

五是采购途中损耗的最小化。供应采购过程中往往会发生一些途中损耗，运输途中损耗也是构成企业供应物流成本的一个组成部分。运输中应采取严格的预防保护措施尽量减少途中损耗，避免损失、浪费，降低物流成本。

六是供销物流互补化。使销售商品和供应物流经常发生交叉，这样可以采取共同装货、集中发货的方式，把销售商品的运输与外地采购的物流结合起来，利用回程车辆运输的方法，提高货物运输车辆的使用效率，从而降低运输成本。同时，还有利于解决交通混乱现象，促使发货、进货业务集中化、简化、促进搬运工具、物流设施和物流业务的效率化。

④生产物流阶段的成本控制。生产物流成本也是物流成本的一个重要组织部分。生产物流的组织与企业生产的产品类型、生产业务流程以及生产组织方式等密切相关，因此，生产物流成本的控制是与企业的生产管理方式不可分割的。在生产过程中有效控制物流成本的

方法主要包括：生产工艺流程的合理布局，合理安排生产速度，减少半成品和在制品库存、实施物料领用控制，节约物流使用等。

⑤ 销售物流阶段的成本控制。销售物流活动作为企业市场销售战略的重要组成部分，不仅要考虑提高物流效率，降低物流成本，而且还要考虑企业销售政策和服务水平。在保证客户服务质量的前提下，通过有效的措施，推行销售物流的合理化，以降低销售阶段的物流成本，主要的措施包括以下几点。

一是加强订单管理，与物流相协调。订单的重要特征表现在订单的大小、订单的完成效率等要素上。订单的大小和完成效率往往会有很大的区别，有的企业，很多小批量多次数订单（自提订单）往往会在数量上占了订单总数的大部分，它们对物流和整个物流系统的影响有时会很大。因此，为了提高物流效率、降低物流成本，在订单上必须充分考虑商品的特征和订单周期及其他经营管理要素的需要。

二是销售物流的大量化。这是通过延长备货时间，以增加运输量，提高运输效率，减少运输总成本。例如，公司把产品销售配送从"当日配送"改为"三日配送"或"周指定配送"就属于这一类。这样可以更好地掌握货物配送数量，大幅度提高配货满载率。为了鼓励运输大量化，日本采取一种增大一次物流批量折扣的办法促进销售，降低小批量手续费，节约的成本由双方分享。现在，这种以延长备货时间来加大运输或减少配送次数的做法已经被许多企业所采用。需要指出的是，这种做法必须在能够满足客户对送货时间及服务质量的前提下进行。

三是商流与物流相分离。现在商流与物流分离的做法已经被越来越多的企业所采纳。其具体做法是订货活动与配送活动相分离，由销售系统负责订单的签约，而由物流系统负责货物的运输和配送。运输和配送的具体作业，可以由自备车完成，也可以通过委托运输的方式来实现，这样可以提高运输效率，节省运输费用。此外，还可以把销售设施与物流设施分离开来，如把企业所属的各销售网点（分公司）的库存实行集中统一管理，在最理想的物流地点设立仓库，集中发货，以压缩物流库存，解决交叉运输，减少中转环节。这种"商物分流"的做法，把企业的商品交易从大量的物流活动中分离出来，有利于销售部门集中精力搞销售。而物流部门也可以实现专业化的物流管理，甚至面向社会提供物流服务，以提高物流的整体效率。

四是增强销售物流的计划性。以销售计划为基础，通过一定的渠道把一定量的货物送到指定地点。如某些季节性消费品，随着季节的变化可能会出现运输车辆过剩或不足，或装载效率下降等问题。为了调整这种波动性，可事先同客户商定时间和数量，制订出运输和配送计划，使公司按计划供货。在日本啤酒行业，这种方法被称为"定期、定量直接配送系统"的计划性物流。

五是实现差别化管理。随着中国履行加入WTO后对外开放服务领域的承诺，物流服务这一市场的竞争激烈程度势必会大大的加强。面对日益增长和竞争日益激烈的物流市场，一些物流企业所表现出来的主要特征是同质化服务和低价格竞争。各个物流企业所提供的服务内容基本雷同，缺乏本质性的区别，各个企业都以降低服务价格为核心的促销手段展开竞争。迈克尔·波特在《竞争战略》（1980）中指出有三种基本竞争战略，即总成本领先战略、差异化战略、目标集聚战略。其中，差异化战略的含义即是企业提供在行业范围内具有独特性的产品和服务。物流企业差异化战略指的是，各个物流企业结合自身的实力和市场的需求，提供和其他物流企业与众不同的、具有独特性的产品和服务。物流企业差异化战略，以价值创造为逻辑思路，以提高顾客满意为核心要求，这样不仅有利于提高物流企业的服务水平，提高顾客的满意度和忠诚度，而且可以避免物流企业无序竞争和盲目发展，从而使物流企业在经济发展中发挥更大的作用。

六是物流共同化。物流共同化是指通过建立企业间的结合共同组建物流体系，来处理企业营运中有关物品流动的相关作业，解决单一企业对物流系统投资的不经济或低效率等问题。共同化物流与社会化物流不同，它是通过签订合同，为一家或数家企业（客户）提供长期服务。这种配送中心由社会化配送中心来进行管理，也有由企业自行管理的，但主要是提供服务。共同化物流系统对企业的好处是可以最大限度地利用有限资源，降低风险和运营成本，维持一定的物流服务水准，共同进货以获取规模效益，并尽快实现物流管理现代化。因此，物流的共同化也是物流发展的一个新趋势。

（4）按物流成本控制所使用的方法、工具进行分类，可以将其分为标准成本控制、责任成本控制和其他成本控制，这是常用的控制方法，涉及许多具体的数学和技术问题。

二、物流成本控制的基本程序

物流成本控制应贯穿于企业生产经营的全过程。一般来说，物流成本控制应包括以下几项基本程序。

1. 判定物流成本控制标准

任何控制都要有控制标准，标准是实施控制的依据和准绳，物流成本控制标准是物流各项开支和资源消耗的数量程度。在物流成本计划中，各项指标通常都比较综合，不能满足具体控制的要求，这就需要将其分解成一系列的具体标准，可以从物流功能角度分，这一物流项目的包装、运输、装卸、加工、储存、配运和信息费用各为多少；可以从物流项目涉及的范围分，供应、生产、销售、回收、废弃物流费用各为多少；可以按费用形式分，材料、燃料、动力、工资等各项费用各为多少。总的来说，标准分解得越细、越具体，越有利于实施控制。

2. 监督物流实际成本形成过程。

物流成本管理要贯穿物流全过程，和物流进度、质量、安全检查同步进行。检查中不但要检查指标的落实情况，还要检查影响指标的各项条件，如物流设施、设备、工具、工作人员技术水平和工作环境等。物流成本控制人人有责，还要有专人负责，物流费用发生的执行者要自我控制，还应当在物流责任制中实施他控监督。

3. 寻找物流成本偏差

在对物流实际成本进行仔细监督的过程中，会找到实际发生在一个一个物流环节、作业中的实际成本，在实际成本和计划成本差距比较中，就能找出成本偏差，并找出偏差的原因和责任归属。管理者针对成本偏差及原因，分出轻重缓急，提出纠正偏差措施，使物流成本计划落到实处。

4. 纠正偏差

找出偏差的目的在于纠正偏差。小的偏差，可以由物流活动责任人克服困难并加以解决的偏差，提请当事人解决即可。而对重大偏差，由外部原因引起的偏差的纠正，则要采取相应的系统措施。

首先，提出降低成本的课题，包括课题的目的、内容、理由、预期达到的效益。不同性质的课题应提交不同的群众研究讨论。

其次，讨论和决策。不同的课题发给不同的部门和人员进行充分酝酿以后，让人们从经济、技术、方法、人员、设施、设备、环境等多方面进行讨论，提出各种方案，进行优选对比，从中选出最优方案。

最后，将决策方案付诸实践，在实践中进行调查研究，解决发生的问题，保证原物流成本计划落到实处。

5. 评价和激励

评价物流成本目标的执行结果，根据物流成本业绩实施奖惩。

三、物流成本控制遵循的原则

1. 经济原则

物流成本控制的目的是实现企业物流成本计划、提高物流经济效益。无论采用什么方式、方法和手段，这一目的不可动摇；控制物流成本是有代价的，这个代价在保证控制有效的条件下，也应尽可能低些。控制方法的选用也要讲经济效益。

2. "三全"原则

这里所谓的"三全"原则，是全员、全面、全过程的物流成本控制。

（1）全员控制　从物流领导、专业管理人员到企业每一个普通员工，都要各司其职，恪尽职守，每个人都完成自己的任务而不增加成本开支，每项工作都做得合乎质量要求而不给后续工序增加开支，物流成本目标才可望得以实现。

（2）全面控制　事物都由许多方面构成，物流可以分为人、财、物方面，技术、设施、设备方面，硬件、软件方面等。把好每个方面的物流成本关，还要从相互联系的角度，在指导好自己方面成本关的同时，为别的方面的把关创造良好的外部条件。

（3）全过程控制　从时间顺序看，物流是由一系列活动构成的。一系列物流成本的和构成物流总成本，任何一项物流活动成本没有得到有效控制会使自己的成本上升，还可能导致相关物流活动成本和物流总成本的上升。在物流成本管理问题上，"既要管好自己田里的水，还要关心上丘田和下丘田里的水"。

3. 目标控制原则

物流管理的一般目标，是在按时、按量完成物流任务的前提下使成本最低，或在既定的人力、财力、物力投入的情况下，效益最高。具体目标则是经过科学预测、决策所产生的物流成本计划，任何控制观念和行为都应以目标成本计划为依据，服从计划的约束。管理过程中需要创新，创新应当增加投入，增加投入要有利于长远节约成本和提升效益。

4. 重点控制原则

所谓重点控制原则，就是要求管理人员不要把精力和时间分散在全部成本差异上平均使用力量，而应该突出重点，把注意力集中在那些属于不正常的不符合常规的关键性的差异上。企业日常出现的物流成本差异往往成千上万，头绪繁杂，管理人员对异常差异实行重点控制，有利于提高物流成本控制的工作效率。重点控制原则是企业进行日常控制所采用的一种专门方法，盛行于西方国家，特别是在对物流成本指标的日常控制方面应用得更为广泛。

物流项目涉及许多人、侧面和过程。这些人、侧面和过程在成本方面的责任、潜力、难度等方面并不是均匀分布的。关键人以及分摊成本高、降低成本潜力大、困难多的环节是主要矛盾和矛盾的主要方面。物流领导和管理人员要集中精力，适时调度，整合人力、财力和物力，抓主要矛盾和矛盾的主要方面。主要矛盾解决了，次要矛盾的解决就不难了。

5. 责任统一原则

物流活动每一工作岗位上的每个员都有相应的责任，要让人负责得起责任就要赋予相应的权力。责任、权力应当相称、对等、协调。权力小于责任，缺乏履行责任的制度基础，完成不了任务，也不应当承担责任；权力大于相应的责任，必然挥霍浪费，出官僚主义，无益于物流成本控制。

只有切实贯彻责、权、利相结合的原则，物流成本控制才能真正发挥其效益。显然，企业高层管理者在要求企业内部各部门和单位完成物流成本控制职责的同时，必须赋予其在规定的范围内有决定某项费用是否可以开支的权力。如果没有这种权力，也就无法进行物流成本的控制，此外，还必须定期对物流成本绩效进行评估，据此实行奖惩，以充分调动各单位和员工进行物流成本控制的积极性和主动性。

四、物流成本控制的方法

对物流成本进行控制，首要的是能明确判断和计算企业现有物流成本的情况，从目的上讲，物流成本现状的把握具有如下特点：一是能正确把握物流成本的大小并从时间序列上看清物流成本的发展趋势，以便于与其他企业进行横向比较；二是能借助于对物流成本的现状分析，评价企业物流绩效，规划物流活动，并从供应链管理的角度对物流活动的全过程进行控制；三是能给企业高层管理者提供企业内全程管理的依据，并充分认识物流管理在企业活动中的作用；四是有利于将一些不合理的物流活动从生产或销售部门分离出来；五是能正确评价企业物流部门或物流分公司对企业的贡献度；六是有利于企业在不断改善物流系统的同时控制相应的费用。

一般来说，企业对物流成本的控制方法大致有如下几种。

1. 从流通全过程的视点来降低物流成本

对于一个企业来讲，控制物流成本不单是本企业的事，即追求本企业物流的效率化，而应该从产品制成到最终用户整个供应链过程的物流成本效率化，亦即物流设施的投资或扩建与否要视整个流通渠道的发展和要求而定。

例如，原来有些厂商是直接面对批发商经营的，因此，很多物流中心是与批发商物流中心相吻合，从事大批量的商品输送，然而，随着零售业中便民店、折扣店的迅猛发展，客观上要求厂商必须适应这种新型的业态形式，展开直接面向零售店铺的物流活动，在这种情况下，原来的投资就有可能沉淀，同时又要求建立新型的符合现代流通发展要求的物流中心或自动化设施，这些投资尽管从本企业来看，增加了物流成本，但从整个流通过程来看，却大大提高了物流绩效。

在控制企业物流成本时，还有一个问题是值得注意的，即针对每个用户成本削减的幅度有多大。特别是当今零售业的价格竞争异常激烈时，零售业纷纷要求发货方降低商品的价格，因此，作为发货方的厂商或批发商都在努力提高针对不同用户的物流活动绩效，例如将原来一日一次的商品配送，集约成一周两次的配送等。

2. 通过实现供应链管理，提高对顾客的物流服务来削减成本

在供应链物流管理体制下，仅仅本企业的物流具有效率化是不够的，它需要企业协调与其他企业（如部件供应商等）以及顾客、运输业者之间的关系，实现整个供应链活动的效率化。也正因为如此，追求成本的效率化不仅仅是企业中物流部门或生产部门的事，同时也是经营部门以及采购部门的事，亦即将降低物流成本的目标贯彻到企业所有职能部门之中。

提高对顾客的物流服务是企业确保利益的最重要手段，从某种意义上来讲，提高顾客服务是降低物流成本的有效方法之一，但是，超过必要量的物流服务不仅不能带来物流成本的下降，反而有碍于物流效益的实现。例如，随着多频度、少量化经营的扩大，对配送的要求越来越高，而在这种状况下，如果企业不充分考虑用户的产业特性和运送商品的特性，一味地开展商品的翌日配送或发货的小单位化，无疑将大大增加发货方的物流成本。所以，在正常情况下，为了既保证提高对顾客的物流服务，又防止出现过剩的物流服务，企业应当在考虑用户产业特性和商品特性的基础上，与顾客方充分协商，探讨有关配送、降低成本等问题，如果能够实现一周2～3次的配送，可以商议将由此而产生的利益与顾客方分享，从而相互促进，在提高物流服务的前提下，寻求降低物流成本的途径。

3. 借助于现代信息系统的构筑降低物流成本

各企业内部的物流效率化仍然难以使企业在不断激化的竞争中取得成本上的竞争优势，为此，企业必须与其他交易企业之间形成一种效率化的交易关系。即借助于现代信息系统的构筑，一方面使各种物流作业或业务处理能准确、迅速地进行；另一方面，能由此建立起物流经营战略系统，具体而言，通过将企业定购的意向、数量、价格等信息在网络上进行传

输,从而使生产、流通全过程的企业或部门分享由此带来的利益,充分对应可能发生的各种需求,进而调整不同企业间的经营行为和计划,这无疑从整体上控制了物流成本发生的可能性。也就是说,现代信息系统的构筑为彻底实现物流成本的降低,而不是向其他企业或部门转嫁成本奠定了基础。

4. 通过效率化的配送降低物流成本

对应于客户的订货要求建立短时期、正确的进货体制是企业物流发展的客观要求,但是,伴随配送产生的成本费用要尽可能降低,特别是多顾客、小单位配送的发展,更要求企业采用效率化的配送方法。一般来说,企业要实现效率化的配送,就必须重视配车计划管理、提高装载以及车辆运行管理。

所谓配车计划,是指与客户的订货相吻合,将生产或购入的商品按客户指定的时间进行配送的计划。对于生产商而言,如果不能按客户指定的时间进行生产,也就不可能在客户规定的时间配送商品,所以,生产商配车计划的制订必须与生产计划相联系进行。同样,批发商也必须将配车计划相匹配,就必须构筑最为有效的配送计划信息系统。这种系统不仅仅是处理配送业务,而是在订货信息的基础上,管理从生产到发货全过程的业务系统,特别是制造商为缩短对用户的商品配送,同时降低成本,必须通过这种信息系统制订配送计划,商品生产出来后,装载在车辆中进行配送。对于发货量较多的企业,需要综合考虑并组合车辆的装载量和运行路线,也就是说,当车辆有限时,在提高单车装载量的同时,应事先设计好行车路线以及不同路线的行车数量等,以求在配送活动有序开展的同时,追求综合成本的最小化。另外,在配车过程中,还需要将用户的进货条件考虑在内。例如,进货时间、驾驶员在客户作业现场搬运的必要性、客户附近道路的情况等都需要关注和综合分析,还有用户的货物配送量也对配车计划具有影响,货物输送量少,相应的成本就高,配车应当优先倾向于输送量较多的地域。

为了提高装载率,企业可以将自己的商品名称、容积、重量等数据输入到信息系统中,再根据客户的订货要求计算出最佳装载率。实践看来,对于需要比较集中的地区,可以容易地实现高装载率运输,而对于需求相对较小的地区,可以通过共同配送来提高装载率。

削减配送成本的另一方面是追求车辆运行的效率化,提高车辆运行的一个有效方法是建立有效的货车追踪系统,即在车辆上搭载一个全球定位系统(GPS),通过这种终端与物流中心进行通信,一方面,对货物在途情况进行控制;另一方面,有效地利用空车信息,合理配车。

5. 削减退货成本

退货成本也是企业物流成本中一个重要的组成部分,它往往占有相当大的比例。退货成本之所以成为某些企业主要的物流成本,是因为随着退货会产生一系列的物流费、退货商品损伤或滞销而产生的费用以及处理退货商品所需的人员费等各种事务性费用。特别是出现退货的情况,一般是由商品提供者承担随意退回的商品,并且由于这类商品大多数量较小,配送费用有增高的趋势。不仅如此,由于这类商品规模较小,也很分散,商品入库、账单处理等业务也都非常复杂。例如,销售额 100 万元的企业,退货比率为 3%,即三万元的退货,由此而产生的物流费用和企业内处理费用一般占到销售物流的 9%~10%,因此,伴随着退货将会产生 3 000 元的物流费。进一步地,由于退货而产生的机会成本为 15 000 元。综合上述费用,退货所引起的物流成本为 18 000 元,占销售额的 1.8%。以上仅假定退货率为 3%,如果为 5%时,物流费用将达到 30 000 元,占销售额的 3%。由此可以看出,削减退货成本十分重要,它是物流成本控制活动中需要特别关注的问题。

控制退货成本首先要分析退货产生的原因。一般来说,退货可以分为由于客户的原因产生的退货和本企业的原因产生的退货两种情况。通常认为客户的原因所产生的退货是不可控的。对于零售商或批发商而言，为了防止商品断货而产生机会成本是他们过量进货的主要原因，虽然利用 POS 系统可以根据不同商品过去的经营绩效来加以调整，但是，对于季节性或流行性商品，却无法合理地进行控制，在这种状况下，一旦出现商品滞销，必然会存在退货问题。要杜绝此类情况发生，就必须不断掌握本企业产品在店铺的销售状况，对于销售不振的商品应及时制定促销策略，而季节性产品或新产品，应在销售预测的基础上，根据掌握的当天的销售额来确定以后的生产量，也就是说，利用单品管理建立起实需型销售体制。从方法上来讲，建立起实需型销售体制，需要在客户店铺设置本企业的 POS 系统，这样企业就能及时掌握客户的经营情况，进而不断调整企业的产品生产量和产品种类，真正从根本上减少退货现象发生。造成退货现象的一个根本原因是生产方为了片面追求自身的经济利益，采取推进式销售方式而引起的负效应，亦即很多企业为了追求最大销售目标，一味地将商品推销给最终客户，而不管商品实际销售的状况和销售中可能出现的问题，结果造成流通库存增加、销售不振、退货成本高昂。要有效降低退货成本，重要的是改变企业片面追求销售额的目标战略，在追踪最终需求动向和流通库存的同时，为实现最终需求增加而实施销售促进策略。

第二节 标准成本控制法

设定物流成本控制的标准，是物流成本管理控制过程的首要环节。建立适当的物流成本控制标准，可以为以后的差异分析、业绩考核及纠正提供良好的基础。

通常认为计划是设立控制标准的依据，计划就可以充当控制标准。其实，大多数物流企业的计划都无法满足控制的要求，主要原因是其详细程度不够。成本是在企业的每一项运作中耗费的，成本控制的标准亦应具体到每一项作业，而计划编制不太可能细致到作业环节。因此，企业必须在计划之外制订具体的成本控制标准。

一、物流标准成本的设定

物流标准成本是通过精确的调查、分析与技术测定而制订的，用来评价实际成本、衡量工作效率的一种预计成本。在物流标准成本中，基本上排除了不应该发生的"浪费"，因此被认为是一种"应该成本"。标准成本和估计成本同属于预计成本，但后者不具有衡量工作效率的尺度性，主要体现可能性，供确定产品或服务销售价格使用。标准成本要体现企业的目标和要求，主要用于衡量产品或服务运作过程的工作效率和控制成本，也可以用于存货销货成本计价。

"标准成本"一词在实际工作中有两种含义。

一种是指单位产品或服务的标准成本，它是根据单位产品或服务的标准消耗量和标准单价计算出来的，标准的来说应该为"成本标准"。

成本标准＝单位产品或服务标准成本＝单位产品服务标准消耗量×标准单价

另一种指实际产量的标准成本，是根据实际产品产量和单位产品成本标准计算出来的。

标准成本＝实际产量×单位产品标准成本

二、物流成本的种类

1. 按经营管理的水平及技术分类

物流标准成本按其制订所根据的技术和经营管理水平，分为理想标准成本和正常标准成本。

（1）理想标准成本　它是指在最优的物流运作条件下，利用现有的规格和设备能够达到的最低成本。制订理想标准成本的依据，是理论上的业绩标准、物流运作要素的理想价格和可能实现的最高经营能力水平。这里所说的业绩标准，是指在物流运作过程中毫无技术浪费时物流运作要素消耗量，最熟练的员工全力以赴工作，不存在任何损失和停工时间等条件下可能实现的最优业绩。这里所说的最高物流运作经营能力利用水平，是指理论是可能达到的设备利用程度，只扣除不可避免的机器修理、改换品种、调整设备等时间，而不考虑产品或服务销路不佳、物流运作技术故障等造成的影响。这里所说的理想价格，是指原材料、劳动力等物流运作要素在计划期间最低的价格水平。因此，这种标准是"物流的极乐世界"，很难成为现实，即使暂时出现也不可能持久。它的主要用途是提供一个完美无缺的目标，揭示实际成本下降的潜力。因此提出的要求太高，不能作为考核的依据。

（2）正常标准成本　它是指在效率良好的条件下，根据下期一般应该发生的物流运作要素消耗量、预计价格和预计物流经营能力利用程度制订出来的标准成本。在制订这种标准成本时，把物流运作经营活动中一般难以避免的损耗和低效率等情况也计算在内，使之切合下期的情况，成为切实可行的控制标准。从具体数量上看，它应大于理想标准成本，但又小于历史平均成本，实施以后实际成本更大的可能是逆差而不是顺差，是要经过努力才能达到的一种标准，因此可以调动员工的积极性。

在物流标准成本系统中，广泛使用正常的物流标准成本。它具有以下特点：它是用科学方法根据客观事实和过去实践经充分分析制订出来的，具有客观性和科学性；它排除了各种偶然性和例外情况，又保留了目前条件下难以避免的损失，代表正常情况下的消耗水平，具有现实性；它是应该发生的成本，可以作为评价业绩的尺度，成为督促员工去努力争取的目标，具有激励性；它可以在工艺技术水平和管理有效性水平变化不大时持续使用，不需要经常修订，具有稳定性。

2. 按试用期分类

物流成本按其使用期，分为现行标准成本和基本标准成本。

（1）现行标准成本　它指根据其适用期间应该发生的价格、效率和物流运作经营能力利用程度等预计的标准成本。在这些决定因素变化时，需要按照改变了的情况加以修订。这种标准成本可以成为评价实际成本的依据，也可以用来对库存和配送成本计价。

（2）基本标准成本　它是指一经制订，只要物流运作的基本条件无重大变化，就不予变动的一种标准成本。所谓物流运作的基本条件的重大变化是指产品或服务的物理结构变化，重要原材料和人力价格的重要变化，技术和工艺的根本变化等。只有这些条件发生变化，基本标准成本才需要修订。由于物流市场变化导致的服务价格变化和物流运作经营能力利用程度变化，由于工作方法改变而引起的效率变化等，不属于物流运作的基本条件变化，对此不需要修改基本标准成本。基本标准成本与各期实际成本对比，可反映物流成本变动的趋势。由于基本标准成本不按各期实际修订，不宜用来直接评价工作效率和成本控制的有效性。

三、物流标准成本的制订

制订物流标准成本，通常先确定直接材料、直接人工的标准成本，其次确定物流服务的标准成本，最后确定单位物流服务的标准成本。

在制订时，无论是哪一个成本项目，都需要分别确定其用量标准和价格标准，两者相乘后得成本标准。

用量标准包括单位物流服务消耗量、单位物流服务直接人工工时等，主要由物流运作技术部门主持制订，吸收执行标准的部门和员工参加。

价格标准包括服务时所耗材料单价、小时工资率、小时服务费用分配率等，由会计部门和有关物流部门共同研究确定。采购部门是服务时所耗材料价格的责任部门,人力部门和物流部门对小时工资率负有责任,各班组对服务费用率承担责任,在制订有关价格标准时要与他们协商。

1. 直接耗材的标准成本

直接耗料的标准消耗量,是用统计方法、工业工程法或其他技术分析方法确定的。它是现有技术条件提供某种服务所需的耗费材料费用,其中包括必不可少的消耗以及各种难以避免的损失。

直接耗材的价格标准,是预计下一年实际需要支付的进料单位成本,包括发票价格、运费、检验和正常损耗等成本,是取得耗材的完全成本。

下面是一个直接耗材标准成本的实例,见表8-1所示。

表8-1 直接耗材标准成本

标 准	耗材甲	耗材乙
价格标准		
发票单价	1.00元	4.00元
装卸检验费	0.07元	0.28元
每千克标准价格	1.07元	4.28元
用量标准		
图纸用量	3.0kg	2.0kg
允许损耗量	0.3kg	—
单产标准用量	3.3kg	2.0kg
成本标准		
耗材甲(3.3×1.07)		
耗材乙(2.0×4.28)	3.53元	8.56元
单位产品标准成本	12.09元	

2. 直接人工标准成本

直接人工成本的用量是提供某种服务的标准工时。确定提供某种服务所需的直接服务工时,需要按服务的运作顺序分别进行,然后加以汇总。标准工时是指在现有物流运作条件下,提供某种服务所需要的时间,包括直接服务操作必不可少的时间以及必要的间歇和停止,如工间休息、调整设备时间、不可避免的不良服务耗用工时等。标准工时应以作业研究和工时研究为基础,参考有关统计资料来确定。

直接人工的价格标准是指标准工资率。它可能是预定的工资率,也可能是正常的工资率。如果采用计件工资制,标准工资率是预定的每项服务支付的工资除以标准工时,或者是预定的小时工资;如果采用月工资制,需要根据月工资额和可用工时总量来计算标准工资率,见表8-2所示。

3. 服务费用标准成本

物流服务费用的标准成本是按服务的种类分别编制,然后将同一服务涉及的各班组服务费用标准加以汇总,得出整个服务费用标准成本。

(1) 变动服务费用的标准成本 变动服务费用的数量标准通常采用单位服务直接人工工时标准,它在直接人工标准成本制定时已经确定。有的企业采用机器工时或其他用量标准。作为数量标准的计量单位,应尽可能与变动服务费用保持较好的线性联系。变动服务费用的价格标准是每一工时变动服务费用的标准分配率,它根据变动服务费用预算和直接人工总工时计算求得,见表8-3所示。

表 8-2 直接人工标准成本

小时工资率	第一工序	第二工序
基本生产工人人数	20	50
每人每月工时(22.5d×8h)	204	204
出勤率	98%	98%
每人平均可用工时	200	200
每月总工资时	4 000	10 000
每月工资总额	3 600	12 600
每小时工资	0.90	1.26
单位服务工时		
理想作业时间	1.5	0.8
调整设备时间	0.3	—
工间休息	0.1	0.1
其他	0.1	0.1
单位产品工时合计	2	1
直接人工标准成本	1.08	1.26
合计	2.34	

表 8-3 变动服务费用标准成本

部门	第一流通加工组	第二流通加工组
变动服务费用预算		
运输	800	2 100
电力	400	2 400
消耗材料	4 000	1 800
间接人工	2 000	3 900
燃料	400	1 400
其他	200	400
合计	7 800	12 000
服务数量标准(人工工时)	6 000	10 000
每小时变动服务费用标准分配率	1.30	1.20
直接人工用量标准(人工工时)	2	1
变动服务费用标准成本	2.60	1.20
单位服务标准变动服务费用	3.80	

$$变动服务费用标准分配率 = \frac{变动服务费用预算总额}{直接人工标准总工时}$$

确定数量标准和价格标准之后,两者相乘可得出变动服务费用标准成本:

变动服务费用标准成本=单位服务直接人工的用量标准×每小时变动服务费用的标准分配率

各班组变动服务费用标准成本确定之后,可汇总出单位服务的变动服务费用标准成本。

(2) 固定服务费用标准成本 如果物流企业采用变动成本计算,固定服务费用不计入服务成本,因此单位服务的标准成本中不包括固定服务费用的标准成本。在这种情况下,不需要制定不包括固定服务费用的标准成本,固定服务费用的控制则通过预算管理来进行。如果采用完全初步计算,固定服务费用要计入服务成本,还需要确定其标准成本。

固定服务费用的价格标准是其每小时的标准分配率,它根据固定服务费用预算和直接人工标准总工时来计算求得,见表 8-4 所示。

表8-4 固定服务费用标准成本

部门	第一流通加工组	第二流通加工组
固定制造费用		
折旧费	200	2 350
管理人员工资	700	18 000
间接人工	500	1 200
保险费	300	400
其他	300	250
合计	2 000	6 000
服务数量标准(人工工时)	4 000	10 000
每小时固定服务费用标准分配率	0.5	0.6
直接人工用量标准(人工工时)	2	1
固定服务费标准成本	1	0.6
单位服务固定费用标准成本	1.60	

$$固定服务费用标准分配率 = \frac{固定服务费用预算总额}{直接人工标准总工时}$$

确定了用量标准和价格标准之后,两者相乘,即可得出固定服务费用的标准成本:

固定服务费用标准成本=单位服务直接人工的用量标准×每小时固定服务费用的标准分配率

各班组固定服务费用标准成本确定之后,可汇总出单位固定服务标准成本。将以上确定的直接材料、直接人工和服务费用的标准成本按产品加以汇总,就可确定有关服务完整的标准成本。通常,物流企业编成"标准成本卡"反映产品标准成本的具体构成。在每种服务提供之前,它的标准成本卡要送达有关人员,包括各级生产部门负责人、会计部门、仓库等,作为领料、派工和支出其他费用的依据。

第三节 目标成本控制法

目标成本是一种预计成本,是指产品、劳务、工程项目等其生产经营活动开始前,根据预定的目标所预先制定的产品、劳务、工程项目生产和营建过程中各种耗费的标准,是成本责任单位、成本责任人为之努力的方向与目标。

一、目标成本的作用

通过对目标成本的确认,并在实际工作中为之努力,将使目标成本发挥以下作用。

① 充分调动企业各个部门或各级组织以及职工个人的工作主动性、积极性,使上下级之间、部门之间、个人之间相互配合,围绕共同的成本目标而努力做好本职工作。

② 目标成本是有效地进行成本比较的一种尺度。将成本指标层层分解落实,使其与实际发生的生产费用进行对比,揭示差异,查明原因,采取措施,以防止损失和浪费的发生,起到控制成本的作用。

③ 确认目标成本的过程,也是深入了解和认识影响成本各因素的主次关系及其对成本的影响程度的过程。这将有利于企业实行例外管理原则,将管理的重点转到影响成本差异的重要因素上,从而加强成本控制。

二、目标成本确定的方法

1. 倒扣测算法

倒扣测算法是根据通过市场调查确定的顾客或服务对象可接受的单位价格(如售价劳务

费率等），扣除企业预期达到的单位产品利润和根据国家规定的税率预计的单位产品税金以及预计单位产品期间费用而倒算出单位产品目标成本的方法。其计算公式如下：

$$\text{单位产品目标成本} = \text{预计单价} - \text{单位产品目标利润} - \text{预计单位产品税金} - \text{预计单位产品期间费用}$$

【例 8-1】 某新产品预计单位产品运价 150 元，单位产品运输环节目标利润为 30 元，国家规定税率为 10%，预计单位产品期间费用推销为 15 元。根据倒扣法计算公式，可求得该产品运输的目标成本。

该产品单位产品目标成本为

$$150 - 30 - 150 \times 10\% - 15 = 90 \text{（元）}$$

2. 比价测算法

比价测算法是将新产品与曾经生产过的功能相近的老产品进行对比。凡新老产品结构相同的零部件，按老产品现有成本指标测定；对新老产品不同的部件，应按预计的新的材料消耗定额、工时定额、费用标准等加以估价测定。这种方法适用于对老产品进行技术改造的目标成本的测定。

【例 8-2】 某企业在 CR-1 型产品的基础上，通过技术改造，推出 CR-2 型新产品。原 CR-1 型产品单位产品成本为 200 元，共由 A、B、C、D 四个零件组成。CR-2 型产品中的 A 零件选材，改用工程塑料以代替不锈钢材料，每件节约成本 4 元；B 零件提高抛光精度，每件增加成本 3 元；C 材料进行烤漆工艺处理，每件增加成本 2 元；D 零件材料与工艺无变化。

据此可推定 CR-2 型产品的单位产品目标成本为

$$200 - 4 + 3 + 2 = 201 \text{（元）}$$

3. 本量利分析法

本量利分析法，是指在利润目标、固定成本目标和销量目标既定的前提下，对单位变动成本目标进行计算的方法。

依据成本、销售量与利润三者的关系，即

$$\text{利润} = \text{单位售价} \times \text{销售量} - \text{单位变动成本} \times \text{销售量} - \text{固定成本}$$

可导出目标单位变动成本的计算式，即

$$\text{目标单位变动成本} = \text{单位售价} - \frac{\text{利润} + \text{固定成本}}{\text{预计销售量}}$$

【例 8-3】 包装车间加工一种新产品投入市场，据分析，其包装单价不能高于同类产品单价 60 元，预计加工该产品包装的固定性费用全年为 12 000 元，如果包装车间的目标利润为 40 000 元，据市场调查估算的销售量为 2 000 件。试计算该产品包装的目标单位变动成本。

$$\text{目标单位变动成本} = 60 - \frac{40\,000 + 12\,000}{2\,000} = 34 \text{（元）}$$

4. 功能成本分析法

(1) 功能成本分析原理　功能成本分析，是根据价值工程原理，按所生产或研制的产品或所提供的服务的功能与成本的匹配关系，试图以尽可能少的成本为用户提供其所需求的必要功能或必要服务，或按功能与成本的匹配关系，将产品成本按组成产品的各个零部件的功能进行合理分配，以达到优化成本设计和实现成本控制目的的一种方法。

功能与成本的关系从理论上讲可以用下式表示：

$$\text{价值} = \frac{\text{功能}}{\text{成本}} \quad \text{即} \quad G = \frac{F}{C}$$

式中的功能，是指一种新产品、零件或一项服务所具有的用途（或使用价值）；成本是指产品的寿命周期成本（即生产成本与使用成本之和）；价值是功能与成本的比值，与通常的价值概念并不相同，它表明以某种代价（成本耗费）取得某种使用价值是否合理、是否值得、是否必要。

（2）提高价值的途径　　上述价值的表达式表明，功能成本分析的目的在于提高产品（或零件、服务项目）的价值，即以相对低的寿命周期成本确保实现必要的功能。从表达式可以看出，提高价值的途径主要有以下几种。

① 在产品功能不变的前提下，降低成本。
② 在成本不变的前提下，提高产品的功能。
③ 在产品成本略有增加的同时，显著增加产品的功能。
④ 运用科技手段，或改变产品结构、采用新工艺新材料等，既提高功能，又降低成本。
⑤ 在不影响产品主要功能的前提下，适当降低一些次要功能，或消除不必要的功能，从而使成本显著降低。

以上提高价值的途径，可以用表 8-5 表示。

表 8-5 提高产品价值途径表

序 号	G	F	C	表达式说明
1	提高	不变	降低	G 提高＝F 不变/C 降低
2	提高	提高	不变	G 提高＝F 提高/C 不变
3	提高	提高	降低	G 提高＝F 提高/C 提高
4	提高	提高	降低	G 提高＝F 提高/C 降低
5	提高	提高	降低	G 提高＝F 提高/C 降低

（3）功能分析的步骤

① 计算功能评价系数，其计算式为

$$功能评价系数 = \frac{某零件的功能分数}{全部零件的功能分数之和}$$

从公式中可以看出，功能评价系数是反映某零件功能重要程度的一个指标。根据价值工程原理，某零件成本的高低应该与零件的功能重要程度相匹配。换句话说，某零件的功能评价系数数值比其他零件高，则应配以较高的成本。同理，假如某零件的成本较高，但其功能在产品中相对较低，则说明这个零配件的成本分配偏高，应予以改进。

功能的高低，通常是一个定性的概念，如何对其进行量化评价，是一件较难的工作。这里的功能评价系数的计算式所采用的量化方法，就是将组成产品的各个零件的重要性逐一进行一对一的比较，进而确定其相对的重要程度，然后汇总求出各零件的功能，并据以求出各零件的功能评价系数。

【例 8-4】　某产品由 8 个零件组装而成，各零件的功能分数由 8 位专家进行评价（即强制打分）。若以 A、B、C、D、E、F、G、H 分别表示这 8 个零件的名称，在此给出其中的一位专家（专家甲）对这 8 个零件的评价结果（见表 8-6），以及这 8 个专家的功能评价汇总结果，见表 8-7 所示。

② 计算成本系数，其计算公式为

$$成本系数 = \frac{某零件成本}{组成该产品的全部零件总成本}$$

成本系数反映当前的各零件成本（即当前各零件的单位变动成本）在总成本中所占比例，例 8-4 中的各零件的当前成本及其成本系数计算结果，见表 8-8 所示。

第八章　物流成本控制

表8-6　功能评价表

序号	零件名称	一对一进行打分								各零件得分情况
		A	B	C	D	E	F	G	H	
1	A		0	1	1	1	1	1	1	6
2	B	1		1	1	1	1	1	1	7
3	C	0	0		0	1	0	0	1	2
4	D	0	0	1		1	1	1	1	5
5	E	0	0	0	0		0	0	0	0
6	F	0	0	1	0	1		0	1	3
7	G	0	0	1	0	1	1		1	4
8	H	0	0	0	0	1	0	0		1
	全部零件得分合计									28

表8-7　功能评价系数汇总表

序号	零件名称	各专家评价结果								小计	平均得分	评价系数
		甲	乙	丙	丁	戊	己	庚	辛			
1	A	6	5	6	7	7	5	6	7	49	6.125	0.218 8
2	B	7	6	4	7	6	4	6	5	45	5.625	0.200 9
3	C	2	2	3	1	2	3	3	4	20	2.5	0.089 3
4	D	5	6	5	6	4	3	4	3	36	4.5	0.160 7
5	E	0	1	1	0	2	2	1	2	9	1.125	0.040 2
6	F	3	2	3	2	2	4	4	2	22	2.75	0.098 2
7	G	4	4	5	3	4	5	3	4	32	4	0.142 9
8	H	1	2	1	2	1	2	1	1	11	1.375	0.049 1
合计		28	28	28	28	33	28	28	28	224	28	1.000

③ 计算价值系数，其计算公式为

$$价值系数 = \frac{功能评价系数}{成本系数}$$

计算价值系数，是为了系统反映各零件的功能与成本之间的匹配情况。从理论上讲，如果某零件的价值系数接近于1（如零件B和零件C的情况），两者是相适应的；如果某零件的价值系数偏大（如零件A、零件H和零件G的情况），则说明其成本匹配不足；如果某零件的价值系数过于偏小（如零件A、零件E和零件F的情况），则说明其成本匹配过剩。

显然，零件的价值系数过于偏小者，应是成本控制的重点，如表8-8第五列所示。

④ 据功能评价系数将产品的目标成本在各零件之间进行分配，其计算公式为

　　　　某零件的目标成本＝该产品的目标成本×功能评价系数

见表8-8第七列所示。

⑤ 计算各零件的成本降低额，以确定各零件按功能评价系数和产品目标成本要求的升降幅度，见表8-8第八列所示。

⑥ 拟定降低成本的措施。

功能成本分析法的关键，并非只是计算出各零件的目标成本和确定其成本降低额。重要

的是如何对成本控制的重点零件采取必要的措施与方法，使其合理地实现降低任务。例如，根据各零件的目标成本，选择适当的工艺方法和适当的原材料等，使设计成本切实控制在目标成本之内。

例 8-4 中所讲的是价值工程方法在降低工业产品成本中的运用。物流项目都包含许多环节和作业，每个环节和作业都具有一定的功能，都要有一定的成本，也有相应的功能评价系数，故工业企业中的成本分析法同样可以应用到物流成本控制中来。

表 8-8　各零件当前成本及其成本系数计算表

序号	零件名称	功能评价系数	成本系数	价值系数	当前成本（即单位变动成本）	按功能评价系数分配目标成本/元	应降低成本额/元
		①	②	③=②÷③	⑤	⑥=目标成本（30元）×②	⑦=⑤-⑥
1	A	0.218 8	0.30	0.722 3	12.00	6.564	5.436
2	B	0.200 9	0.22	0.913 2	8.80	6.027	2.773
3	C	0.089 3	0.08	1.116 3	3.20	2.679	0.521
4	D	0.160 7	0.02	8.035 0	0.80	4.812	−4.012
5	E	0.040 2	0.06	0.670 0	2.40	1.206	1.194
6	F	0.098 2	0.20	0.491 0	8.00	2.946	5.054
7	G	0.142 9	0.10	1.429 0	4.00	4.287	−0.287
8	H	0.049 1	0.02	2.455 0	0.80	1.473	−0.673
合计		1.000	1.00	8.5	40	30	10

注：表头序号应为①②③④=②÷③⑤⑥⑦

第四节　责任成本控制法

一、责任成本控制法的意义

物流项目是由许多环节和作业构成的，每一环节和作业都是由一定的人去完成的。责任成本控制法要求谁去完成哪一项物流环节的作业，谁就要对该环节和作业的成本负责。作业成本计划完成得好有奖，反之则要找原因，直到追究必要的责任。采用责任成本控制法，对于合理确定与划分各物流部门的责任成本，明确各物流部门的成本控制责任范围，进而从总体上有效地控制物流成本有着重要的意义。

1. 使物流成本的控制有了切实保障

建立责任成本制，由于将各责任部门、责任人的责任成本与其自身的经济效益密切结合，可将降低成本的目标落实到各个具体物流部门及个人，使其自觉地把成本管理纳入本部门或个人的本职工作范围，使成本管理落到实处。

2. 使物流成本主体有实施成本控制的主动性和积极性

建立责任成本制，可促使企业内部各物流部门及个人主动寻求降低成本的方法，积极采用新材料、新工艺、新设备，充分依靠科学技术来降低物流成本。

二、成本责任单位的划分

确定责任成本的前提是划分成本责任单位。

责任单位的划分不在于单位大小，凡在成本管理上需要、责任可以分清、其成本管理业绩可以单独考核的单位都可以划分为责任单位。

通常可按照物流活动过程中特定的经济任务来划分责任单位。物流企业或企业物流部门，其内部各个活动环节相互紧密衔接和相互交叉，形成一个纵横交错、复杂严密的网络。

1. 横向责任单位

横向责任单位是企业为了满足生产经营管理上的需要，而设置的平行职能机构。它们之间的关系是协作关系，而非隶属关系。

上述各部门内部下属的平行职能单位之间，也可以相对看作是横向责任单位，如供应部门内部的采购部门与仓储部门之间互为横向责任单位。横向责任单位的划分，是将物流成本在横向责任单位之间的合理分割。

2. 纵向责任单位

纵向责任单位是企业及其职能部门为了适应分级管理需要，自上而下层层设置的各个管理层次。纵向责任单位之间虽然是隶属关系，但因其在成本的可控性上有其各自的责任与职权，所以有必要在各层级之间明确界定各自的成本责任与权力。

以运输为例，其纵向责任单位分为：公司总部、分公司、车队、单车（司机）等。

三、责任成本的计算与考核

为了明确各责任单位成本的控制结果，必须对其定期进行责任成本的计算与考核，以便对各责任单位的工作作出正确的评价。

1. 责任成本的计算方式

责任成本的计算方式有直接计算法和间接计算法。

（1）直接计算法　直接计算法是将责任单位的各项责任成本直接加和汇总，以求得该单位责任成本总额的方法。其计算公式为：

某责任单位责任成本＝该单位各项责任成本之和

这种方法的特点是计算结果较为准确，但是工作量较大（需逐笔计算出各项责任成本），此法适合于所有的责任成本。

（2）间接计算法　间接计算法是以本责任单位发生的全部成本为基础，扣除该责任单位的不可控成本，再加上从其他责任单位转来的责任成本的计算方法，其计算公式为：

$$\text{某责任单位责任成本} = \text{该责任单位发生的全部成本} - \text{该责任单位不可控成本} + \text{其他责任单位转来的责任成本}$$

这种方法不需要逐笔计算各责任单位的责任成本，所以计算工作量比直接计算法小。在运用此法时，应合理确认该单位的不可控成本与其他责任单位转来的责任成本。

2. 责任成本评价考核的依据

在实际工作中，对责任单位的责任成本评价考核的依据是责任预算和业绩报告。

责任成本的业绩报告是按各责任单位责任成本项目，综合反映其责任预算数、实际数和差异数的报告文件。

业绩报告中的"差异"是按"实际"减去"预算"后的差额，负值为"节约"，也称为"有利差异"；正值为"超支"，也称为"不利差异"。成本差异是评价与考核各责任成本管理业绩好坏的重要标志，也是企业进行奖惩的重要依据。

业绩报告应按责任单位进行编写。在进行责任预算指标分解时，其方式是从上级向下级层层分解下达的，从而形成各责任成本单位的责任预算；在编制企业报告时，其方式是从最基层责任单位开始，将责任成本实际数逐级向上汇总，直到企业最高管理层。

每一级责任单位的责任预算和业绩报告，除最基层只编报本级的责任成本之外，其余各级都应包括所属单位的责任成本和本级责任成本。

四、纵向责任单位责任成本的计算与考核

纵向责任单位系统内各层级责任成本的计算，是从最基层逐级向上进行的。以生产系统为例，其纵向责任单位责任成本的计算是从班组开始的，逐级上报至企业总部。

1. 班级责任成本

由班长、组长负责，各班组应在每月末编制班组责任成本业绩报告送交车间。在业绩报告中，应列出该班组各项责任成本的实际数、预算数和差异数，以便对比分析。

【例8-5】 甲生产车间下设A、B、C三个生产班组，各班组确定采用间接计算法来计算其责任成本业绩报告，其中A班组业绩报告见表8-9所示。

表8-9 责任成本业绩报告表1

责任单位：甲车间A班组　　　××××年×月　　　　　　　　　　单位：元

项　目	实　际	预　算	差　异
生产成本			
直接材料			
原料及主要材料	12 080	12 200	－120
辅助材料	11 400	11 300	＋100
燃料	11 560	11 500	＋60
其他材料	1 450	1 460	－10
小计	36 490	36 460	＋30
直接人工			
生产工人工资	16 300	15 200	＋1 100
生产工人福利费	2 120	2 100	＋20
小计	18 420	17 300	＋1 120
制造费用			
管理人员工资用福利费	11 140	11 000	＋140
折旧费	11 450	10 660	＋790
水电费	1 680	2 000	－320
其他制造费用	11 350	11 500	－150
小计	35 620	35 160	＋460
生产成本合计	90 530	88 920	＋1 610
减：折旧费	11 450	10 660	＋790
废料损失	150	—	＋150
加：修理费	5 300	5 000	＋300
责任成本	84 230	83 260	＋970

表8-9表明，甲车间A班组本月归集的生产成本90 530元，减去由该班组承担的折旧费11 450元，并减去废品损失（系供应部门采购有质量问题的材料而发生的工料损失150元），再加上从修理车间转来的应由该班组承担的修理费，即为A班组的责任成本84 320元。

从总体上看，A班组当月责任成本预算执行较差，超支970元。但从各成本项目来看，"直接材料"中的"原料及主要材料"和"其他材料"共节约30元；"制造费用"中的"水电费"和"其他制造费用"共节约460元。"直接人工"实际比预算超支1 120元，经查明原因主要是企业提高计件工资单价所致。对于由企业机修车间转来的修理费5 300元（比预算超支300元），还应进一步加以分析，看其是否因本班级对设备操作不当导致维修费用增大，还是机修车间提高了修理费用（如人为多计修理工时等）。

对于节约的费用项目也应进一步加以分析，找出节约的原因，以巩固取得的成绩。

2. 车间责任成本的计算与考核

车间责任成本也是定期（一般以月为周期）以业绩报告形式汇总上报企业总部。以上例为例，甲车间在编制业绩报告时，除归集本车间的责任成本外，还应加上三个班组的责任成本。其业绩报告见表8-10责任成本业绩报告表2。

表8-10 责任成本业绩报告表2

责任单位：甲车间A、B、C班组　　　　　××××年×月　　　　　单位：元

项　　目	实　际	预　算	差　异
A班组责任成本	84 230	83 260	＋970
B班组责任成本	68 930	67 890	＋1 040
C班组责任成本	76 890	77 880	－990
合计	230 050	229 030	＋1 020
甲车间可控成本			
管理人员工资	24 500	24 300	＋200
设备折旧费	22 960	23 000	－40
设备维修费	22 430	22 500	－70
水电费	5 600	5 200	＋400
办公费	3 000	2 500	＋500
低值易耗品摊销	6 980	6 800	＋180
合计	85 470	84 300	＋1 170
本车间责任成本合计	315 520	313 330	＋2 190

从表8-10可以看出，甲车间的A、B、C三个班组中，C班组的成本业绩是好的，甲车间当月责任成本超支2 190元，其中下属三个班组共超支1 020元，本车间可控成本超支1 170元；A、B两个班组超支合计为2 010元是成本控制的重点。

对于甲车间可控成本的超支项目，还应进一步详细分析，查找原因，采取措施，加以控制。

五、横向责任单位责任成本的计算与考核

横向责任单位责任成本的计算与考核与纵向责任单位基本相同，即由各部门负责人负责按月编制部门业绩报告报送企业总部。为简便起见，仅以供应部门为例，说明责任成本计算与考核方法。

企业的供应部门主要负责材料的采购、保管与收发。对供应部门责任成本的考核，主要包括采购费用、整理费用、仓库经费、办公费用与人员工资等。由于采购不当造成的积压浪费、废品损失等，也应反映出来并进行分析，其业绩报告格式与责任成本业绩报告表2的格式相同。

六、企业部门责任成本的计算与考核

企业总部责任成本应包括所属各管理部门的责任成本，所以当企业总部（财会部门）收到所属各部门报送的业绩报告后，应汇总编制公司的责任成本业绩报告。其格式见表8-11　××公司责任成本业绩汇总表所示。

由××公司责任成本业绩汇总表表明，该公司销售收入实际数超出预算数10 150元，在抵减责任成本超支数2 050元后，其盈利额实际数比预算数净减增加8 100元。对销售收入增加数10 150元的增收原因，还需要进一步加以分析，看其是否与责任成本增加有关。

表 8-11　××公司责任成本业绩汇总表　　　　　　　　　单位：元

业绩报告	实际	预算	差异
甲车间业绩报告			
A班组责任成本	84 230	83 260	＋970
B班组责任成本	68 930	67 890	＋1040
C班组责任成本	76 890	77 880	－990
车间可控成本	85 470	84 300	＋1170
甲车间责任成本合计	315 520	313 330	＋2 190
乙车间业绩报告			
…	…	…	…
供应科业绩报告			
…	…	…	…
公司总部责任成本业绩报告	131 500	132 000	－500
责任成本总计	1 223 450	1 221 400	＋2 050
销售收入总额	1 455 450	1 445 300	＋10 150
盈利及盈利净增加额	232 000	223 900	＋8 100

本章小结

本章介绍了成本控制的分类及基本程序和要遵循的原则与方法。介绍了标准成本法的设定、种类，以及标准成本的制订适用范围。介绍了目标成本法的确定与计算方法。在责任成本控制法上使用的计算范围、方法，以及考核适用方式。

丰田汽车公司的物流成本管理案例分析

供应链概念提出以后，越来越多的企业将主要精力集中在核心业务，纷纷将物流业务外包。但外包物流能否达到企业的要求，是否会造成物流成本上升？不同的企业有着不同的体会。本文以丰田汽车的零部件物流为例进行分析。

2007年10月成立的同方环球（天津）物流有限公司（以下简称TFGL）作为丰田在华汽车企业的物流业务总包，全面管理丰田系统供应链所涉及的生产零部件、整车和售后零件等厂外物流。作为第三方物流公司，TFGL在确保物流品质、帮助丰田有效控制物流成本方面拥有一套完善的管理机制。

（一）丰田物流模式的特点

整车物流和零部件物流虽然在操作上有很多不同，但从丰田的管理模式来看，二者具有以下共同特点：

1. 月度内的物流量平准；
2. 设置区域中心，尽可能采用主辅路线结合的物流模式；
3. 月度内物流点和物流线路稳定；
4. 物流准时率要求非常高。

（二）物流承运商管理原则

TFGL是第三方物流公司，主要负责物流企划、物流计划的制订、物流运行监控和物流成本控制，具体的物流操作由外包的物流承运商执行。TFGL对物流承运商的管理原则如下。

1. 为避免由于物流原因影响企业的生产、销售的情况发生，要求物流承运商理解丰田生产方式，并具有较高的运行管理能力和服务水平。

为此，TFGL采取了一些必要的措施。

（1）TPS评价　TFGL把理解生产方式作为物流承运的首要条件，并按照丰田生产方式的要求，制作了详细的评价表。TPS（Toyota Production System）评价是丰田生产方式对承运商最基本的要求，包括对承运商的运输安全、运输品质、环保、人才培养和运输风险控制等过程管理的全面评价。通过评价，不仅淘汰了不合格的承运商，也使达到要求的承运商明确掌握自己的不足之处。

（2）必要的风险控制　在同一类型的物流区域内，使用两家物流承运商，尽可能降低风险。

2. 对物流承运商进行循序渐进的培养

在实际的物流运行中，承运商会遇到很多问题，如车辆漏雨、品质受损、频繁的碰撞事故、物流延迟等。出现问题并不是坏事，需要找到引发问题的主要原因。在 TFGL 的监督和指导下制定具体措施，同时，在逐步改善过程中，承运商的运行管理能力得到了提高。

3. 建立长期合作的伙伴关系

对入围的物流承运商，TFGL 秉承丰田体系一贯的友好合作思想，不会因为运输事故多或物流价格高就更换承运商，而是采取长期合作的方式，共同改善。主要内容如下。

① 承运商的物流车辆初期投入大，需要较长的回收期。

② TFGL 视承运商的问题为自己的问题，更换承运商并不能从根本上解决问题。

③ 长期合作的承运商能更好地配合 TFGL 推进改善活动，如导入 GPS、节能驾驶等。

（三）丰田的物流成本控制

在维持良好合作关系的基础上，TFGL 通过以下方法科学系统地控制物流成本。

1. 成本企划

每当出现新类型的物流线路或进行物流战略调整时，前期的企划往往是今后物流成本控制的关键。企划方案需要全面了解企业物流量、物流模式、包装形态、供应商分布、物流大致成本等各方面的信息，此外，还要考虑到企业和供应商的移动差、企业的装卸货和场内面积等物流限制条件。TFGL 在前期企划中遵守以下原则。

① 自始至终采用详实可信的数据。

② 在综合分析评价后，分别制定一种或几种可行方案，并推荐最优的方案。

③ 各方案最终都归结反映为成本数据。

④ 向企业说明各方案的优劣，并尊重企业的选择。

从以上几点可以看出。方案中的数据大多涉及丰田的企业战略，所以 TFGL 和企业之间必须充分互信，而且要有良好的日常沟通渠道。

2. 原单位管理

原单位管理是丰口物流管理的一大特色，也是丰田外物流成本控制的基础。丰田把构成物流的成本因素进行分解，并把这些因素分为两类，一类是固定不变（如车辆投资、人工）或相对稳定（如燃油价格）的项目，丰田称之为原单位；另一类是随着月度线路调整而发生变动（如行驶距离、车头投入数量、司机数量等）的项目。称之为月度变动信息。

为了使原单位保持合理性及竞争优势，原单位的管理遵循以下原则。

① 所有的原单位一律通过招标产生，在企划方案的基础上，TFGL 向 TPS 合格的物流承运商进行招标。把物流稳定期的物流量、车辆投入、行驶距离等月度基本信息告知承运商，并提供标准版的报价书进行原单位询价。

由于招标是非常耗时费力的工作，因此只是在新类型的物流需求出现时才会进行原单位招标，如果是同一区域因为物流点增加导致的线路调整，原则上沿用既有的物流原单位。

② 定期调整。考虑到原单位因素中燃油费用受市场影响波动较大，而且在运行总费用中的比重较大，TFGL 会定期（4 次/年）根据官方公布的燃油价格对变动金额予以反映。对于车船税、养路费等"其他固定费"项目，承运商每年有两次机会提出调整。

③ 合理的利润空间。原单位项目中的"管理费"是承运商的利润来源。合理的管理费是运输品质的基本保障，TFGL 会确保该费用的合理性，但同时要求承运商要通过运营及管理的改善来增加盈利。并消化人工等成本的上升。

3. 月度调整路线至最优状态

随着各物流点的月度间物流量的变动，区域内物流路线的最优组合也会发生变动。TFGL 会根据企业提供的物流计划、上月的积载率状况以及成本 KPI 分析得出的改善点，调整月度变动信息，以维持最低的物流成本。

4. 成本 KPI 导向改善

对于安全、品质、成本、环保、准时率等物流指标，TFGL 建立了 KPI 体系进行监控，并向丰田进行月次报告，同时也向承运商公开成本以外的数据。其中成本 KPI 主要包括：RMB/台（台：指丰田生产的汽车/发动机台数）、RMB/(km·m³)、RMB/趟等项目。通过成本 KPI 管理，不仅便于进行纵向、横向比较，也为物流的改善提供了最直观的依据。

5. 协同效应降低物流费用

TFGL 作为一个平台，管理着丰田在华各企业的物流资源，在与各企业协调的基础上，通过整合资源，充分利用协同效应，大大降低了物流费用。例如，统一购买运输保险，降低保险费用；通过共同物流，提高车辆的积载率，减少运行车辆的投入，从而达到降低费用的目的。在共同物流的费用分担上，各企业按照物流量的比率支付物流费。在具体物流操作中，TFGL 主要从两个方面实现共同物流：不同企业在同一区域内共同集货、配送；互为起点和终点的对流物流。

以上措施表明，丰田汽车物流成本控制的基本思想是使物流成本构成明细化、数据化，通过管理和调整各明细项目的变动来控制整体物流费用。虽然 TFGL 管理下的丰田物流成本水平在行业未做比较，但其通过成本企划、精细的原单位管理、成本 KPI 导向的改善以及协同效应等方法系统化、科学化的物流成本控制，对即将或正在进行物流外包的企业具有一定的借鉴意义。

[资料来源：姬杨. 丰田汽车的物流成本管理 [J]. 管理观察，2014，4（36）：55-56.]

习　　题

一、判断题

1. 物流成本控制的目的是实现企业物流成本计划、提高物流经济效益。（　　）
2. 责任成本是一种预计成本，是指产品、劳务、工程项目等其生产经营活动开始前，根据预定的目标所预先制定的产品、劳务、工程项目生产和营建过程中各种耗费的标准，是成本责任单位、成本责任人为之努力的方向与目标。（　　）
3. 高水平的物流服务是由高水平的物流成本作保证的。（　　）
4. 以物流成本形成过程为对象的物流成本控制，就是从物流系统（或企业）投资建立，产品设计（包括包装设计），材料物资采购和存储，产品制成入库和销售，一直到售后服务等发生物流成本费用的各个环节，实施有效的成本控制。（　　）
5. 物流成本控制涉及企业的全部物流活动。（　　）

二、单项选择题

1. 物流系统是一个多环节、多领域、多功能所构成的全方位的开放系统，物流系统的这一特点也从根本上要求我们进行成本控制时必须遵循（　　）。
   A. 经济原则　　B. 全面控制原则　　C. 目标控制原则　　D. 重点控制原则
2. 物流成本计算程序的第一步是（　　）。
   A. 确定物流成本计算对象　　B. 审核和控制各项费用和支出
   C. 确定成本项目　　D. 归集和分配物流成本
3. 物流成本的削减，对（　　）具有乘数效应。
   A. 企业利润的减少　　B. 企业资产的增加
   C. 企业利润的增加　　D. 企业资产的减少
4. 运输成本控制的目的是使总运输成本最低，但又不影响运输的（　　）。
   A. 可靠性、安全性、有效性　　B. 经济性、安全性、快捷性
   C. 可靠性、安全性、快捷性　　D. 全局性、安全性、快捷性
5. （　　），可以减少资金占用，缩短物流周期，降低存储费用，从而节省物流成本。
   A. 提高物流速度　　B. 减少库存　　C. 加强人才教育　　D. 提高信息化程度

三、多项选择题

1. 影响物流成本的因素有（　　）。
   A. 产品因素　　B. 时间因素　　C. 空间因素　　D. 竞争性因素　　E. 人员因素
2. 迈克尔·波特在《竞争战略》（1980）中指出有三种基本竞争战略，即（　　）。

A. 总成本领先战略　　B. 差异化战略　　C. 目标集聚战略　　D. 利润最大化

3. 投资阶段的物流成本控制手段有（　　）。
　　A. 合理选择厂址　　　　　　B. 合理设计物流系统布局
　　C. 优化物流设备的购置　　　D. 合理选择供应商

4. 产品设计阶段的物流成本控制（　　）。
　　A. 产品形态的多样化　　　　B. 产品体积的小型化
　　C. 产品批量的合理化　　　　D. 产品包装的标准化

5. 下边哪些是供应物流阶段的成本控制（　　）。
　　A. 优选供应商　　　　　　　B. 运用现代化的采购管理方式
　　C. 控制采购批量　　　　　　D. 注重产品的质量

四、填空题

1. 物流是否合理，取决于两个方面：一是_____；另一个是_____。

2. 物流成本的控制，从控制时间对其进行分类，可以分为_____、_____和_____。

3. 物流成本控制的过程，是_____、_____、_____、采取相应措施，缩小偏差到允许范围内的过程。

4. 对物流成本控制按控制主体分类，可以分为_____和_____。

5. 确定责任成本的前提是_____。

五、简答题

1. 从微观和宏观上看，物流成本管理有何意义？
2. 物流成本控制的原则是什么？
3. 何谓物流成本控制现代化？
4. 如何确定责任成本？
5. 降低物流成本的途径有哪些？

参考文献

[1] 赵忠玲. 物流成本管理. 北京：经济科学出版社，2007.
[2] 邓海涛. 物流成本管理. 长沙：湖南人民出版社，2007.
[3] 易华. 物流成本管理. 北京：清华大学出版社，2005.
[4] 鲍新中. 物流成本管理与控制. 北京：电子工业出版社，2006.
[5] 傅桂林. 物流成本管理. 北京：中国物资出版社，2004.
[6] 铁道部. 铁路运输企业成本费用管理核算规程. 北京：中国铁道出版社，2005.
[7] 财政部. 水运企业会计核算办法. 北京：人民交通出版社，2005.
[8] 连桂兰. 如何进行物流成本管理. 北京：北京大学出版社，2004.
[9] 陈东领，张新美. 成本会计学. 北京：北京交通大学出版社，2007.
[10] 现代交通远程教育教材编委会. 运输经济学. 北京：清华大学出版社，北京交通大学出版社，2004.
[11] 张丽琍. 物流经理360度全程序工作手册. 北京：中国经济出版社，2007.
[12] 李建丽. 物流成本管理. 北京：人民交通出版社，2007.
[13] 朱伟生. 物流成本管理. 第2版. 北京：机械工业出版社，2004.
[14] 李伊松，易华. 物流成本管理. 北京：机械工业出版社，2005.
[15] 何开伦. 物流成本管理. 武汉：武汉理工大学出版社，2007.
[16] 曾益坤. 物流成本管理. 北京：知识产权出版社，2006.
[17] 黄中鼎. 现代物流管理. 上海：复旦大学出版社，2005.
[18] 孟祥茹. 物流管理. 北京：机械工业出版社，2005.
[19] 林自葵，刘建生. 物流信息管理. 北京：机械工业出版社，2006.
[20] 张树山. 物流信息系统. 北京：人民交通出版社，2005.
[21] 现代物流课题组. 物流成本管理. 广州：广东经济出版社，2002.
[22] 周德科. 物流案例与实践. 北京：高等教育出版社，2005.
[24] 李伊松，易华. 物流成本管理. 北京：机械工业出版社，2005.
[25] 冯耕中等. 企业物流成本计算与评价. 北京：机械工业出版社，2007.
[26] 中国物流与采购网，http：//www.chinawuliu.com.cn.
[27] http：//www.gdcp.cn/jpkc/glxjc/.
[28] 商丽景. 物流成本管理. 上海：上海交通大学出版社，2010.
[29] 王欣兰. 物流成本管理. 武汉：武汉理工大学出版社，2009.
[30] 曲建科，杨明. 物流成本管理. 北京：高等教育出版社，2013.